U0603082

生活在两宋

乔 娟 /著

中国铁道出版社有限公司
CHINA RAILWAY PUBLISHING HOUSE CO., LTD.

图书在版编目（CIP）数据

生活在两宋 / 乔娟著 . —北京：中国铁道出版社，
2018.6（2022.1重印）

ISBN 978-7-113-24038-7

Ⅰ . ①生… Ⅱ . ①乔… Ⅲ . ①历史人物－生平事迹－中国－

宋代－通俗读物 Ⅳ . ① K820.44-49

中国版本图书馆 CIP 数据核字（2017）第 285504 号

书　　名：生活在两宋

作　　者：乔娟　著

责任编辑：田　军　奚　源　　　　电　话：(010) 51873038

装帧设计：闰江文化　　　　　　　　电子信箱：tiedaolt@163.com

责任印制：赵星辰

出版发行：中国铁道出版社有限公司（100054,北京市西城区右安门西街8号）

印　　刷：永清县晔盛亚胶印有限公司

版　　次：2018年6月第1版　2022年1月第2次印刷

开　　本：710mm×1000mm　　1/16　 印张：19.5　 字数：290 千

书　　号：ISBN 978-7-113-24038-7

定　　价：64.00元

版权所有 侵权必究

凡购买铁道版图书，如有印制质量问题，请与本社读者服务部联系调换。电话：(010)51873174

打击盗版举报电话：（010）63549461

宋朝是伟大的杰作，是历代王朝所有成就的高潮部分。无论经济发展、人性意识、文化艺术和科技创新在当时都是世界第一。与这些相随的却是外侮频频，内乱层出不穷。这是一个好坏兼容、黑白并存、强弱共生的时代。之所以后世的许多文化学者，包括英国史学家汤因比都言之凿凿宣称宋朝是一个无比精致的"小资时代"，那是因为宋朝很富裕。宋朝的国内生产总值约占当时世界经济总量的 60%。按照一部分人的认为，这个处于中国近代史开端的繁华时代，在光怪陆离的大背景下，尽管被北方几个游牧民族王朝的政权啃噬得千疮百孔，却并不妨碍各色人等在万丈红尘中拼搏奋斗、升官发财。那些光耀后世的人物究竟是种瓜得瓜，种豆得豆？是眼见得起高楼、宴宾客，转瞬又楼塌人散？还是如曹雪芹所说：为官的家业凋零；富贵的金银散尽；看破的遁入空门；痴迷的枉送性命。好一似食尽鸟投林，落了片白茫茫大地真干净？

目录

第一章
北宋诞生

第一章

北宋诞生

1

敢闯才有路

赵匡胤是历经后唐、后晋、后汉、后周四代王朝的禁军将领赵弘殷的儿子。由于工作失误，赵弘殷失宠后家境一落千丈。21 岁的赵匡胤将一个父亲的无能为力看在眼里，他知道自己的前途靠拼爹是不可能了——爹再也不是从前那个威风八面风光无限的爹。与其被动啃老不如自己创业找饭碗，他相信直觉，只要不服输能吃苦，想干的事儿肯定能干成。于是结婚三载的赵匡胤毅然听从内心召唤，向爹提出闯世界。

那时除了皇宫，没有点来头，基本上找工作的概率相当于中彩票。对未来，赵匡胤不敢想那么多，想太多容易被拴住。趁梦想还有温度，他匆匆告别爹娘和妻子。没有"龙灯花鼓夜，长剑走天涯"的潇洒，一匹瘦马半壶白水，赵匡胤踏上了江湖。尽管兜里揣着爹的亲笔信，可有什么用呢？不能带给别人利益，谁肯给你温暖？昔日的老友都被时光打磨成了冰人，千姿百态的门里，千人一面的脸：两道寒光，一副生冷，剩下的一半儿是狐疑。赵匡胤天性乐观，虽然遭遇的全是横眉冷对，但总不至于所有人全不待见吧。当敲门声惊到湖北复州防御使王彦超的耳朵，赵匡胤做好了被呵斥的准备。王彦超摆着架子，强忍着听了他的求职意愿后面无表情。为免纠缠，他极不情愿地拿出 10 贯钱塞到赵匡胤手里，说了些养家艰难为官不易之类的咸淡话后将他拒之门外。赵匡胤一点也不计较，还礼貌地道了谢。不管怎么样，这位总算给了钱。

赵匡胤一溜烟儿跑到小馆儿，狼吞虎咽地吃了求职路上的第一顿饱饭。

好不容易有了银子，不能坐吃山空。布衣刘备从摆地摊卖草鞋一直做到穿龙袍当皇帝，我为什么不能？他用剩下的钱买了副象棋在大街上摆开了龙门阵：输者付钱，赢者倒给钱。世间哪有坐地生财的好事儿？正幻想着钱钵满满时，一伙凶神恶煞的人挥舞着长枪短棍，硬说他强占地盘，好一顿"松骨踩背"，然后抢光钱扬长而去。

赵匡胤欲哭无泪。怀里只剩最后一封信了。思来想去，就到爹的老同僚随州刺史董宗本麾下碰碰运气吧。此行不虚，董宗本总算肯收留。只是他那儿子董遵诲见赵匡胤仪表堂堂、谈吐不凡，马术又很高超，羡慕妒忌恨之后对凭空而降的赵匡胤百般刁难。这一路领略了多少世情冷暖？再坚强也抵不住伤心，可又有什么办法？每个人都有难处，把自己的事业基点建立在别人的困难之上是不道德的。既然小董容不下我，又何必死皮赖脸地在这里死挺？

赵匡胤安慰自己一番后，经随州、襄阳来到河北邺都，于公元 950 年投奔后汉枢密使郭威，从此正式参军。

2

得到柴荣赏识

郭威是后汉一员颇有野心的大将，很欣赏勇武有谋的赵匡胤，提拔他当了军中一个小头目。有了用武之地，赵匡胤心情舒畅。就在他当兵第二年，郭威发动兵变推翻后汉，成功建立后周，当上了周太祖。4 年后，郭威患病去世，皇位由他的养子，时年 33 岁的柴荣继承，是为周世宗。

柴荣最了解赵匡胤，他们曾枪林箭雨并肩战斗。赵匡胤侠肝义胆、重情重义、勤俭为人和乐于接受新事物的特点都为柴荣所喜欢。如果有赵匡胤辅佐，一定会如虎添翼，柴荣很果断地把赵匡胤调到中央掌管禁军，他的事业拉开了崭新一幕。路途虽然充满波折，但他从来不知愁为何物，不灰心、不抱怨，不管什么样的绝境都能乐观面对，这就是赵匡胤的长处。所以每到关键时刻，贵人、恩人总是轮番出现。这当然和他的真诚宽厚、乐观豁达大有关系。一个具有英雄气质的好汉气场是强大的。这样的人最容易获得口碑和人脉，从而推动事业发展。

不过，赵匡胤的人生气象壮大了，身后的国家却弱不禁风。这时的后周就像孱弱的婴儿：皇帝驾崩，新帝继位，四周强人虎视眈眈。北汉瞅准这个时机与辽联手，妄图将后周一口吃掉。公元954年，赵匡胤随柴荣在山西高平和北汉军队陷入激战。北汉采取打鸡血政策：开战前向士兵许愿，若打赢这场战争必记头功，奖现银五千两。士兵们被巨大诱惑裹挟着，犹如猛虎下山以一当十。后周大将纷纷怯场，指挥樊爱能率先逃跑。军心涣散之际，赵匡胤明白，越是动荡越要沉稳，越是人心涣散的时刻越要团结。眼下只有冲锋，放手一搏才是扭转战局的唯一灵丹妙药。他挥舞长矛扯着嗓子狂喊："主危臣亡，为国尽忠的时候到了，兄弟们，冲啊！"北周士兵一听这激昂有力的口号，瞬间雄起。一直处于上风的北汉冷不丁遭遇重创，一下乱了方寸，丢盔卸甲，夺路而逃。

本来这一仗对北周并不有利，但赵匡胤善于抓住稍纵即逝的机会，适时给士兵精神充电并且率先冲锋陷阵，使战局瞬间扭转。他的勇猛沉着及非凡号召力，柴荣都看在眼里。战争一结束，即提拔赵匡胤为以殿前都虞候，领严州刺史。赵匡胤是凭真功夫，从一个小小的士兵跨进高级将领行列。

3

默默做准备

所有事情的转机都源于头脑觉醒。赵匡胤深知做士兵要敢打敢战，而做将军最重要的是要有能力。能力除了人品、魄力……还需要知识做后盾。于是，那双握惯了刀枪的大手开始触摸小小的书本。

公元956年，周世宗率领赵匡胤等人攻打寿州，准备一举灭掉南唐。赵匡胤率领几十万士兵包围了寿州城。寿州守将刘仁赡与士兵同吃同住，同甘共苦，誓死捍卫寿州。赵匡胤包围了一年多，愣是没有攻克该城。漫长的胶着战，刘仁赡忧急交加而中风。群龙无首，军队等于被抽掉了精气神，他的儿子与部将只好将其抬出城外投降北周军，寿州城这才被打开了缺口。

破城之日，后周将领将憋了一年的怨气全发泄了出来，他们像强盗一样长驱直入，大肆抢劫。寿州十分富裕，无论官兵都抢得盆满钵满，每人身后都跟着数辆满载宝物的马车。当地百姓纷纷跑到周世宗那里告状。作为一个欲大展鸿图的皇帝，周世宗当然以天下归顺为第一要务。手下如此哄抢财物，损毁的是他的形象、政府的形象，意味着他此后的工作将在口碑上失分儿。周世宗下令，所有哄抢者限时交出财物，否则军法论处。有人不服，说赵匡胤身后的车最多，凭什么光罚我们？周世宗一听很生气，亲自去查看，果真发现赵匡胤的"财物"足足装了 3 车不说，车上面还摞着 20 多个大箱子。周世宗当即命人开箱。箱子打开，众人全部惊呆：车里箱里全是书。周世宗瞬间零乱，指着赵匡胤问："你不装财宝，装这些书干什么？"赵匡胤发自内心地说："我深受陛下的器重，深知自己才疏学浅，恐不能胜任您给予的重任，我只有发奋读书才能助您完成大业。"周世宗一听大惊，觉得这个赵匡胤真是不同凡响，竟然懂得与时俱进，用读书来为自己助力。

赵匡胤跟着柴荣伐濠州、泗州、楚州。攻打南唐时，南唐主李璟畏惧赵匡胤威名，想离间柴荣与赵匡胤，派使臣给赵匡胤送信，并馈赠三千两白金。赵匡胤果断把白金送到内府，使南唐的离间计夭折。赵匡胤又荣升忠武军节度使。

赵匡胤并不是头脑简单的武夫。早在跟郭威混时，他就对自己的未来有了初步规划。职位的不断上升让赵匡胤的视野更加开阔：他开始有意识地建立关系网，寻找合作伙伴。

他用仁善树立形象，始终和兄弟们打成一片。开了饷钱，请大伙下馆子，畅谈痛饮时散播抱负理想之类话题，让大家树立同甘共苦的概念。这种短暂的快乐给艰苦的行伍生涯带来不少乐趣。赵匡胤用自己的影响力慢慢渗透，先后把兄弟们安排到了军中重要岗位上；又与军中 9 位高级将领李继勋、石守信、刘廷让、韩重赟等结成"义社十兄弟"，打通中层关系；他还选出精壮军士编成"殿前诸班"，尽心结纳军士和军官。通过这几步，赵匡胤积攒了厚厚的人脉，牢牢把握了殿前司这个重要地盘儿。这些能力超群、忠心耿耿的兄弟们为他日后陈桥驿黄袍加身立下汗马功劳。

除了结交志同道合者，赵匡胤还特别注重与文化人交往。多年戎马生涯让他深悟"马上得天下，但不能马上治天下"之理。打天下需武将，安天下则需文官。再能打也不过是一时之勇，离开了战场，武功全是装饰，只有智慧才源远流长。

4

柴荣的考验

但凡登上最高位者，也许才智并不出类拔萃，但一定有过人之处。天下皇帝都忌讳臣下功高盖主，对自己形成潜在威胁，因此皇帝都有草木皆兵的防范意识。柴荣心里无比虔诚地相信：凡是方头大耳、眼大嘴阔的家伙有一个算一个，统统都是位极人上的贵相。但凡发现这种面相的人，柴荣都要找理由将其从肉体上消灭。赵匡胤是躺着也中枪——他天生就长了一副所谓的贵相。

某天，君臣心情不错，推杯换盏之际，柴荣突然对赵匡胤来了个现场考验："看你小子红光满面、印堂发亮、耳垂过肩，天生一副帝王之相啊！"赵匡胤登时吓出一身冷汗。这不等于说我是他的威胁吗？赵匡胤没慌，他明白遇事需安祥和缓，只有处乱不惊才能化险为夷。当下，赵匡胤仰脸喝酒，稳了稳神，一字一顿地说道："臣三尺微身，蒙陛下厚爱，无论相貌、身体，还有胸膛里这颗赤胆忠心都属于陛下。臣之发肤受之父母，这是不可抗拒的，就像陛下不能违抗天意拒绝皇位一样。生成这个模样我心里也十分不安，臣愿意毁容！如果皇上需要，就是献上生命也决不吝惜。"谎言令人生厌，但在某些时候它可是救命稻草。对疑心重的人，谎言越肉麻越有分量，越咒自己越显得有诚意。赵匡胤话都说到这份儿上了，谁还好意思继续怀疑啊。柴荣笑了，笑得很感动："开个玩笑，不必当真。"赵匡胤掏心掏肺的表白让柴荣相当满意。凭着随机应变和精明过人，赵匡胤成功化解了这次危机。金庸曾经说过："当有人要你当面表态做选择题，现实是不管你怎么选都会是错。这时候装傻就是最好的选择。别担心装傻很拙劣，即使每个人都看得出，可他们依旧拿你没办法。"

光低调还不够，关键时还要卑微示人。给自己备点有技术含量的恭维，用来保命保饭碗，效果相当不错。

5

抓住机会

公元 959 年，柴荣在进军契丹的路上拣到了一块刻有 "点检作天子" 的木牌，他心里升起不祥的预感，隐隐觉得一场风暴即将来临。正当军队一路胜仗一路高歌时，一场大病突然袭向柴荣，大军只得班师回朝。柴荣不顾病体，立即将禁军最重要的职务殿前都点检张永德罢免，提拔赵匡胤顶缺。赵匡胤就这么轻而易举地成了皇家直属军队的总司令。

柴荣曾经协助义父武力推翻后汉，因此很忌讳武将的兵权，并早有防范。他让赵匡胤到全国各地招兵，然后把招来的壮汉编为殿前诸班，打造禁军精英。又设立侍卫马步军司与殿前司分掌禁军，用意当然是防范藩镇和武将夺权。智者千虑，却失之一念，他万万没有想到，正是自己亲手提拔的最信任最可靠的赵匡胤抢了他的天下！柴荣拖着病体完成了人员变更后，接下来发生的一切可说是是充满天意：三月份，赵匡胤最忌惮的宰相王朴去世；六月，周世宗柴荣驾崩，皇位由其七岁的儿子柴宗训即位，其母垂帘听政。帝弱国危，小皇帝屁股下的龙椅自然成了朝臣们竞相垂涎的肥肉。赵匡胤自信满满：皇位与其让别人抢了去，还不如自己捷足先登。自己有创业者的一切优秀品质，国家落在自己手里，没有更好，只有最好。他向兄弟们发出了暗示，兄弟们立马运作。

公元 960 年春节，后周朝廷正在庆祝新春佳节，鼓乐齐鸣，歌舞翩翩。忽然小兵一路呼叫来报："大事不好，北汉会同契丹大军正向我们发动进攻，现在已经打到边境了！"这还了得！范质、王溥根本来不及核实情报真假，立即指示赵匡胤带兵迎战。这简直就是三伏天喝冷饮——正中下怀。赵匡胤带领大军刚一出城，就传来 "点检作天子" 的传言。军队行进到离开封 40 里的陈桥驿时，"点检作天子" 的议论满天飞。有人发牢骚说，皇帝年幼，即使打了胜仗也没人给封赏，不如让赵匡胤当皇帝。军中乱成一锅粥时，赵匡胤正呼呼大睡。第二天，有人强行把黄袍披到了赵匡胤身上。赵匡胤醒后大吃一惊，身着龙袍可是杀头之罪啊！他撕扯着要脱下它，属下们这时完全变了脸，刀棍相逼，武力相向，非让他当这个皇帝不可。接着，一行人架着赵匡胤与留在京城接应的大将石守信、王审琦等人接上了头儿。正在苦等胜利消息的宰相范质等人一看赵匡胤披着黄袍率众将归来，当即明白真相。接下来一切都顺理成章：周恭帝柴宗训逊位，范质忍着眼泪帮赵匡胤举行了禅让仪式。不用怀疑程序问题，连禅让诏书都早已准备好了。就这样，通过一番精心策划，阴险聪明又不乏善良的赵匡胤，在陈桥驿上演了一部"被逼为王"的大片儿，兵不血刃地从后周皇室孤儿寡母手中夺取了政权。

因赵匡胤在后周任归德军节度使的任地在宋州，他就以"宋"当了国号，北宋和平诞生。

此事看似没费吹灰之力，实际是谋略得当，步步惊心：假情报→谣言→龙袍→内线接应→登基。一切都天衣无缝。赵匡胤的这出篡位戏，从容隐去了狰狞恐怖，难得地露出了人性深处的厚道和温情。就像鸭子，看似优哉游哉旁若无人地水面畅游，水底下它的双脚是一刻不停地拼命划动。这就是一种生存处世方式：面上憨傻示人，暗里努力行事。

从单枪匹马投奔父亲的老战友，从街头摆摊到受人排斥，从参军立功到加官晋爵，从化解危机到团结兄弟聚集人脉，再到成功上位，每一步赵匡胤都走得稳健而踏实。他既没背景也没靠山，靠单打独斗从草根中脱颖而出。创立过程充满智慧和人情味儿，守成之路同样走得潇洒而沉厚——黄袍加身后，赵匡胤的人格魅力与胸怀气度开始轮番呈现。

6

把身边权力关进笼子

赵匡胤回宫后，看见宫妃抱着周世宗的儿子柴宗训胆怯地站在一旁，就问范质、赵普和潘美怎么处理这个孩子。赵普不假思索说："立即除掉，以免后患。"赵匡胤摆了摆手，"罢罢罢，我接人之位，再杀其子，于心不忍。"赵匡胤一是确实不忍，二是心中有愧，三是信守诺言。这是他心中不可逾越的山！一个还有所敬畏、还懂得惭愧的人是可贵的！在陈桥驿，面对众人跪求他当皇帝，赵匡胤曾当场提出四个条件：一不得惊犯太后和小皇帝；二不得骚扰百姓；三不得欺凌后周公卿；四不得打劫朝市府库。这四条很有力地保障了天下安宁，使这一欺世盗名的勾当作得又阳光又周正，轻而易举地就把自己洗白。这既是赵匡胤的政治智慧，也是胸怀使然。这使他的人脉达到了高潮，在百废待兴的建国初期，既获得了后周百官支持，也获得了天下百姓拥戴。赵匡胤保护了后周皇帝，后周原班大臣也全部留用。但他也是人，同所有帝王一样，也不免疑神疑鬼，总觉得身边人随时要谋反。赵匡胤比谁都清楚：五代十国的短短五十三年，就有五个家族参与，八个皇帝被杀，毁灭与杀戮、速度与激情轮番上演，到底因为啥？很简单，枪杆子的作用！他太清楚自己的皇位是怎么来的了，不把兵权关起来，今天坐龙椅，明天就有可能坐牢狱！打江山是为了坐江山，赵匡胤绝对不能容忍卧榻旁还有他人安睡！也绝对不想让自己的权力存在丁点儿威胁。他找到赵普开始编"笼子"，要把战时分发下去的权力全都关起来。

在赵普的运作下，赵匡胤运用了最高的语言艺术，让身边的"猛禽良犬"们自动离去，不留任何问题！这就是千古柔术"杯酒释兵权"。这手段比朱元璋成批诛杀功臣不知要高明多少倍。唯一美中不足的是赵匡胤虽收回兵权，却也纵容助长了大将们的贪婪，帝国从此腐败如常，这是杯酒释兵权最大的后遗症。

还原对话如下，人物有石守信、高怀德、王审琦、张令铎、赵彦徽等高级将领。

赵匡胤："若没有诸位出手，朕当不了皇帝。朕今虽贵为天子，却从来没有睡过一个好觉。"

众人："现在天命已定，谁敢再有异心？"

赵匡胤："如果你们的部下对你们黄袍加身，即使你们不想反，但由得着你们吗？"

众人："臣等愚笨，请陛下指条生路。"

赵匡胤："人生苦短，不如纵情声色，好好享受。君臣间没有猜疑，上下相安，多好哇！"

众人："陛下说得太对了，这简直是让我们起死回生啊！"

这些看似平静的话不可谓不惊心动魄，每个人内心深处都在打鼓。第二天，石守信、高怀德、王审琦、张令铎、赵彦徽等纷纷上表，称身体不适，要求解除兵权。赵匡胤虽用了威胁利诱，但结果毕竟是和谐的。他又貌似大度地允准这些人出任地方节度使。除天平军节度使石守信保留侍卫亲军马步军都指挥使的空名外，其他宿将的禁军职务都被撸去。公元962年，石守信的虚职也被剥夺。从此，侍卫亲军马步军都指挥使这一职位就一直空着。

为了保证这些昔日属将们不至于相互离间生事，赵匡胤又为自己的统治开出了一具良方：政治联姻。他把自己的两个女儿分别许配给石守信和王审琦的儿子，又让弟弟秦王赵廷美做了张令铎的乘龙快婿，娶了他的三女儿。这样一来，君臣加亲戚，众人彻底玩物丧志。赵匡胤是厚道的，历史上少有开国皇帝和开国功臣之间以这么完美的结局收场。

解除了高级禁军将领的兵权，势必会空出一些岗位，怎么办？那些资历尚浅、个人威望低，又容易驾驭的人这时就成了幸运后补。新的禁军将领间相互牵制制约，根本不用担心会形成气候。

7

剔除外围威胁

解除了卧榻旁的威胁，京畿重地安全了，可藩镇的威胁还在。下一步，赵匡胤要清理地方政权，把各地节度使的兵权也关进笼子。

五代史是由拳头决定印把子的无数短篇集结而成。军阀混战，狼烟四起。谁有重兵谁就可以当老大，而老大几乎无一例外都是节度使出身。后梁太祖朱全忠是宣武军节度使；李克用以大同军节度使的身份给儿子打下了建立后唐的基础；后晋高祖石敬瑭是镇守河东的节度使；后汉高祖刘知远是河东节度使；后周太祖郭威曾任天德军节度使……这些地方长官远离中央，经济独立，军队精干，如果想独立非常有条件。要想让一个地方官六神无主，那就要断钱粮截人员。经济不能运转，人员不听调遣，这个官儿就基本瘫痪了。赵匡胤下令，增设专管财物的转运使，将各路所属州县财政收入的大部分运送京城开封。从前藩镇以"留州""留使"等名目截留的财物如今也一律收归中枢。他又于公元 965 年 8 月，下令各州长官把地方军队中骁勇善战的人都选送到京城补入禁军。

公元 969 年，赵匡胤又下了一道强拆命令，将荆湖、川峡诸地的城郭堡垒全都推倒。之后，赵匡胤再次备下酒宴。待节度使们喝到兴头时，皇帝老调重弹："众位都是北宋德高望重的老臣，南征北战一辈子，哪个身上不是伤痕累累？如今虽不打仗了，各位还兢兢业业地驻守边防，我心里真是过意不去。"凤翔节度使王彦超——就是当年给了赵匡胤几吊钱的那位——是个明白人，他带头打破僵局："臣本没有什么功劳，蒙皇上错爱很多年，眼下微臣老朽，身子骨动一动就要散架，希望皇上可怜我，让我退休回家吧。"

皇帝很为这个机灵人叫好，然后一番虚情假意的挽留，两人心照不宣地笑了。但有些糊涂蛋脑袋不那么灵光：武行德、郭从义、白重赞等人喋喋不休地唠叨着昔日如何抛头颅洒热血，企图用劳苦功高的经历保住兵权。对这种给脸不要的主儿，赵匡胤也没动杀机，只是有些不高兴。

第二天，参加宴会的五位节度使都被解职，弄了个虚职回家享受了。剩下的向拱、袁彦等人这时已经读懂了赵匡胤，赶紧交权。赵匡胤又派出贴心的知州、知县去管理这些地方，并废除唐末及五代时节度使兼领"支郡"的旧制，除了节度使驻地，其他的州郡统统直属京师，又把地方司法权也收归政府。军队管理方面，禁军指挥权一分为三，将带兵权与指挥权分开，带兵的无权指挥作战，指挥作战的无权带兵。这样就把发生政变的可能性削弱为零。

赵匡胤就这样靠智慧威严，把各路豪强的兵权、财权、司法权、行政权全都收归中央，成功建立了中央集权。

从此，中原大地藩镇割据的局面彻底改变，他再也不用忧虑皇位安全了。

8

仁者无敌

解除了威胁，赵匡胤开始构架新一轮的人事关系。当上皇帝后，董遵诲这位当年曾拼命欺侮他的主儿仍是小屁官儿一个。从当年对待赵匡胤的态度就能看出这位情商太低，此时被人告发搞不团结。虽没挨整，但董遵诲活得很辛苦，每天提心吊胆，生怕哪天皇帝不高兴找借口把自己杀了。也不怪他把太祖想得狭隘，当年把人家欺侮成那样，搁谁谁甘心？但赵匡胤非但没有报复他，听说他有一个失散多年的老母亲后，还动用权力帮他将老母亲从偏远的辽地接了回来。董遵诲那个感动呀，从此死心塌地效命太祖。

一次酒桌上，宋太祖问王彦超："朕昔日来复州投卿，卿因何不纳？"王彦超当即跪倒："浅水岂能藏神龙耶，当日陛下不留滞于小郡实乃天意也！"太祖何尝不明白这是竭力保命的高级马屁？他大度一笑，从此再也没有难为过王彦超。

对陌生人，赵匡胤也不吝仁慈。有一次车驾出宫，经过大溪桥时，冷不丁一支冷箭射中了黄龙旗。这是大不敬，抓住人犯当斩无疑。禁卫军大惊失色，太祖却拍着胸膛潇洒地说："谢谢侠客教我箭法，让我一睹卓越风采。"

某日，太祖拿弹弓在花园中打鸟儿，正过瘾时大臣求见。大臣长篇大论东拉西扯，讲了半天也没涉及工作。太祖怒了："你有事儿说事儿，别磨磨矶矶瞎耽误工夫。"大臣并不生气："这总比你打鸟儿的事儿急吧？"太祖抄起家伙就把对方两颗门牙干掉，见大臣把牙齿装进口袋，怒喝："你什么意思，难道想告我？"大臣回答："不用我告，自有史官记下。"太祖意识到自己犯了以权欺人的毛病，真诚地向大臣道歉。这大臣也是够幸运，若落在专横者手里，掉的肯定不是牙。

宋太祖清楚人才就是力量，所以他大度容人。

吴越国君送了赵普十坛礼物，他随手放在屋檐下。赵匡胤打开一看，全是金子。赵普傻眼连称死罪。赵匡胤呵呵一笑："这么巴结你，他们还以为天下大事是你这个书呆子说了算呢。"

后周大臣王著有一次在赵匡胤的国宴上喝醉。酒入愁肠，不由思念旧主。他大哭大闹，将宴席气氛弄个稀碎。第二天就有人上奏，要求严惩王著。赵匡胤说："一个书呆子，哭哭故主也没什么，由他去吧！"

某次上朝，赵匡胤向大臣们提了一个问题，结果大家面面相觑。沉默中，翰林学士陶毂、窦仪准确说出了答案。赵匡胤由衷地说："宰相须用读书人！"自此开启一方读书风气，就连赵普这个从不读书的人也翻起了《论语》。

赵匡胤曾秘密设下誓碑，上面刻着两条铁律：一是，"柴氏子孙，有罪不得加刑，纵犯谋逆，止于狱内赐尽，不得市曹刑戮，亦不得连坐支属"。二是，"不得杀士大夫及上书言事人"。并告诫后代"子孙有渝此誓者，天必殛之"。历代皇位更迭，无不是通天欲望、无边杀戮滚滚而来，赵匡胤居然用这样的办法来约束子孙。这是柴家的幸运！虽被夺位，但性命无忧；也是知识分子的幸运！没有了文字狱、压制与歧视，宋朝的文化星空得以星光熠熠。那些光耀千秋的文人们虽然曾受到排斥流放，但离开官场，他们的精神世界依然自由而刚健！敢发表自己的观点！看看后世明朝，上班就像上坟，哭丧着脸与家人诀别，不知此去是否还能活着回来。不敢随便说，到处都是锦衣卫和卧底！方孝孺仅仅因为不愿替朱棣书写诏书就被诛灭十族。有宋一代，赵匡胤对知识分子是当宝贝待的。他奉行"文以靖国"理念，尊孔崇儒、完善科举、创设殿试、知人善任、厚禄养廉等一系列举措扭转了唐末以来武夫专权的局面，使文化空前繁盛，宋词得以名扬天下！以至于后人都称宋朝是文人的乐园。

9

留下一抹暖

鲁迅说：翻开中国历史，全是赤裸裸的吃人镜头！宋朝却是个例外。

这自然缘于赵匡胤的品性。太祖生活简朴，不讲究衣食。对家人很约束，绝不允许权力被身边人滥用。他促民生抓经济，大搞国家建设。对下属实行宽仁政策，一杯美酒换兵权，顺利进入"削弱相权""强干弱枝""三年一易""设置通判"的政治程序中，将军权、行政权、司法权、财政权牢牢控制在中央。又颁布了重文抑武的基本国策，使北宋初期政治、经济等各方面都比较安定，没有出现宦官专权、地方割据等内乱。对对手则重在团结。太祖最擅长攻心术，化敌为友壮大力量。每临大战，他都会告诫主帅勿以多杀为功，攻地要安民而不掳掠，收民心方为上策。他军纪严明，对百姓秋毫无犯。宋军所到之处，百姓莫不箪食壶浆欢迎这支仁义之师。这种宽仁作风在他当了皇帝后更是发挥到极致。他善待亡国君主：正因妥善安置周恭帝及其家人，才有《水浒传》中小旋风柴进一辈子拿着丹书铁券悠闲做贵族的潇洒；南唐后主李煜、后蜀君主孟昶也都得到了赵匡胤的坦诚相待；吴越王钱镠归顺后更是得到重用，被封为兵马大元帅；对那些虽失去国家但仍忠心耿耿效忠前主的义士，赵匡胤安抚笼络，避免了骚乱事件。

任何战争，只要还没达到收服人心的境界就不算真正的胜利！

当权者的人性大于动物性，臣民中催发生长的便是仁善，当权者的动物性大于人性，臣民中积聚的便是仇恨。国君是什么样的人，周围就出现什么样的人。"用一君子则君子皆至；用一小人则小人竞进矣！"

赵匡胤是一个相当老练的政治家，"不战而屈人之兵"的艺术运用得相当娴熟。创业时用仁打开局面，守业时依然用仁剔除了潜在威胁。他一直用"仁"的准则行事，这个治国理念既顺应了历史潮流，也为北宋的合法存在增添了砝码。

黄袍加身，他是第一个。抛弃嗜杀喋血，他亦是第一个。北宋能成为经济大国和文化大国，正是仁政之功！

不是谁都能得到属下的真心拥戴，不是谁都能得到被逼为君的待遇。改天换地这样的创举需要雄才大略的明君，更离不开审时度势的能臣。赵普就是赵家班的骨干。

1

走进赵氏家族

北宋初期，出了一位不靠科举之路而一路高升的宰相。他辅助赵匡胤成功建立了北宋。其仕途鼎盛之际，连皇帝都对他言听计从。他的经历再好不过地验证了"学历不等于能力，文凭不代表水平"这句话。这肯定会让那些整天"猫三狗四"的年轻人看到莫大希望：只要有一技之长，并将它做到极致，照样可以活得很牛。

这个牛人就是赵普。

赵普出生于河北幽州蓟县，15 岁时随父亲躲避后唐战乱，迁居洛阳定居。《宋史·赵普传》记载："普少习吏事，寡学术。"虽没读过什么书，但不妨碍赵普头脑发达，心眼儿活络。这小子自小就对计策、谋官之道那一套感兴趣，尤其对兵法中的奇正之术烂熟于心。赵普的第一份工作是应聘成为后周永兴军节度使刘词的从事官。在这个岗位上，他干得得心应手。他提出的建议采用率能达到 90%。因为能力突出，刘词很器重他，死前还把赵普推荐给了朝廷。那时朝廷不缺人，宰相范质本着不浪费人才的原则把他推荐给了殿前都点检赵匡胤。赵匡胤任命他为军事判官。

　　良禽择木栖，良相攀良将。遇到赵匡胤是赵普这辈子最美妙的拐点。他的聪明才智、奇思妙想全都超常发挥，生命潜能得到了最大释放。擅长策划的赵普不在乎隐形，他躲在赵匡胤身后运筹帷幄出谋划策，让其风风光光地在舞台上现身露脸。他用一个又一个金点子辅助赵匡胤光芒万丈地走向成功，也亮堂堂地点亮了自己的前途。

　　赵普为人随和，善打亲情牌，关键时刻能捕捉到机会。周世宗用兵淮上，赵匡胤任主将，就在即将攻下滁州的关键时刻，父亲赵弘殷却突然病倒在床。摆在赵匡胤面前的是两难选择：忠君就不能尽孝，尽孝就不能尽职。非常时刻，赵普挺身而出，亮出极高明的一招，主动担负起照顾老爷子的重任。他像侍候亲爹那样全心投入，端汤送药，洗脸喂饭，陪聊解闷儿。"久病床前无孝子"，况且是一个外人。贴心细致的服侍拉近了彼此距离，老爷子对家人发话："赵普就是咱家人，是我半拉儿子，咱若发达可不能忘了他。"感情投资打开了信任之门。"宣祖卧疾滁州，普朝夕奉药饵，宣祖由是待以宗分。"最感动的还是赵匡胤。老爹有病，长子奉孝，是为人伦。如果没有赵普，自己哪能抛弃后顾之忧在战场上大显身手？军功章里绝对有赵普的一半儿。

　　赵普从赵匡胤的视野进入了内心。

2

成为太祖的主心骨

　　接下来的一件事，更让赵匡胤见识了赵普的能力。赵匡胤攻下滁州后抓获了一百多名小毛贼，赵匡胤想也没想就让手下直接推出门外就地正法。赵普大叫一声："且慢，保不准有冤枉的。"结果一审，果然有许多冤枉。赵普有犀利的观察力、分析力，对工作认真负责，有查漏补缺、及时提醒的机敏。这一句喊已全部展露无遗。这些优秀的职业素养不正是一个好秘书的基本素质吗？还用考核吗？直接升官。赵普用负责和敬业，坐上了赵匡胤掌书记的职位。掌书记就是机要秘书，这等于打进了赵匡胤的核心决策层。

　　了解主公的追求才能更好地找准自己的定位，从而为主公创造最大效益。赵普爱琢磨、善思考，这注定他此后做的第一件事将会不同凡响。果然，他成功导演了赵匡胤陈桥驿黄袍加身这出大戏。《宋史》虽没对此做详细记载，但具体动作的蛛丝马迹不难搜寻。赵普先从造势入手，把谣言散布在公元 960 年正月初一这一天。当时，后周七岁的小皇帝柴宗训正和大臣们在朝贺新年，突然接到辽和北汉联兵入侵的战报，朝堂之上慌作一团。宰相范质、王溥征得小皇帝同意后，命赵匡胤率领禁军前往迎敌。

在陈桥驿，赵普安排赵匡胤适时醉酒，待赵酒醒后将士们以皇帝年幼、难堪大任为由上演了一出武力相逼赵匡胤篡夺皇位的闹剧。接着又炮制禅让文书，然后安排石守信等在朝廷接应，并对士兵许诺事成之后共享富贵。当时的大将石守信是留守京师的殿前都指挥使，王审琦是都虞候，为侍卫亲军的高级军官。赵普事先早做足了功夫，成功策反他们背叛后周小皇帝。

作为一个地位不高的小秘书，在惊心动魄的"陈桥兵变"中，赵普牢牢把握全局、协调平衡各方关系，始终驾驭着事情走向，完全是好莱坞大导演的范儿。有条不紊，有序推进，同时左右斡旋，对将领们煽动、鼓吹、威吓，从而使这夺人江山、改朝换代的惊天之举得以不损一兵一卒地和平过渡。这个成功充分展现了赵普的非凡能力。如果没有赵普的周密策划，单靠那些舞枪弄棍的武夫石守信、王审琦、高怀德甚至赵匡义，赵匡胤就算本事再大，这事也断然难以做到不战而屈人之兵。赵普天生就是赵匡胤的菜，助他掌权后又开始为赵匡胤的治国大业制定方案。

3

策划"杯酒释兵权"

宋太祖即位后不到半年，节度使李筠、李重进便起兵反宋。在赵普的谋划下，太祖费了很大劲才成功平定了叛乱。想到那些诸侯们占据一方，随时都可能生乱，而如今北宋是刚刚建立，百业待举，频繁内乱只会使政权不稳、经济倒退，赵匡胤日夜忧思。他问赵普，唐朝末年以来接连换了五个朝代，为什么越打越乱？赵普一针见血指出："国家之所以混乱不堪，毛病就出在藩镇权力太大，如果把兵权全部集中到朝廷，天下自然太平无事。"宋太祖若有所思。赵普紧接着建议："禁军大将石守信、王审琦两人兵权太大，还是把他们调离禁军为好。"赵匡胤很自信："你放心，这两人是我的铁杆儿，不会反对我。"赵普毫不客气："他们是你朋友不假，但如果这些人的手下拥戴你这些朋友当皇帝，他们还有选择余地吗？"赵匡胤惊出一身冷汗，他太清楚自己的皇位是怎么来的啦！自己若没有军权，当皇帝这样的事八辈子也轮不到自己，不用说，军权是谋位成功的保证。唐朝时安禄山如果不统兵，哪来的实力和朝廷对抗？手下那帮龙兄虎弟，个个蹚过刀山火海，都是百炼金刚之身。眼下虽然安分守己，可谁知道时间长了他们会不会变心？赵匡胤心神不宁，连忙向赵普询问长治久安之策。赵普以 12 字作答："稍夺其权，制其钱粮，收其精兵。"赵匡胤思前想后，想出了一条既不得罪兄弟又让他们没机会造反的万全之策。第二天，太祖把开国大将们召集到一起，以喝酒为名收回了兵权。这就是赵普的杰作——"杯酒释兵权"。

太祖成功回收权力后，想用天雄军节度使符彦卿典禁兵，赵普不同意："你好不容易把大权集中到自己手中，如今又要将这么重要的岗位交给外人，安全怎么会有保障？"太祖拿出他一贯的慷慨态度："朕厚待彦卿，他哪能相负？"赵普嘴一撇："陛下何能负周世宗？"打人不打脸，赵普竟然说出这样真实而又刻薄的话，任谁听了都会蹦高儿，可太祖居然听进去了。可见赵普对皇帝的心理把握得相当精准，这是成功者必须具备的本事：能察言观色，且料事如神。他知道太祖是个宽宏大量、雄才大略的人，只要言明利害，话再伤人也无大碍。他也深知赵匡胤是一个善于规避风险、尊重人才的英雄，尤其不喜欢以流血方式收拾功臣，以免授人以柄，节外生枝。因此赵普才敢说出这么刺耳的话。这也是赵普的魅力：切中时弊，敢说敢当。

4

制定统一战略

赵普是太祖的得力干将。不管什么事，只要他认为对朝廷有利、对皇帝有利，能树立自己的形象，往往锲而不舍穷追猛打。

赵匡胤为国家发展壮大让朝臣举荐人才，赵普推荐的人连遭皇帝否决。他连着好几天推荐此人，皇帝气得把奏折都撕了。赵普一片片粘好，再上朝依旧拿着这个破纸片，还是推荐这个人。太祖知道此人一定是真有才，不然赵普不会钻牛角尖。他改变了偏见，同意录用那人。某官员到了该升职的时候，可太祖出于私心迟迟不升。该升不升，按自己喜好办事，你这不是严重影响朝廷公信力制造不公吗？赵普天天追着皇帝要他给人家升官儿，太祖不理，赵普追到宫门口对皇帝大加指责，弄得皇帝很没话说，最后只好同意按赵普意见办。

赵匡胤成功建立北宋，顺利平定内乱，又和平解除了大将的军权，加强了中央集权，可身边人觉得太祖并不开心，听见他的叹息一日重于一日。

某天晚上，大雪纷飞。赵普望着窗外出神。这时只听一阵窸窸窣窣的声音自远处传来，不一会儿响起了敲门声。赵普开门一看，赵匡胤满身是雪地站在屋外。赵普惊问："您怎么一个人来了？""吾睡不着，一榻之外，皆他人也，故来见卿。"听了这话，赵普已猜出几分：当时北宋北面有强大的辽和其扶植的北汉政权；南面和西面分布着南唐、吴越、后蜀、南汉、南平等割据政权；还有湖南周行逢，泉州、漳州留从效等一些小割据政权。皇帝这是忧虑国家分裂呀。落座后，赵普照旧问太祖有什么"成算所向"。太祖说："吾欲收太原。"赵普回答："非臣所知也。"他分析道："先打太原，有害无利，何不姑且等到削平诸雄后，彼弹丸黑子之地，将何所逃。"先消灭西、南各个割据势力，后消灭北汉，赵匡胤很兴奋，这正是自己心里所想。太祖依赵普所言，定下了"先易后难，先南后北"一举统一全国的战略方针。

公元962年9月，宋太祖部署兵力守卫西、北边境，防止辽、北汉南掠；选择荆、湖为突破口，挥师南下，开始了统一战争，先后灭掉了小政权和南汉、南唐。公元969年，宋太祖两次出兵进攻北汉皆因辽出兵援助无功而返。公元976年，宋太祖第三次进攻北汉，两个月后突然死去，新登基的宋太宗只得下令撤兵，暂缓战争。

5

得意忘形

无论在创业、守成还是统一问题上，赵普的表现都令赵匡胤相当满意。不久他就实现了三级跳。由掌书记提拔为右谏议大夫、充枢密直学士，后提拔为门下侍郎、平章事。多年幕后之人终于转了正。隐藏得愈久，显露得越大。从幕僚到朝官、从家奴到大臣、从隐身到露脸，这是一个从量变到质变的飞跃，是无数的金点子搭成的升迁桥梁。赵普终于用满脑子的主意熬成了地位显赫的宰相。他没按贤臣的传统老路——学问、胸怀、道德的标准来推进，而是以谋略计策为敲门砖，主动为主公布局设计，成为权力的智囊。

不过赵普的修炼还不精深，位置高了难免得意。后来，他收贿，还带头违反各种禁令，触犯了皇帝的大权意识和身份尊严。

赵匡胤当初就是靠拉帮结伙抢得皇位的，因此他最怕部下擅权结党。他本来不是计较之人，奈何小事越攒越多就成了大事。他发现赵普高升后干事越来越出格，心里很不舒服。

比如举荐人才，赵普连续五次推荐同一个人为官，如果不是自己人，为何那么费心？皇帝最忌讳部下与外人私交串通，赵普偏偏收下吴越王钱俶十瓶"瓜子金"；皇帝担心大臣架空皇权，规定大臣之间不得通婚，赵普却与枢密使李崇矩结成儿女亲家；国家禁止私贩木材、私购土地，赵普买木材建豪宅、购土地建别墅一样不顾忌。这些事看起来不大，但件件都让皇帝难堪。

赵普见皇帝不声不响，于是越干越上瘾，越干越出格，终于触动了赵匡胤的底线，得到了降职处分。赵匡胤算仁厚，否则不管哪一条都足以定死罪。反复荐同一个人是目无国君，欺君犯上；收外人钱可以定里通外敌谋逆之罪；结亲是拉帮结伙、结营私党的表现；买木买地则是目无国法藐视法律。

赵普进了大狱，直到赵匡胤死去，他才深刻地怀念起赵匡胤的厚道。

第二章

北宋那些妙人妙事

1

北宋竟然用错了年号

宋太祖赵匡胤登上帝位后，一切在他的经营下都初具规模，欣慰之余，他准备改换一下年号。

他召集大臣开会，发布了要改换年号的消息，接着一再叮嘱："我堂堂北宋，疆域广阔，人才辈出。一定要弄个叫得响的名字，千万不要闹低级笑话，用别人用过的年号。"根据指示，宰相们反复研究揣摩，最后由赵普牵头儿，决定用乾德做新年号。皇帝一听这名字挺有分量，就于建隆四年（公元963年）十一月，正式改元乾德。

开始一切都挺正常。后来一个偶然机会，赵匡胤从一枚古老的铜镜上面赫然发现了北宋年号"乾德"二字，这让他的心头蒙上了阴影。

事情要从北宋平定后蜀说起。

赵匡胤建立北宋后一直想着平定四方，扩大领地。后蜀自然是首要目标。当北宋卧底从后蜀返回开封，赵匡胤很兴奋，期待着卧底嘴里能吐出重要情报。结果卧底什么也没说，只提供了两句朱长山的《苦热》诗："烦暑郁蒸无处避，凉风清冷几时来？"赵匡胤一琢磨，大喜过望："此蜀民思吾之来伐也！"很明显！"烦暑"不就是"烦蜀"的意思吗？看来蜀地百姓早就盼望着北宋的开明之风吹遍川蜀大地了。赵匡胤很幸运，关键时刻总有如神助：想夺后周江山，柴荣就适时死掉；惧怕后周大臣王朴，此人不久也驾鹤西去；他想统一中原，机会是扑面而来。公元964年10月，后蜀的知枢密院事，也就是代理枢密院使王昭远忽然想转正，于是就劝后蜀掌门孟昶联合北汉王刘钧共同出兵攻打北宋，到时候后蜀就可以乘乱一举攻占关中和陇右地区。三个使者带着孟昶密封在蜡丸中的信件前往北汉。经过北宋都城开封时，其中一人忽然叛变，偷偷拿着蜡丸投降宋朝。赵匡胤一看孟昶这封密信简直心花怒放，正想挑事儿没有理由，好家伙，自己送上门儿了。赵匡胤就以后蜀集团要搞偷袭为名，名正言顺出兵讨伐。后蜀三个使者在金钱和自由的诱惑下，自动为北宋服务，将后蜀的山川地形、道路分布、驻防要塞、兵力情况等画得详详细细。

11月，北宋大军从水陆分别挺进后蜀。孟昶和后宫嫔妃们全成了北宋俘虏。不久孟昶死了，花蕊夫人和其他妃嫔被宋太祖照单全收。这天，赵匡胤信步来到后蜀宫女宿舍，看着宫女们精致漂亮的梳妆盒很好奇，就随手打开一个，却发现里面有一面铜镜，铜镜背面写着：乾德四年铸。赵匡胤大吃一惊，现在分明是乾德三年，乾德四年从何谈起？他把这枚铜镜带到了朝堂上让宰相挨个看，要他们给一个解释。宰相们面面相觑，根本搞不清楚从哪儿冒出个乾德四年，而且还出现在一面老的铜镜上。

赵匡胤将陶谷和窦仪两位文史专家召入宫中。二人看了铜镜后相视一笑，窦仪说："这面铜镜肯定来自于蜀地，很简单，前蜀曾经使用过乾德这个年号。"四十六年前，也就是公元918年6月，前蜀国主王建吃了御厨做的烧饼后突然死亡，他的儿子王衍继位后将年号定为乾德。前蜀的乾德这个年号一共用了六年，六年之后改元咸康。咸康还没有用满一年，前蜀就灭亡了。赵匡胤听完来龙去脉气不打一处来。当初确定年号时自己千叮咛万嘱咐，没想到还是闹出了笑话，且这"乾德"二字居然是亡国之君使用的，真晦气。

赵匡胤一气之下用毛笔把赵普画了个大花脸。下朝后，赵普遮遮掩掩地回了家。他不敢洗脸，也不敢侧脸睡，如果蹭掉了，到时再让皇上给定个不服之罪，吃不了兜着走。第二天上朝时，赵普依旧戴着"黑面膜"出现在早朝上。气得赵匡胤大骂赵普没文化，并且要他从现在开始好好读书，这才有了赵普半部《论语》治天下的故事。如果不是这个低级错误，赵普根本不会接触《论语》。

其实赵普很冤，他又不是科班出身，当宰相时间也短，哪里知道那么多陈年旧事？

2

吃货宰相张齐贤

张齐贤出生于山东菏泽一个贫寒之家。幼年丧父，但志存高远，苦心向学。后来终于得进仕途。为相21年，曾率领边军与契丹作战，对北宋初期的政治、军事、外交等各方面都有大贡献。

有趣的是，他是作为一个吃货而为人所识的。

为了混饱肚子，张齐贤穿着破衣烂衫，大大方方地站在洛阳道上等待路人施舍。一群盗贼在酒馆胡吃海喝，众人全都避之不及。他不在乎，主动打招呼："各位老兄，我实在太饿，想向诸位求一醉饱，不知可否？"群盗一看这人说话文绉绉，性格大大咧咧，大喜，"秀才能屈尊入席，有啥不可！只是我辈粗鲁，恐为秀才所笑。"张齐贤一拱手，"哪里，哪里。"然后从容入座，取来猪腿，掰为数截，狼吞虎咽。史书记载：张齐贤，"健啖，体质丰大，饮食过人"。群盗见状甚为惊骇敬佩，感叹道："真是宰相之才啊！"纷纷把值钱的东西拿出来孝敬。落魄到要饭地步，还依然这么有气场！他把东西一拢，理所应当地满载而归。

宋太祖出巡西京洛阳。张齐贤早早候在半道，车一来直接跪倒，说要给皇上提建议。宋太祖吩咐把他带到宫里详谈。到了宫里已是中午，宋太祖就让他和侍卫们一起吃饭。张齐贤看到厨房有牛肉，抓起来就吃。侍卫上一盘他吃一盘，宋太祖敲敲他的头："我问你几个问题，看能不能回答上来？"张齐贤也不抬头："皇上您问吧，我边吃边答。"宋太祖一连问了十个问题，张齐贤都对答如流。宋太祖觉得这人并非酒囊饭袋，差人给他装了些牛肉，又给了些银钱，让他安心读书，来年应试。

公元976年，张齐贤果真考中进士，从此步入仕途。当了官，他还是没能改掉吃货做派。他一个人能吃五个人饭量，但绝对不没心没肺。80多岁的老母亲孙氏去世后，他7天没吃一口饭，直到守丧结束。如此毅力，孝心可鉴。这个吃货有勇有谋，眼光远大。公元986年，北宋大将曹彬、潘美率军北伐攻辽，大败而归，名将杨业战死朔州。张齐贤主动请缨接管代州军务，结果旗开得胜，大败辽军。由此官至宰相。

张齐贤做官很有原则，绝不提拔庸碌之人，对待身边工作人员更是如此。

他当上宰相后，有才能的奴仆全跟着鸡犬升天。唯有一个名叫王富生的始终没有得到升赏。王富生对张齐贤哭诉："老爷，我尽心尽力侍奉您多年，那些和我同来的仆人都升了，为啥不提拔我呢？"张齐贤把脸一沉："你记不记得在江南宴会上偷银杯的事。这事我藏在心中30年了！我是宰相，任免百官自然要提拔德才兼备之人。你品行不端，怎能让你做官？念你侍候我很久，给你三十万钱，你离开我这儿，自己选一个地方安家吧。因为我既然说出此事，你必然心中有愧而无法再留下。"王富生十分震惊，他没料到主人是宰相肚里能撑船，如果不是自己来要官，此事他也许会永远烂在肚子里。

保密是一种优秀的品质，而妒忌却是杀人于无形的利箭。一旦被妒忌缠上，必将万劫不复！

第三章

爱国就是抗辽

一

杨业：一死表心迹

1

降宋

在北宋，爱国的方式就是抗辽。抗辽英雄谱上首屈一指的自然是杨业。

杨业原名杨崇贵，又名杨继业。他擅长骑马射箭，年轻时每次打猎的收获在同伴中都是遥遥领先。他常对同伴说："吾他日为将用兵，亦犹鹰犬逐雉兔尔。"超级自信的背后，是目标的坚定性。杨业走的是自主从军这条路。还在弱冠之年，杨业就参加了北汉军队，任保卫指挥使。那时候，有才者皆为朝廷所用。作为掌管朝廷的国主，如果他喜欢你，示宠的方式之一就是赐给你和他同样的姓氏；如果他不喜欢你，不管你自己的本姓姓了多少年，他也会强制你改姓别的姓。北汉皇帝刘崇喜欢杨崇贵男子汉英雄气概，为尊宠，赐他姓刘，改名为继业。

刘继业跟着刘崇攻打后周，屡建奇功，升任建雄军节度使。

北汉在辽支持下，一直骚扰挑衅北宋边境，赵匡胤在世时曾亲率大军征讨，结果出师未捷身先死。赵匡胤的弟弟赵光义继承皇位后，接过哥哥的接力棒继续北伐，准备一举拿下北汉和辽，统一中国。

在长期的战争生涯中，刘继业练就了一身硬功奇武，军事才能也日臻成熟。他觉得，宋朝这次集中主力来对付北汉，恐怕凶多吉少。北汉只剩区区十个州的土地和三万五千多户居民，同宋相比，无论军事、经济还是人力都不可相提并论。宋经济宽裕、国力强劲，新皇帝有野心有能力。不管怎么看，宋都是一颗冉冉升起的巨星，拥有着无与伦比的灿烂前景和气势磅礴的武装力量，而北汉已是日落西山行将就木。和北宋针锋相对早晚会被灭掉，不如及早掉转矛头，也算为自己留个退路。刘继业从北汉的出路和河东百姓的利益出发，劝继任的皇帝刘继元早做打算，刘继元仍坚持对抗。后来宋太宗打到城南，大有屠城之势。北汉已退休枢密副使、左仆射马峰不顾病体，让人抬着自己进宫，痛哭流涕劝刘继元投降。刘继元站在城墙之上，听着黑压压的宋兵之中传来再不投降就要屠城的威胁，紧绷的弦儿刹那间松弛，数月战争将他的意志击垮了。他深知局势已是无力回天，只好派通事舍人薛文宝举白旗而出。自此北汉灭亡，刘继业顺势降宋。

2

救主于危难

宋太宗早就闻知北汉建雄军节度使刘继业是一员虎将，如今得到他高兴得不得了。欣喜之余，让刘继业改回本姓杨，并封为右领军卫大将军，给予重赏。如果以为宋太宗仅仅收回北汉就会满足，错！他的目标是收复后晋石敬瑭割给辽朝的燕云十六州。如今对北汉之胜给了他一个错误的判断：趁热打铁进攻辽朝必易如反掌！当时正值盛夏，酷热难当，宋军刚从后汉战场下来，个个疲惫不堪，厌战情绪强烈。宋太宗却不等军队休整，就率大军攻辽。辽将耶律沙率领的辽军勇猛善战，宋军节节败退。赵光义孤身突围，逃命途中不慎掉入了沼泽。正绝望时，远远过来一队人马，高高飘扬的军旗上写着大大的"杨"字。赵光义心中大喜，忙叫"杨爱卿，快来救驾"！杨业一惊，细看太宗大半个身子已经陷进了沼泽，于是赶紧跃马跳入将皇帝救起。仿佛是天意，又恍惚如做梦，原来杨业与儿子杨延昭奉命押运粮草经过此地，不早也不晚，恰好遇上了这生死攸关的一幕。君臣二人正感慨万千，传来震耳欲聋的喊杀声，辽军挥舞着大刀追了上来。赵光义正处在惊吓和惊喜的间隙，此时闻得杀声，着实吓得不轻。杨业镇定自若，让皇帝跟着运粮队伍由士兵护卫先行离去。他自己率领众人迅速设下埋伏。然后父子二人各自对付辽军首领兀里奚、兀环奴。经过一番厮杀，辽军阵脚大乱，大败而去。

因救主有功，加上杨业长期与辽军作战，熟悉边境事务，宋太宗直接任命他为代州刺史，授右领军卫大将军。代州是宋朝边防重地，如此安排，可见宋太宗对杨业的信任。杨业没有辜负宋太宗，归降宋朝后，他对北宋忠心耿耿！杨业虽然没有文化，但作战勇敢，有勇有谋，与士卒同甘苦，很得属下拥戴。将士同心，在代州常将侵犯的辽军打得丢盔卸甲。

杨业赴任不到三个月时，辽景宗于公元 980 年，率耶律沙、耶律斜轸再率十万大军进犯雁门关，攻打北宋。杨业父子缜密安排，巧妙布阵，制定了详细的智取方略。他们各率三千精兵趁夜色攻入辽军大营，杀了辽朝驸马侍中萧咄李，活捉马步军都指挥使李重海，缴获无数马匹盔甲武器，一举将辽军击溃。这一战为杨业赢得了更高的赞誉。宋廷闻报，无不兴奋。宋太宗于是锦上添花，将杨业升为云州观察使，并兼郑州防御使。他成了代州守护神，在他驻守的八年间，辽军从此再也没有攻入雁门关。每每想来滋事，那高高飘扬的"杨"字大旗，就能把辽兵吓得四散逃窜。河东百姓感念杨业的守护，给他起了个外号"杨无敌"，辽军将士提杨色变。

3

被逼进死胡同

宋太宗发誓收复燕云，即使上次在高梁河一战差点战死，也不改其志。

公元 982 年，辽景宗耶律贤病死，帝位由其 12 岁的儿子耶律隆绪继承，其母萧太后执政，并改国号为契丹。历史上很多战争都是乘虚而入，宋太宗自然不肯过放过这个时机。公元 986 年，他亲自带队，以曹彬、田重进、潘美各为主帅，分三路再次向辽发起进攻。田重进、潘美两军一路所向披靡，打得辽兵鬼哭狼嚎。曹彬听说另两路军取得小胜，自己一军未破，脸上有些挂不住。他立功心切，冒险向涿州进攻。因为天气炎热，粮草补给未能及时跟上，遭到耶律隆绪与萧太后率领的援兵痛击。宋军惨败，大量伤亡竟使河流堵塞。

　　宋太宗得悉东路军溃败，伐辽信心瞬间气馁，急忙下令让中路、西路兵马撤退：令田重进屯定州，潘美、杨业退守代州。徙云、应、朔、寰四州吏民入雁门关，分别安置在河东和京西。总指挥下令，杨业只能随潘美后撤。撤到朔州南面的狼牙村时，辽兵已攻陷寰州。杨业见辽兵攻势凶猛，即向潘美建议不宜同辽兵正面交锋，应避其锋芒以智取。方法是在半路设三千弓箭手，再安排骑兵在中路接应，这样才能保证后退的宋军和被迁移百姓安全撤退。这个建议是挽救败局的良策。可是好的建议如果遇不到好的上司去贯彻，结果会很悲剧。杨业的这个建议当时就遭到监军王侁、军器库使刘文裕的反对，他们主张直接攻击辽军。杨业以不容置疑的口吻说："这么做太冒险，注定失败。"王侁带着讥讽的语调嗤笑他："你不是堂堂杨无敌吗？真是枉有名号！你见敌不战，大概是别有居心吧？看来你还是恋着原来的主人，对我北宋怀有二心。"大敌当前，最忌窝里斗。人心离散等于是给对手创造机会。王侁这番刻薄尖酸的话，把平日里对杨业的妒忌全部发泄出来。主帅潘美本想站出来说句公道话，可他看到监军王侁脸上那邪恶的表情，畏权意识让他选择了沉默。此时的杨业心比冰寒，他仰天长叹："若按王侁方案贸然进攻必死无疑，如果按自己意愿也得背负违抗军令的罪责，怎么做都是死路一条啊！"一向对宋朝忠心耿耿的杨业一万个没料到，这些人会在战争这么胶着的时刻将自己一军！唉，千里长堤将要溃于蚁穴！不由得老泪纵横："我杨业从当兵那天起，就把生死置之度外。我不是怕死，我只是不忍心让我的士兵白白送死。今天你们指责我对朝廷不忠，那就让我先死吧！"他悲愤地跨上战马，然后请求在陈家谷布置弓箭手、步兵，作为自己转战到此的接应。潘美答应了他的请求，布阵救援。仅仅四个小时后，这一切就被王侁打破。他见杨业久去不归，怕杨业击败契丹获得头功，就擅做主张不顾约定连拖带拽地把潘美架走了。这伙人半路与杨业的伤兵不期而遇，得知杨业战败竟不闻不问绝尘而去。

　　待杨业转战到陈家谷时，宋将们早已跑得无影无踪。这时契丹兵追至眼前，杨业身边只剩一百多名兵士。这些人平素跟着杨业转战南北，敬重他、爱戴他，面对杨业让大家各寻生路的请求，众人纷纷表示愿跟着杨业死战到底。无奈宋辽实力差距悬殊，终是寡不敌众，在辽追兵的重重包围下，杨业被俘，儿子杨延玉战死。辽人虽然凶猛，但素来敬仰无惧生死的真英雄！虽俘虏了杨业，仍怀敬重之心，劝他投降为己所用。杨业一生都奔驰在抗辽战场，往日克辽制辽，常使辽军闻风丧胆，如今虽沦为阶下囚，胆气忠义俱在，怎可能降辽？三天后，杨业绝食而死。

他的死，缘于北宋生硬死板的军事制度和大将的妒忌，还有他自己的赌气。

4

英雄遭忌

名声是把双刃剑，带来名利的同时也带来毁灭。王阳明说："撼山中贼易，撼心中贼难。"妒忌就是人心中的贼。古人深尝妒忌苦，对那些优秀者留下了许多劝诫。

杨业作为归降的北汉将领，才能突出，有勇有谋，在宋将队伍里简直是鹤立鸡群，深得太宗欢喜。这让北宋那些将领非常不爽，他们并不能坦诚磊落地容纳他。如果优秀也是一种错，杨业错得太深。边防将领对杨业妒忌得发了狂，开始搞小动作。有人给宋太宗打小报告诬陷中伤。宋太宗根本没理会，还把那些奏章封好派人送给杨业。杨业见宋太宗这样信任他，十分感动。宋太宗虽然在舆论方向上做出了表态，但在善后处理上不够彻底。如果他能果断地处分那些妒火中烧的宋将，对这种做法给予打击，日后就不会轻易失去杨业这名砥柱之才。从这一点来说，宋太宗对爱将的保护力度还是不够。再则，北宋在军事上实行牵制制度，彼此间互相制约监督，杨业并没有完完全全地拥有指挥权。如果不是王侁发难、潘美不负责任，以杨业卓越的军事才能，绝对不会死在陈家谷。

不知道杨业临死之前有没有顿悟：最伤人的武器不是利箭刀斧，而是妒忌！古语说：匹夫无罪，怀璧其罪。"行祠寂寞寄关门，野草犹知避血痕。一败可怜非战罪，太刚嗟独畏人言。驰驱本为中原用，尝享能令异域尊。我欲比君周子隐，诛彤聊足慰忠魂。"这是苏辙在出使辽经过古北口时见到祭祀杨业的庙宇，有感而发写的一首诗。诗人愤怒揭露了王侁诽谤杨业的事实，并把潘美比做晋代陷害周处的司马彤，恨不能诛潘美以慰杨业忠魂。

得知杨业死去，宋太宗大放悲声，一怒之下，将王侁和潘美两人降官并发配外地。可再多处罚也换不回杨业的命。

时间带走一切，也澄清一切！杨业的六儿子杨延昭继承父志，依然驰骋在抗辽战场，契丹人称他为"杨六郎"。后杨延昭的儿子杨文广又成长为一代武将，也热衷于保疆卫国。祖孙三代共同谱写了一部壮伟的抗辽传奇！这样的抗敌家风，是杨业忠宋卫宋的最好回答！让那些陷他于死地的人的嘴脸昭然若揭！

杨业一心一意抗辽，从未主动招惹别人。而寇准不同，他带着强悍的个人风格风风火火地做事，但最后呢……

1

从基层干起

公元 980 年，19 岁的寇准一举考中进士，获得了殿试机会。按照朝廷惯例，有生活阅历和社会经验的考生才会得到重用，初入社会的年轻人往往要被安排去基层实习锻炼。寇准自然是后者。临行时，亲朋好友嘱咐他："太宗皇帝一向喜欢老成持重的人，你不妨虚报一下年龄，这样才会更有前途。"寇准硬撅撅地回答："我刚刚步入仕途，一切都才刚开始，怎么能弄虚作假呢？"

坦诚是一种优秀品质。不肯撒谎的寇准先后被安排到偏远的湖北巴东、河北成安当小知县。无论在哪里做官，他主持的各项工作都能得到百姓配合。比如税收，他不像别的县令那样下文催缴，更不会出现暴力执法的现象。只要在县衙门前张一下榜，公布一下各乡镇负责人名单和应缴数目，截止到规定日期，税款肯定如数收齐，绝无亏欠；当州官时，寇准有过"空狱"记载。这意味着"必也使无讼乎"。可见他辖下的治安状况非同一般地好。对有能力者而言，工作再繁重，地方再偏僻也阻挡不了名声游走。由于政绩突出，百姓亲切地叫他"寇巴东"，并赢得了百姓"欲得天下好，莫如召寇老"的好评。

5 年后，寇准终以才干崭露头角，被提到郓州当通判。接着被调到朝廷，任三司度支推官、盐铁判官等。

寇准官运亨通，靠的是真才实学和忠诚机智。宋太宗曾说他"临事明敏"，并由衷地感慨："我得到寇准，就像唐太宗得到魏徵一样。"这样的肯定句式让寇准找到了工作的兴奋点，从此以刚硬和正能量作为自己的基调周旋官场。他用才能打通了上升渠道，一路升职。不过职务的一路上扬让他的性格缺陷一点点暴露。寇准刚直强硬、心胸狭隘，好激动走极端，说话没遮拦，心里有什么脸上就有什么。

2

摔跟头

寇准靠着才干不断刷新着自己的上升之路：左谏议大夫、枢密副使、同知枢密院事，并开始直接参与北宋朝廷的军国大事。这时候，太宗对寇准简直是言听计从，几乎事事都问计于他，连立储问题也不例外。不过，他的极端性格也越来越出格。他和知枢密院事张逊关系一向紧张，经常因公务当着皇帝的面争吵。结果遭到张逊的无情报复，说他欲图谋不轨觊觎帝位。朝堂对质时，寇准一点儿都不顾忌，当着众臣的面公然与皇帝顶嘴，拼命为自己辩解。气头儿上的太宗当即将寇准贬往青州当知州。其实皇帝想通过打压手段，让寇准在政治上迅速老道起来，不要动辄愣头愣脑地大呼小叫。后来赵光义深感政务繁重力不从心，时常向臣下打听寇准情况，想把他弄回来。可大臣们面对皇帝的暗示无动于衷，可见寇准人际关系很差。

第二年，赵光义终于放下面子，不顾众人反对，找了个理由把寇准调回中央拜为参知政事，也就是副宰相。

寇准回来后抡起大斧搞改革，又得罪了很多人。作为中书省一把手，他刚愎自用、独断专行，任人唯亲，搞小帮派。手握生杀予夺大权，发号施令，翻云覆雨。中意的人安排在重要部门，不喜欢不熟悉的则平调甚至罢黜。这种调整指令如果是皇帝发出，没人敢怎么样。可寇准的权力还没大到让人不敢反抗的地步。因为人事安排，他把郎中冯拯给得罪了。冯拯忍无可忍，上表控诉寇准擅权，说吕端、张洎和李昌龄全都听命于寇准一人。皇帝大怒，让吕端调查，寇准在皇帝面前根本控制不住自己的情绪，唾沫横飞地辩解，还搬出中书省的文书档案来证明。这简直就是和皇帝分庭抗礼，皇帝实在忍不住，破口大骂："鼠雀尚知人意，况人乎？"寇准再次被贬往邓州做知州。

寇准被贬往邓州的第二年，赵光义死了，赵恒即位，即真宗。大臣吕端因为粉碎了太监王继恩的政变阴谋成了地位尊贵的第一功臣，他建议皇帝给贬在邓州的寇准恢复工部侍郎待遇，同僚们仍都不同意。直到公元1002年才出现转机。他先是到开封府任职，第二年又升任三司使。公元1004年，寇准终于算是又回到了权力中心，升任集贤殿大学士，成了真宗的贴身顾问。不过这次他独断专行的性格没惹祸，反倒是把他推上了功臣席位，让众人望尘莫及。

3

强硬主战

由于特殊的建国经历，宋太祖自北宋建立就一直防备武将，把内部"谋反"和军事政变看作"心腹之患"；把外敌入侵仅仅看作"肘腋之患"。这种严重的本末倒置使北宋法律全是针对内患而定。

公元974年至979年间，宋辽和平友好达五年之久的局面因宋太宗亲征北汉而打破。北宋与辽两次战争均以失败告终，从此北宋"守内虚外"的倾向就更加严重。宋朝对外消极妥协的情绪大大助长了契丹的嚣张气焰。他们更加有恃无恐地骚扰河北大平原地区。尤其是宋太宗驾崩，新君即位的虚弱时期，契丹更是乘人之危，骚扰不断升级。他们接二连三地出兵，先俘虏宋朝大将康保裔，后又俘虏王继忠，并把他成功策反。

公元1004年，边境急报，辽军又欲入侵。和平日子里，宰相论战头头是道，一旦战争来临全都惊慌失措。束手无策的宰相们这时全都变得大度起来，他们也不忌恨厌恶寇准了，而是联名请求皇帝让寇准担任宰相。理由是，"寇准天资忠义，能断大事。志身殉国，秉道疾邪。眼下北强入侵，只有寇准可以御敌保国"。宋真宗也不再计较太宗时期寇准的种种雷人表现，正式任命寇准为宰相。

同年 9 月，辽圣宗耶律隆绪和他的母亲萧太后，率 10 万大军从幽州向南推进。朝廷乱得不可开交，大臣们主张三十六计逃为上。金陵人参知政事王钦若建议皇帝迁都金陵；四川人知枢密院事陈尧叟提议迁都成都。宋真宗一心奉行太宗末年的黄老政治，只想守成，本就无心抗敌，听了这样的话竟没了主意。寇准最看不惯临阵逃脱、唯唯诺诺的做派。他霍地站起来，怒气冲冲地说："为陛下画此策者，罪可斩也！"话一出口，寇准立即成了公敌，为再次遭贬埋下了导火索。旧官场奉行面子学，生命有多宝贵，面子就有多宝贵。你伤了别人面子，对方就会恨你入骨！王钦若是什么样人？他的才能中包含着投机取巧、奉承拍马、挑拨离间、背后中伤、抢功邀宠、陷害政敌等几乎所有恶的成分。寇准一句话惹了他，这个人仇恨了寇准一辈子。

寇准骂完后向皇帝阐述："今天子神武，将帅和协，车驾亲征，敌当自遁。陛下当率励众心，进前御敌，以卫社稷。奈何欲委弃宗庙，远之楚、蜀邪？且以今日之势，銮舆回辕一步，则四方瓦解，万众云散，虏乘其势，楚、蜀可得至邪？"说完便强硬建议皇帝御驾亲征鼓舞士气，并让王钦若守住天雄诸州牵制敌军深入黄河。真宗虽不愿开战，但让他做亡国之君是断然不肯，御驾亲征又于心不愿，他陷入犹豫。

4

促成皇帝亲征

辽兵攻下祁州后，经贝州直扑澶州城下。河北大片领土陷入敌手，一河之隔的都城汴京面临着严重威胁，随时可能被攻破！朝廷主战派与投降派争论不休。真宗零乱了，他不敢想象穿上铠甲，跨上马背去亲征后，自己的老命还会不会完整？寇准不气馁、不放弃，不断在真宗耳边鼓励打气，陈说利害，痛骂辽兵。他坚定地告诉真宗："为了击退辽兵，皇帝必须亲征渡黄河！"一面是妥协派的处处阻挠，一面是辽兵的步步紧逼，寇准没有乱阵脚，积极备战。他派人到河北把当地青壮年组织成民兵队，并制定了相应的奖惩制度：民兵杀敌，官军要给以声援；民兵有立功者，要给予重奖。寇准还派人携钱带物慰劳河北驻军，并拿出积蓄 30 万两银子交给河北转运使，用于收购军粮，充实军资。这些举措让宋真宗感到了力量，也看到了希望。他终于被寇准这个硬骨头给说动，让雍王留守京师，自己起驾北上。

当车驾行至韦城时，辽军消息雪片似地砸过来。有人劝真宗到金陵躲避，真宗又开始动摇。寇准知道心理战术至关重要，当前需要军心稳定，"取威决胜"。他提醒真宗："大敌压境，四方危急，只可进，不可退。进则士气倍增，退则万众瓦解！"宋真宗硬着头皮继续向澶州城进发。车驾到达澶州时，辽军已抵北城附近。真宗的恐惧又涌上心头，他不敢过河，死赖在南城。寇准火冒三丈，又不得不恪守君臣之礼。他请求真宗过河，真宗不肯。寇准开始发动群众。他对高琼说："太尉承蒙国家厚恩，今日打算有所报答吗？"高琼说："我是军人，愿以死殉国。"说罢和寇准一起命令卫士把真宗车驾抬起过桥，过浮桥时高琼简直是在驱赶卫士前进。当黄龙旗在澶州北城出现，所有人都像打了鸡血般欢声雷动。寇准还不满意，他对真宗说："六军心胆在陛下身上，今若登城，必擒贼矣。"他让真宗登上城楼检阅诸军。皇帝这时与寇准仿佛换了角色，他是臣，寇准是皇帝。他这个心惊胆战的"臣"在寇准的逼迫下，只好登上澶州城北门。将士们望见那独属于皇家的一片颜色，山呼万岁，声震原野，勇气百倍。真宗虽然被动，此刻也着实很激动，正当他百感交集时传来好消息：辽军先锋萧挞览在澶州城下被宋将李继隆部将张瑰用精锐的床子弩射杀，一举击碎了萧燕燕的强悍和高傲。

5

降低议和损失

萧燕燕意识到辽军陷入危境！这个女强人似乎体味到了四面楚歌的悲凄。辽军千里出征，粮草供应不上，此时大将已死。虽然部将们勇猛彪悍，但毕竟是处于北宋地盘儿，此时 10 万大军早已是外强中干，再对峙下去，吃亏的肯定是自己。如此形势，须折中为稳。这节骨眼儿上，在望都之战中投降的宋将王继忠乘机劝萧太后与宋朝讲和。萧燕燕转动思维，议和是目前最好的出路。她顺势而为，向北宋统治者发出了"议和"信号，企图把战场上的损失通过谈判桌找回来。这正中宋真宗下怀。

虽然亲征给士兵们带来了无穷力量，只要稍微坚持下就完全有可能打赢这场战争，但宋朝皇帝一向让人匪夷所思——他们总是在最关键的时刻自动退出，给对手制造最完美的契机和缓冲来吞噬自己！如果不是寇准逼迫，宋真宗根本不会御驾亲征。当闻听辽使带来了议和意图，就立即派曹利用前去会谈。

寇准坚决反对，一再上奏，可他这回没能左右皇帝。那些妥协派们气焰高涨，合伙对寇准发起攻击：说他拥兵自重，甚至说他另有企图。寇准在这班人的毁谤下，被迫放弃了主战立场。情知局势无可挽回，寇准决定尽自己最大努力来减少帝国损失。他知道辽兵议和本意是获得好处，宋朝议和纯粹是偷安心理作怪。其实他不知道，真宗早在离京亲征时，就曾派曹利用去契丹军营试探是否有议和可能。如今辽使前来相商，真宗喜不自胜。曹利用和王继忠两人频繁传达两方最高领导人意见。双方各自开出议和条件：契丹要求北宋"归还"后周世宗北伐夺得的"关南之地"；宋回应退地肯定行不通，但只要辽退兵，可以每年给付辽白银、绢若干。最后辽方按宋方条件达成了协议，剩下的问题就是每年给辽银绢的数量。临行前，曹利用就赔付标准请示宋真宗，真宗唯恐辽朝有变，所以口气很大："必不得已，一百万也可。"曹利用从真宗行宫一出来，就被一直守在门外的寇准叫住。寇准气势汹汹地威胁："虽然圣上大方，但你去交涉时，银绢最高上限不得超过 30 万，否则我砍掉你脑袋！"曹利用带着寇准的命令去谈判，果然严格恪守。在妥协派的策划下，宋辽双方于同年 12 月订立了和约。具体内容为：一、辽宋为兄弟，辽圣宗年幼，称宋真宗为兄，后世仍以世以齿论。二、以白沟河为界，双方撤兵。此后凡有越界盗贼逃犯，彼此不得停匿。两朝沿边城池，一切如常，不得创筑城隍。三、宋方每年向辽提供"助军旅之费"银十万两，绢二十万匹，至雄州交割。四、双方于边境设置榷场，开展互市贸易。这就是史上著名的"澶渊之盟"。

这是北宋与辽经过多次战争后第一次缔结盟约，开启了花钱买和平的先例，致使后世纷纷效仿。

6

王钦若的报复

尽管盟约尽显宋室软弱本质，但这场战争因为北宋的狠狠一击，让辽对宋多了点儿忌惮，从此恪守盟约，再没有对宋发动大规模的入侵。由此边境相安，双方进入了较长的和平时期，北宋国内的经济开始有所恢复。

这一切离不开寇准的殚精竭虑。没有寇准力促皇帝亲征，契丹的张狂不会轻易收敛；没有寇准对曹利用的强硬态度，"澶渊之盟"不知还要浪费多少银绢。寇准对王朝功高如山，真宗对寇准恭敬有加，这引起了妥协派的嫉恨。王钦若这个曾被寇准斥之为"罪可斩首"的妥协派首领，更看不得寇准得意。而寇准偏偏露出小辫子。他自恃有功，在中书省大搞"一言堂"，人事任免一律自己说了算。他认为能量并不代表能力，强壮并不代表强大。那些其貌不扬、无背景、无资历的人，只要有真才实学都能得到他的提拔，完全打破了官场论资排辈的潜规则。寇准说："宰相所以进贤退不肖，若用例，吏职耳。"意思是宰相就要主宰人才，按惯例办事那是吏员作风。同僚听了这样的高论，"多不悦"。

14岁的神童晏殊和12岁的姜益被皇帝赐为进士。一向讨厌南方人的寇准主张先录取河北人姜益，而14岁的江左人晏殊却倍受冷落。这让真宗很不高兴："朝廷取士，惟才是求，四海一家，岂限遐迩！如前代张九龄辈，何尝以僻陋而弃置邪！"幸好皇帝这次大度，没把寇准怎么样。

虽然寇准时不时地来点这样的小插曲，但真宗对寇准的感激是真心的。他越发觉得和平好，这让他的施政方针日益保守，索性将自己的爱好发扬光大，愈来愈崇道信佛。这让王钦若看到了机会。自从被寇准责骂，他一直在准备还击。一次，真宗满怀崇敬地目送寇准出去。王钦若不怀好意地说："陛下敬重寇准，是因为他对国家社稷有功吗？"真宗点头。他说："想不到陛下竟有这种看法，陛下不以'澶渊之盟'为耻么？"真宗愕然。王钦若进一步挑唆："《春秋》中都把城下之盟作为耻辱，'澶渊之盟'实际上就是城下之盟啊？"这句话等于将真宗的政绩变成了伤口，并且撒了一把盐，那效果立竿见影。王钦若一见真宗脸色有变，继续深入："寇准让您御驾亲征是拿国家开玩笑，拿天下当儿戏。'澶渊之盟'是皇帝您的屈辱啊！"真宗不由连连点头，寇准把自己当成赌注，为了个人功业竟不顾君主生命安危，其心可诛。从此他对寇准的态度起了变化。

在王钦若的挑拨下，皇帝对寇准越来越不待见。公元1006年，寇准被罢去相位，贬往陕州做州官。

45岁的寇准黯然离开京城，相继在河南、陕西等地做地方官。他走后朝中大权落入王钦若、丁谓一伙人手中。

7

借封禅回京

自从被王钦若忽悠，真宗心里再也放不下，总觉得自己被寇准当傀儡，总觉得"澶渊之盟"是耻辱。他问计王钦若，该如何平复"澶渊之盟"带来的焦虑？王钦若最擅长逢迎，深知真宗一向喜欢营造天下太平的氛围，于是煞有介事地忽悠："要想摆脱耻辱，只有封禅泰山才可以镇服四海，夸示外国。"

封建皇帝们会选择太平盛世或"天降祥瑞"时，举全国财力举行这种祭祀大典。其实这是愚民手段，不过是利用封禅来巩固政权、夸示政绩而已。封禅须有条件：一是开国之君，有突出成就可以告天地神祇。二是非开国之君，如果天下太平，五谷丰登，祥瑞频现，也有资格封禅。真宗一代，经济虽有所发展，但在安定边陲方面十分被动。"澶渊之盟"又被大臣认为是耻辱，这种情况下，要想封禅必须得有神的指示。王钦若进一步谋划："天瑞安可必得？前代盖有以人力为之者，惟人主深信而崇之，以明示天下，则与天瑞无异也。"说得十分明了，"天瑞"可以人工制造。王钦若与宰相王旦联手在各地制造了很多"祥瑞"之象。宋真宗也开始很投入、很认真、很大张旗鼓地公开弄虚作假：梦"神人"指点做道场；皇城司奏"天书"降而应梦；率群臣验视而应皇城司报告。然后拜"天书"、读"天书"、供奉"天书"、保护"天书"，其步骤严谨，合乎礼仪。举国上下热衷于"天书祥瑞"，纷纷请求宋真宗封禅泰山。

这时寇准在襄阳、西安等地做地方官。他不甘心在如此偏远之地独守，总想在仕途上有更大作为。他正琢磨着怎样才能让皇帝把自己重新召回京城，真宗封禅送来了机会。赵恒一直苦于没有真正的天书。有人建议说寇准最不信"天书"之说，如果让他呈报一份发现天书的上奏，"百姓必大服"。于是赵恒派周怀政去找寇准商量。寇准经不住诱导，女婿王曙也从旁忽悠，他终于出具了一份很有分量的假证明，说乾佑山中发现"天书"。官场吊诡就在这里，某些时候说假话比干实事还管用！寇准的"天书"一出，马上奉调进京。这年他58岁，已经在地方辗转了13年。临行前智囊相劝："公若至河阳称疾，坚求外补，此为上策。倘入见，即发乾佑天书之诈，尚可全平生正直之名，斯为次也。最下，则再入中书耳。"意思让他不要急于回京，最好在京城外部先适应适应再说。智囊说得对，寇准数十年官场沉浮，有政治家才能，却无政治家的心计，尤其他的性格根本不适合拥有大权力。寇准却不以为然，认为自己为了重回京城连正直和良知都不要了，现在怎么可能要求外任甚至发表声明说天书是假的？那不是打自己耳光，贻笑天下吗？

在寇准的配合下，北宋国内一连出现了三封"天书"，有力地促成了真宗封禅。寇准也如愿进京。

事实却证明他错了：做外官是保全之道；入中书是致祸之门。他用"天书"换来复职，"天书"却葬送了他的后半生。

8

又遇两个对手

寇准进京之后，真宗对王钦若的信任大不如从前，找了个理由将其贬走，四天之后就让寇准取而代之。同一天，丁谓也升为参知政事。真是不是冤家不聚头。走了一个王钦若，却多了两个更有力的对手：丁谓和曹利用。一文一武，正好可以唱一台好戏。

与寇准狭路相逢，丁谓和曹利用暗自得意。都受过寇准的气，早就磨刀霍霍，如今终于可以让寇准尝尝老拳了！因为这个共同目标，俩人迅速结盟。假如寇准够老练，他应该对自己面临的严峻形势有所提防，总结一下得失，适当改变工作方法，多团结手下人争取人心方为上策。寇准不但没有在谨小慎微上下功夫，反而又大张旗鼓地得罪人，而且这次得罪的是个大大的重量级人物：刘皇后。

宋真宗得了风湿病后，大权旁落到了刘皇后手中。这个女人欣赏丁谓，大臣们普遍为这样的政治局面将对国家造成的后果担忧。寇准对刘皇后更是没有好印象，曾经激烈反对立她为后。如今刘皇后干政，刘氏兄弟们仗势胡为。每有刘氏案宗，真宗就下诏赦免，每次寇准都坚决主张按国法处置。可那时皇帝就是法，法就是皇帝，哪有什么标准可言？所以每次都不了了之。看着刘氏一伙作得没边儿，寇准坐不住了。他雷厉风行地处死了刘皇后兄弟，为百姓除了大害。又趁热打铁，和王旦、向敏中等重臣上奏皇帝建议选择正直大臣辅佐太子监国，暗示不应让刘后干政、丁谓专权。真宗虽卧床，但从不敢专心养病。他意识到问题的严重，遂批准了寇准等人的上奏。寇准立即联络参知政事李迪、翰林学士杨亿、签书枢密院事曹玮、史馆修撰盛度、驸马都尉李遵勉等人共商太子监国的具体计划。最后决定由杨亿起草诏书，只等吉日一到便可行事。

任何重大变革前都要慎之又慎，参与者的品性尤其要绝对可靠，甚至不能有不良爱好。否则不仅功亏一篑，身败名裂，甚至脑袋搬家，累及一片。杨亿的妻弟张演嗜酒如命，贪杯后吹牛，一不小心把这天字号机密给捅了出来。刘皇后惊闻消息马上先下手为强，跑到真宗面前告状，寇准再次被贬，降为太子太傅。刚被贬就有人生事：和丁谓有私怨的太监周怀政联络同党企图斩杀丁谓，让寇准复相，尊真宗为太上皇，再废刘皇后，扶皇太子即位。这是不折不扣的篡位之举。谁知他们也犯了用人失察这个毛病，这出好戏被客省使杨崇勋出卖。丁谓和曹利用一商量，连夜派兵包围了周怀政住处，周被俘自杀。丁谓一不做二不休，想趁机把寇准搞死，于是诬告寇准参与密谋。寇准虽免死罪，但被逐出京城。最初降职为太常卿，知相州，过了几天又徙知安州。紧接着，因为伙同周怀政伪造"天书"的朱能狗急跳墙，率众造反，寇准又被牵连，再贬。

皇室外天昏地暗，惊心动魄。病床上的真宗并不知情，清醒时还问："怎么寇准不来看我？"

9

从道州到雷州

公元 1020 年 8 月，寇准又被贬为为道州司马。

道州很荒僻，寇准郁闷了一阵儿，很快就适应了。每天处理公务之暇，阅读"经史道释"，殷勤接待宾客，笑语盈盈，"若初无庙廊之贵者"。

公元 1022 年 2 月，宋真宗死了，大权在握的丁谓又勾结刘皇后，将寇准贬为雷州司户参军。一月内三次被贬，也算奇迹了。不过这次来势凶猛。派去的敕使照丁谓嘱咐，在马前挂着一只装有宝剑的锦囊，这是朝廷惯例，意为将有诛戮。不用说，丁谓想威逼寇准自尽，好在寇准及时识破。《续资治通鉴》记载："中使至道州，准方与群官宴，驿吏言状，州吏皆悚惧出迎，中使避不见，问所以来之故，不答。众惶恐不知所为，准神色自若，使人谓之曰'朝廷若赐准死,愿见敕书。'中使不得已,乃授以敕。准即从录事参军借绿衫著之,短才及膝,拜敕于庭,升阶复宴,至暮乃罢。"寇准一直遭贬,心情一直很糟。丁谓的损招被他破解后,这个性情中人自觉很有成就感,于筵前尽欢,酒足饭饱,神色坦然地向雷州出发。

道路险阻,路途遥遥,地方官为照顾寇准,准备用滑竿接送。寇准谢绝:"吾罪人,得乘马幸矣。"彼时寇准是个62岁的胖老头儿,一走路就气喘吁吁。可寇准一点不含糊,每天行程一百里,硬是如期赶到了雷州。疲惫的寇准登上郡城城门,放眼一望,十里之处,汪洋大海茫茫无边,日夜思念的家乡远隔万里之遥。不觉悲从中来,随口吟道:"到海只十里,过山应万重。"这句话一语成谶!

寇准到任后,连个像样的住房也没有。当地官员、百姓素来仰慕寇准为人,主动替他盖房,张罗生活。每日,寇准处理完政务就读经写字,以书会友。再不就是种竹疏井,教化乡民,很快就与雷州人打成一片。

公元1023年,大理评事贾同上书:"寇准忠规亮节,疾恶摈邪。自其贬黜天下之人弗见其罪,宜还之内地,以明忠邪善恶之分。"朝廷无人回应。9月,寇准一病不起。辗转病榻的人最是多愁善感。回想过往,官场经历历历在目,寇准取过笔作了一首诗:"多病将经年,逢迎故不能。书惟看药录,客只待医僧。壮志销如雪,幽怀冷似冰。郡斋风雨后,无睡对青灯。"写完后,那支笔遽然落地,寇准走完了63年的人生旅程。

这时朝廷并不知寇准已死,五天后任命他为衡州司马,稍予内迁,以示优容。贾同的建议终于有了回音。可惜寇准再也听不到这个为他平反的声音了!雷州成了寇准的终老之地,应了那句话"到海只十里,过山应万重"。

10

不吃亏真亏

以寇准的性格,能得到皇帝欣赏已算是幸运至极。但政治游戏光有皇帝的赏识远远不够。除了能吃苦、能吃亏、敢承担、有雅量,还要像大肚弥勒佛那样,容天下难容之事。

寇准好享受,天天在家中庭院燃巨烛,耀如白昼,"座上客常满,樽中酒不空"。如此奢侈倒没给他带来什么麻烦，就是一生不肯吃亏的特点让他吃了一生的亏。北宋吏治松懈，政治怪象频出。寇准是这局面里最让皇帝头疼的人，爱其才恨其狂，导致他的个人命运在波云诡谲的官场中忽上忽下。像他这样非黑即白的人格稍一遇到外力就会失宠。一失宠，就给了那些政敌群起而攻之的机会。

寇准最大的敌人是性格。无论君子、小人都不把他当朋友。遇事好冲动，一点艺术性也不讲，从而引起很多误会和麻烦。就说宰相王旦。王旦很有才，比有才更可贵的是他的胸怀。

王旦有洁癖，一向对饭菜很挑剔。但他修养高，如果觉得菜没洗净或是米里有沙子，就直接把筷子绕过去，从不小题大做地生气发火。家人想改改他的洁癖，就偷偷在他最爱吃的红烧肉里放了些香灰。王旦发现后就干吃白米饭。家人问他，他说没胃口吃肉。晚上，家人又在他的米饭里埋上香灰。王旦端着碗看了好一会儿说："今天突然不想吃米饭，给我弄点粥喝吧。"这份宽容和好脾气在工作中也表现得淋漓尽致。如果不是王旦提名，寇准不会重回中枢担任枢密使、同平章事。真宗认为寇准的性格不适合担任中枢大臣。但王旦坚持说只有寇准才能为朝廷分忧。对这份情寇准不但不感恩，还处处制造机会挤对王旦。应了皇帝的担心，寇准那次只干了九个月就拜拜了。

寇准的性格就像洒了榴梿味的香水一样，带着强悍的个人风格到处招摇，很快就能把周围搞臭。可寇准上头有皇帝，左右有大臣，下边有下属，是最容易被攻击的位置。如果没有面具头套铠甲层层保护，是不可能做到从容的。他从骨子里就不认同不公、程序、角色、变脸、趋同、关系、忌讳这些规则，那掌握规则的人当然要把他清理掉。

寇准想做实事，但忽略了最基本的一点：权臣必须建立在与君主保持密切关系的基础上。用王嘉祐的话说就是，"君臣相得皆如鱼之有水"。只有这样，君才有可能达到对权臣"言听计从"的程度。

从低谷到顶峰，从高潮又跌回低谷。宦海生涯40年，由小小的知县"寇巴东"升到枢密院直学士、宰相，又从高高在上的宰相回到小小的司户参军。人生两条线，千古流清名。虽然寇准不容于世俗，但其刚直果断、耿直清正的性格，为民请命的精神，还是为其赢得了后世的普遍尊敬！尤其他促成真宗亲征一事，使宋辽百余年间没发生大的战事。从而让读书人可安心无忧地博取功名！

第四章
青春是用来奋斗的

1

我拿青春换明天

范仲淹是个人奋斗的典范。他用刻苦、勤奋的青春丈量着黑夜。当黎明的太阳冉冉升起，他已经迈步在阳光里，一步步走向官场，走向辉煌。

范仲淹是河北人。父亲范墉是朝廷的一个小官儿，不幸的是早早驾鹤西去，留下还不到两岁的范仲淹和母亲相依为命。封建时代的女人除了婚姻这一条路外，根本无力维持一个家庭的正常运转。范母只好领着孩子改嫁苏州推官朱文翰。范仲淹改名朱说。

朱家钱多孩子多，败起钱来一个胜一个。渐渐长大的范仲淹，这时候还叫朱说，对异姓兄弟的大手大脚很看不惯，就劝了几句。朱氏兄弟辩白："我自用朱氏钱，何予汝事？"范仲淹大惊，不明白这话从何说起。好事者告之曰："公乃姑苏范氏子也，太夫人携公适朱氏。"得知自己的真正身世，那种痛苦真是毁灭性的。范仲淹像换了一个人，连着几天都不说话。人有时候是需要点打击的。对于倔强者，适当的刺激会激发斗志，爆发超能量。异姓兄弟的奚落没有打倒范仲淹，却让少年立下大志：一定要考取功名，改回本姓，做堂堂正正的范氏后代！

朱家在当地是富户。可范仲淹为了锤炼自己却自找苦吃。他主动寄身寺庙，夜以继日地苦读。饿了就熬锅粥，凉透后用刀划成三块，每顿就着咸菜吃一块，这就是"划粥断齑"的来历。在近乎自虐般的日子里，范仲淹仅用三年时间就把长山乡的书读了个遍。为了在学业上更上一层楼，也为了摆脱寄人篱下，23 岁的范仲淹来到了应天府书院读书。这地方也叫南京国子监，与东京开封国子监、西京洛阳国子监并列为北宋时期全国最高学府。范仲淹在这里如鱼得水，学习更加刻苦。同学看他吃得简单，穿得寒酸，常给他送饭。范仲淹却点滴不沾，一任饭菜坏掉。他怕自己一旦得着了美味滋润，就再也过不了苦日子。

公元 1014 年，范仲淹正在埋头苦读，宋真宗率领百官到亳州朝拜太清宫路过此地。一时城内轰动，万人空巷，竞相目睹皇帝风采。那时天高皇帝远，能一睹皇帝真容，对许多普通人来讲是天大的幸运。可范仲淹却抑制了冲动，在同学们蜂拥而出的时候，他捧着书静若处子。同学急得不行，拉衣袖扯帽子。范仲淹淡淡地说："你们去吧，我早晚有一天会看见皇帝的。"这份隐忍显示出超强自信，也传递出极强的个性：不人云亦云，能在喧闹中坚持己见，繁华中保持淡泊。

经过 5 年的磨砺，公元 1015 年，也就是他说早晚会见到真宗的第二年，范仲淹在科考中一举成为进士，顺利进入官场。多年苦熬修成正果。范仲淹有了生活来源，从此经济独立，扬眉吐气！

范仲淹正式恢复范姓，改名仲淹，然后把母亲接到身边赡养。随后他被任命为广德军的司理参军，掌管讼狱，从九品。后调任为集庆军节度推官，从八品。从此，他开始在政治舞台上大显身手。

2

修建护城大堤

从朱说到范仲淹，他用倔强与刻苦为自己赢得了未来。

范仲淹是一个能力型官员，具有完善型性格，做事有恒心、有毅力，重情重义。如果说他改名字是出于自尊的倔强，那么工作中的倔强就是出于正直和良知。他想用正直和良知，也就是"仁"来改变周遭阴暗。范仲淹想的都是大问题：如何培养更多的人才，如何能多办几所学校，如何让小商小贩小百姓的生活过得更好。他始终用一种沉厚的关注目光在官场中穿梭游走。无论在哪里任职，都把"仁"作为做官之本，一心为百姓做事。

公元 1021 年，范仲淹被调往泰州海陵西溪镇做盐仓监官，负责当地的盐业税收。

泰州是著名的盐场，地处江淮冲积平原，江、淮、海三水激荡于此，汉代吴王刘濞始开"煮海为盐"之风。唐朝开始设盐官。宋朝年间，泰州盐业收入可达六七百万缗，超过唐朝大历年间全国盐税总和。盐业、盐利成为影响社会稳定与政权安危的重要因素。范仲淹这个盐官不但操心盐的事，还操心百姓之事。到任泰州后，范仲淹就忙着视察民情。泰州和楚州、通州位于淮水以南，东临黄海，每当涨潮时，那条唐朝大历年间修筑的已有 200 多年历史的大堤就被淹没。沿海的田地道路、房屋民居全都泡在水里。等潮汐退去往往是狼藉一片：房屋倒塌，道路破损。更为揪心的是，田地经海水冲刷后全都成了盐碱地、废地。老百姓无以为生，纷纷背井离乡到别处讨生活。范仲淹不忍百姓如此受苦，上书江淮发运使张纶，建议在通州、泰州、楚州、海州沿海重修捍海堤堰。

那时代没有赞助商，没有民间投资，凡涉及公益建筑都要从国库掏钱。没有哪位皇帝愿主动干这种"赔钱买卖"。尽管范仲淹接连写了几封信，可均石沉大海。范仲淹拿出了学生时代的执着，一而再再而三地上书，终于得到时任上司张纶和淮南转运使胡令仪的鼎力支持。张纶奏请宋仁宗。仁宗是宋朝十八位皇帝中最有情怀的一位。他听闻民间疾苦，即任命范仲淹兼任兴化县令，并负责主持修埝工程。

公元 1024 年，范仲淹招募了泰州以及通、楚、海共四个州的四万民工，在一百多里的海岸线上，拉开了浩繁工程的大幕。他拿出自己的工资用于工程，并亲临现场指挥。

泰州地形复杂，气候怪异，刚刚还是晴空万里，转眼就是飓风大浪，动辄将正在干活的民工活活吞噬。有一次狂风暴雨卷走了一百多名民工。有时刚垒起大堤，忽然一个冲天巨浪就将其冲垮。频繁的事故衍生了无数谣言，有人对这项工程嗤之以鼻，有人说修筑大堤得罪了海神。还有人向朝廷举报，夸大事实，阻止修堤。这还不算事儿，最大的问题是干着干着就没钱了，材料跟不上，粮食跟不上。没办法，范仲淹只好在张纶的支持下，顶着压力到处筹措经费。

朝廷接到举报后要求范仲淹停工。如果就此停工意味着永远停工，范仲淹坚持己见，数次上奏。朝廷被他磨得没办法，只好继续支持。

公元1026年8月，范仲淹母亲去世，他不得已离开泰州回家守孝。张纶和胡令仪接管了余下的工程。经过艰苦奋战，前后历时四年，一条长150里的防护大堤牢牢地矗立起来，从此泰州再也没有遭受过海潮威胁。逃难在外的2000多户百姓得知消息，纷纷回归。他们感念范仲淹的功劳，虽然范仲淹后期离开，但如果没有他提出修堤，打下基础，并坚持复工，就不会有后来张纶和胡令仪的修筑成功。百姓们把堤坝叫作"范公堤"，并抛掉祖宗姓氏，跟着范仲淹改姓范。

3

反对为刘太后祝寿

范仲淹务实肯干的作风很快传到了南京留守官晏殊的耳朵里。听说范仲淹通晓经学，尤其对《易经》颇有研究，晏殊欣然邀请范仲淹协助自己的朋友戚舜宾主持应天府书院的教务工作。

范仲淹拿出了百分之百的干劲。在他的努力下，应天府书院的学风很快焕然一新，吸引了四面八方的求学者。范仲淹用微薄工资招待远道而来的学子吃饭读书，资助他们的生活，邀请他们到自己的管界主持教务，推荐他们出任朝廷学官，指点他们走上治学之路，帮他们找工作。青年学子孙复、胡瑗、李觏、张载、石介都是经他帮助成才的。

公元1028年，经过晏殊推荐，范仲淹又荣升秘阁校理——负责皇家图书典籍的校勘和整理，相当于皇上的文学侍从。这是个重要职务，无数人梦寐以求眼红心热。可以经常见到皇帝不说，还能亲耳听到不少朝廷机密，不用搞什么动作，只要对那些渴望升官者稍微暗示一下，就能大宗进钱，这不是天赐的发财捷径吗？可范仲淹却"犯傻"，不好好利用下这得天独厚的优势，却用这便利行使着自己的正直。他了解到20岁的仁宗皇帝一切听命于刘太后，每年都要率领百官为刘太后祝寿，耗费钱财无数，影响非常不好。范仲淹决心劝谏。皇帝的事既是家事也是国事，一语不合就会严重变味儿，招来灾祸。范仲淹只想让国库的钱花在正地方，让仁宗早日亲政，根本没考虑刘太后的感受。他上书要求仁宗取消这项待遇，并请刘太后撤帘罢政，将大权交还仁宗。这个举动在年轻的仁宗心里留下了一道温情，为范仲淹日后的生涯奠定了良好基础。但也实实在在地得罪了刘太后，招来太后一顿臭骂和记恨。这分明是公然挑衅权威！刘太后忍无可忍，强烈要求皇帝处理他。结果，范仲淹迎来了官场生涯的第一次被贬：于公元 1028 年被调河中府任副长官——通判。直到三年后刘太后去世，范仲淹才重新得到宋仁宗起用，回京师任右司谏，专门就政事提意见。

范仲淹心里有明确的服务对象，那就是百姓。他生性耿直，做事全凭公心，既不懂得为自己想，也不知道规避危机。就连地方上闹个虫害，也敢和皇帝叫板。公元 1033 年，京东和江淮一带蝗虫肆虐，范仲淹奏请仁宗马上派人救灾，仁宗不予理会。范仲淹质问仁宗："如果宫廷之中半日停食，陛下该当如何？"弄得仁宗很下不来台，只好派人去查看详情。

4

为郭皇后叫屈

宋仁宗的皇后郭皇后嫉妒成性，心胸狭窄，性格蛮横。仁宗看不惯她，开始宠爱杨美人和尚美人。有一天，两个美人在宋仁宗面前议论郭皇后，刚好被郭皇后听见。郭皇后火冒三丈，跳上前就要打二美人耳光。宋仁宗急忙过来劝架，没想到，气急败坏的郭皇后一巴掌飞出去，打在了宋仁宗脖子上。细皮嫩肉的皇帝何时受过这般粗暴老粉拳？登时皮肤上就现出了两道深深的血痕。仁宗龙颜大怒，刚要发作却又偃旗息鼓。他只是挥了挥衣袖，带着二美人愤而离去。郭皇后虽解一时之气，但这成为她被废的直接导火索。

而点燃引信的人就是吕夷简。

古时官场历来变幻莫测，遍布明里暗里大大小小错综复杂的争斗。进入官场的同时也意味着进入了大网。无数人在网中挣扎翻滚、攻击倾轧，不在大网中生存，就在大网中死亡。要想生存，就要精心编织好自己，环环相扣，步步相生，不破坏，不挣脱。否则在官场，如坐针毡，如履薄冰，心理素质低下的人一天也待不下去。宰相吕夷简很懂得"网"的重要性，也很会混官场。刘太后活着时他巴结刘太后，恩宠无限，刘太后一死他立即转变方向。这让郭皇后看不下去了，虽然这个女人为人不是很受欢迎，但这样见风使舵也太没底线了。郭皇后便在仁宗耳边诋毁吕夷简。枕边风的巨大威力让皇帝罢了吕夷简的宰相职务。但他关系太硬，仅几个月就通过内侍阎文应重登相位。卷土重来的第一件事就是报复，吕夷简与阎文应沆瀣一气，要废掉郭皇后。如今郭皇后打皇帝就是最好的由头。吕夷简立即上奏仁宗，说她性格霸道，不适合统领六宫，而且立后九年一直没有生育，有断后危机。如果还让她保留皇后身份，只会越来越骄纵，为了江山社稷和黎民苍生，建议皇帝及早废掉为好。仁宗早有此意，正苦于没有借口，一接到吕夷简和阎文应的奏折，立即同意废后，并根据吕夷简的建议，堵住了百官的嘴，谁也不许再议论此事。

范仲淹看得很明白，宫廷家务纠纷中往往掩藏着复杂危险的政治角逐。表面是某人与某人的斗争，实际上关乎国家安危。范仲淹害怕一旦废掉郭后，郭氏亲族会趁机叛乱引发内讧。他从维护皇帝统治出发，极力反对废掉郭后。并联系了同道御史中丞孔道辅、孔祖德等人一起向皇帝上疏，以郭皇后没有大过为名要求皇帝收回成命。皇帝早被吕夷简忽悠瘸了，根本不见他。范仲淹的妻子李氏劝他多一事不如少一事，别给自己找麻烦。范仲淹哪里肯听，拿着一个大铜环跑到皇宫，隔着大门又敲又喊："皇后被废，为何不听台谏之言！"这个举动把皇帝气个半死，拒不见他，也不给他陈述机会。公元1033 年，仁宗帝下令，将范仲淹远放外地做睦州知州。和他一起上奏的两人或贬或罚，无一幸免。

郭皇后被废，杨尚二美人更加得宠，仁宗整日陷落在温柔乡，终因纵欲过度卧病不起。

几年后，范仲淹由睦州到了苏州。因治水有功，仁宗想起他的好处，又将他调回京师，并获得天章阁待制的荣衔，做了开封知府。一同遭贬的孔道辅、孔祖德也重归朝廷。

范仲淹这次回到京城，憋着很大一股干劲儿。他大力整顿官僚机构，去除弊政，把各项工作安排得井井有条，仅仅几个月，开封府就"肃然称治"。干了不长时间，范仲淹又因自己的正直得罪了吕夷简，再次为自己迎来了被贬的待遇。

5

卷入斗争

范仲淹身上正义感太多，可毕竟是从草根走上高位的官员，没有根深蒂固的背景和势大财雄的庇佑。太爱仗义执言，坚持正义，可力量太弱，出了事没人替他摆平。他只能用自己身体去碰撞较量，结果处处受伤碰壁。

吕夷简出身于世宦名族，是宋代著名政治家。他的伯父吕蒙正是宋太祖时的宰相；父亲吕蒙享官至光禄寺丞、大理寺丞。仁宗时期，吕夷简三次拜相，前后执政长达十三年，影响北宋政坛二十多年，是北宋立国以来任职时间仅次于赵普的宰相。

吕夷简很有政治才华，得到仁宗喜欢。位高权重难免忘形，他广开后门，把自己亲信全提拔做官，朝廷俨然成吕家班。公元 1035 年，范仲淹出任权知开封府事，他很为吕夷简任人唯亲那一套担心。吕家亲戚套亲戚，无穷无尽，最后巨大的关系网会统领朝政，致使北宋真正的人才被埋没，读书人哪里还有出路？于是他悄悄展开调查，并绘制了《百官图》呈给仁宗，指出选拔官员"如此为序迁，如此为不次，如此则公，如此则私，不可不察也"。并进一步指出进退近臣必须由皇帝自己把握，不能全权委托宰相吕夷简，否则后果严重。

吕夷简的日子过得相当滋润，周围都是自己人，只要一吆喝，一呼百应，四方云集。他得知范仲淹在背后弹劾自己，非常恼怒，当看到《百官图》更是火冒三丈。吕夷简极有城府，他隐忍不发。后来，契丹不断骚扰中原大地。范仲淹此时并不主张直接抵抗，建议迁都洛阳。宋仁宗习惯性地征询宠臣吕夷简的意见。吕夷简终于等到了机会，把范仲淹大大贬低了一番。他说范仲淹徒有虚名，太保守，没有政治才干，不必采用他的意见。范仲淹虽然想忍，但也不是什么都能忍。吕夷简的论调已经明显地带有人身攻击的意味。范仲淹写了"四论"，以更具毁灭性的言辞攻击吕夷简专权徇私，阴窃人主之柄。这下吕夷简爆发了，以"越职言事"的罪名，把范仲淹请出了京师，并且让人上书，请求在朝堂立一块"朋党榜"，把范仲淹等人的名字写上去，让朝中大臣引以为戒。这场争执两败俱伤，双方都是受害者。

公元 1036 年，范仲淹再次被贬至饶州。秘书丞余靖、太子中允尹洙、馆阁校勘欧阳修三人为范仲淹鸣不平，结果全都遭贬。公元 1037 年，吕夷简也因朋党之争被罢为镇安节度使、同平章事、判许州。

范仲淹靠努力进入官场，却因正直屡次受挫。年轻时学习太用功，当官时又用力过猛，结果累出了肺病。不久妻子李氏病逝，这一系列打击让范仲淹黯然神伤。老朋友梅尧臣在饶州附近做知县，得知范仲淹情形，很替他难过。他自己没拳头，没来头，帮不了，救不出，只能奉献一点"心灵鸡汤"。他写了一首长长的《灵乌赋》，苦口婆心地劝诫这位不肯装糊涂的老朋友："你以为自己忠君直言，你不知道你一开口就被当作乌鸦叫，我劝你拴紧舌头，锁住嘴唇，除了吃喝之外，只管翱翔高飞，什么事也不要管。既然飞进了官场这处老林，就要乖乖做一只报喜鸟，不要像乌鸦那样只会报凶讯而招唾骂于闾里。"范仲淹感激老朋友的关照，他向往那种开诚布公的环境，谈论自由、谏诤自由，大家劲儿往一处使，协助皇帝把天下事搞好。他怀着知识分子强烈的责任感，回写了《灵乌赋》给梅尧臣，斩钉截铁地表示："宁鸣而死，不默而生。"

6

带兵打仗

在饶州待了几年后，范仲淹又被调到润州和越州任知府。这期间一向臣属于宋朝的党项人在首领李元昊的带领下，于公元1038年，以十万军马侵袭宋朝延州等地。面对挑衅，宋朝内部分成主攻派和主守派。由于宋代制度重文轻武，武将奇缺。宋仁宗想起了范仲淹，临时报佛脚，于公元1040年西夏攻宋之际，将范仲淹官复原职，调至前线抗击西夏。这场战争弥补了范仲淹和吕夷简之间的裂痕，这时再次拜相的吕夷简主动找到宋仁宗要求为范仲淹升官："范仲淹是当世贤臣，朝廷要任用他，怎么能只是官复原职呢？"仁宗听进了这个意见，任命52岁的文臣范仲淹为龙图阁直学士、陕西经略安抚副使。

宋朝官场，官员真正是国家的砖，哪有窟窿哪里堵，由不得你自己选择。范仲淹只能挂帅赶赴延州，亲自布置战局。范仲淹是文官，心思敏锐而细腻。经过观察，他发现宋军官兵、战阵、后勤及防御工事等各方面都存在很多弊端。如不加以改革，采取严密的战略防御肯定会被动挨打。他把问题报给皇帝，经同意后便大刀阔斧地改革军队，狠下猛药：首先淘汰掉怯懦无能的将校和老弱病残士兵，从低级军官和士兵中提拔了一批经过战火考验的猛将；又面向百姓招募新兵；将原先的 18000 名士兵分成 6 部，每个将领统率 3 千人，分别予以训练，完全改变了过去兵将对面不相识的状况。范仲淹又颁布新政：取缔按军阶高低先后出阵的机械临阵体制，改为根据敌情选择战将的应变战术，并制定了严格的军事制度。他以身作则，处处体恤士兵，爱护下属。并做到赏罚分明，重奖勇猛杀敌的士兵，提拔重用立功的将领，对克扣军饷的贪污分子则当众斩首，毫不留情。在防御工事方面则采纳种世衡建议，先在延州北筑城，后在宋夏交战地带构筑堡垒。对沿边民族则精诚团结，慷慨大度，建立赏罚公约。他还把朝廷历次赏赐的礼物全部赠给部下。所有这些举动都得到了部下的衷心拥护。不久，在鄜延、环庆、泾原等路边防线上，渐渐形成了一道坚固的屏障。

公元 1042 年 3 月，范仲淹密令长子范纯祐和部将赵明率兵偷袭西夏军，夺回庆州西北的马铺寨。他本人随后引军出发，当军队深入西夏军防地时，他突然下令：就地动工筑城。因为事先已早把建筑工具备好，只用了十天便筑起一座新城。这便是楔入宋夏交界处的那座著名的孤城——大顺城。不甘失败的西夏派兵来攻，却发现宋军以大顺城为中心，已构成堡寨呼应的坚固战略防御体系。西夏人对范仲淹佩服得五体投地，称呼他"小范老子"。

从大顺城返回庆州途中，范仲淹内心如释重负。连续操劳奔波并没觉得身体不适，待神经放松却忽然疲惫不堪。暮春时节漫山遍野的烂漫山花勾起了诗人的感伤，他随口吟道："三月二十七，羌山始见花；将军了边事，春老未还家。" 54 岁的范仲淹为战争熬白了发，南飞的大雁勾起了无限感慨。深夜挑灯夜读，一首《渔家傲》跃然纸上："塞下秋来风景异，衡阳雁去无留意。四面边声连角起，千嶂里，长烟落日孤城闭。浊酒一杯家万里，燕然未勒归无计。羌管悠悠霜满地，人不寐，将军白发征夫泪。"范仲淹身上有伤感多愁的文人特质，也有英雄好汉豪迈开阔的一面，他收起儿女情长，把身心又投入了边境。他事事亲力亲为，敢作敢当，在他的率领下，边境局势大为改观。西北军中涌现出许多像狄青、种世衡那样有勇有谋的将领，又训练出一批强悍敢战的士兵。直到北宋末年，范仲淹治下的军队仍是宋朝一支劲旅。后来，西夏内部出现危机，将领中间矛盾重重，向宋朝投诚的人陆续不断。两方百姓都希望尽快停止战争，公元 1043 年，双方议和的使节开始秘密往返于兴庆府与汴梁之间。

7

投身改革

　　就在双方私下来往频繁时，北宋国内种种危机开始暴露。王伦、张海、郭邈相继揭竿起义。这些起义者一路高歌猛进，从没打过败仗。宋朝那些养尊处优的官员吓破了胆，干出了让朝廷气掉大牙的举动，公开认贼作父：叛军所到之处，各州县官员不是作鸟兽散落荒而逃，就是忙不迭置办好酒肉倾情招待，把叛军奉为座上宾，还为叛军腾出州县衙署大院做休息之地，送金送银，送粮送衣。有的地方官甚至主动打开本地武器库，让叛军随便挑随便拿。唉！宋朝的高薪竟养出这样一群活宝。就在这是非不分、昏乱混沌的境地中，要求改革的声音一浪高过一浪。欧阳修曾经对皇帝说"天下之势岁危于一岁"，并分析利害，要求仁宗皇帝革去旧弊。这种种乱象早让仁宗焦头烂额，也没心思吃喝玩乐了。他开始思索起改革这个词。虽然改革难免要动刀见血，但改也许能生，不改只有亡。

　　有了改革的框架，谁来执行呢？皇帝又想到了范仲淹。

　　范仲淹这时已步入知天命之年。行走官场数十年，荣辱浮沉，几度春秋，虽历经坎坷，始终不改清正廉洁本性。尤其是在陕西前线率领军队遏制西夏攻势的光荣事迹，使他的声望越来越高，加上一心为公三次被贬的经历使范仲淹站在了全国的道德最高点上。很多百姓奉他为神，官员称他是圣人，都盼他再为百姓谋福利，一时民心所向，"天下翘首以望太平"。不管是战争来了还是内乱来了，范仲淹都被当作救星，冲锋陷阵抵挡化解。公元1043年8月，仁宗下令免去吕夷简宰相兼枢密使职务，提拔欧阳修为谏官，范仲淹担任副宰相，富弼、韩琦为枢密副使，进行大刀阔斧的改革。

　　范仲淹深知改革艰辛多难，他回顾了从政28年来的经历，总结了各种经验，分析了各种陈规陋习，数天后写出了《答手诏条陈十事》。在这个奏折中，范仲淹说出一个真理："历代之政，久皆有弊，弊而不救，祸乱必生。"他提出了十项改革主张：一、改变文官三年一迁、武官五年一迁的制度；二、改变贵族子弟不经考试，即可直接当官的"门荫"制度；三、改变过去以作诗和背经文取士的科举考试内容，改为考策论；四、严格选拔地方官，考察他们的德才政绩，罢免年老、多病、贪污、不才的官员；五、鉴于各地官员待遇低，为了防止贪污，按级别给予多少不等的"职田"，以改善生活，保持廉洁；六、每年秋收后各地必须督导州县开河渠、修堤坝，搞农田水利建设；七、招募五万民兵，三季务农，冬天训练，战时打仗；八、裁并州县，减少政府设置，减少官员数量，减轻农民负担；九、皇帝在祭祀或过节时表态要减少农民税赋之类的事，要一一兑现，不可不了了之；十、朝廷要重视法令，克服朝令夕改、前后矛盾、令而不行的顽疾。这十条建议，条条见血。仁宗和朝廷其他官员看后一致赞同，遂以诏令形式颁布全国。这就是"庆历新政"。

之后，范仲淹又主持起草《任子诏》等重要文件，限制官宦子弟世袭当官，打击"门荫"变种，取消大太监的特权。

8

遭到陷害

改革取得了一定实效，机构臃肿、官宦子弟任职、官员升迁、科举考试等方方面面都得到改观。宋和西夏也成功签订了"城下之盟"，以宋每年向西夏纳贡为条件迎来了西北局势的安宁。形式越来越好，范仲淹干劲十足，提出加大宰相实权，提高行政效率，并派多路按察使分赴各地考核地方官员业绩，以调查报告实行官员任免。好朋友富弼看他俨然阎罗判官模样对着一行行官员名字决定去留，便劝他慎重："你这大笔一勾可就有一家人要哭断肠喽！"范仲淹答："一家人哭总比几个州县的人哭要好些！"这样雷厉风行铁面无私的面孔，终于把自己弄成了"公敌"。大官僚、地方官和大太监们暗中串通，联手策划铲除范仲淹。为了把范仲淹拉下马，他们曲线攻击，费尽心机。前朝老臣夏竦曾遭弹劾贬官，对范仲淹、欧阳修这些人十分痛恨。眼见范仲淹蹦跶得欢，恨得不得了。老夏书法了得，他别有用心地让贴身丫环刻意模仿名士石介的笔迹。石介是范仲淹的铁杆儿。待丫环练成，夏竦让丫环篡改了石介写给富弼的一封信，并添加了要发动政变把仁宗拉下马的内容。夏竦把信上交仁宗。接着贾昌朝、夏竦及王拱辰等人串通，指使谏官钱明逸向皇帝告状，说范仲淹拉帮结派、结党营私、扰乱朝廷。北宋皇帝最怕结党拉派搞谋篡。仁宗接到这些负面报告后，于公元1045年下诏废弃一切改革，恢复旧制。只坚持了一年零四个月的新政以失败告终。将富弼、欧阳修等革新派人士逐出朝廷，解除范仲淹参知政事职务贬至邓州。改革的主要人物全部遭贬。

全心全意改革，梦想着帝国欣欣向荣，没想到是这个结果，范仲淹怅然若失。

9

搞慈善

邓州任满后，范仲淹被调往荆南府。花甲之年的范仲淹在杭州任职时，周围人都劝他购房置屋好养老，范仲淹却连连摇头。他一生拥有很多官衔，也因刚直个性屡遭贬谪。在颠沛流离中亲眼目睹了广大百姓的生活，脑海里时时浮现出童年寄人篱下的镜头。自己一介官员生活尚且艰难，那些孤苦无依的人不更是无以为生吗？尤其在亲族之中，许多人靠讨饭流浪忍辱偷生，累了喝雨水，困了睡路边，连个遮风挡雨的窝棚都住不上，他哪有心情买房养老呢？这些劝说让他心里升起一股强烈的冲动——悬壶济世做慈善。

要说宋朝官员的工资真是历史上最高的，范仲淹是清官，退休后却还能置田千亩。公元1050年，范仲淹拿出所有积蓄，在苏州老家购置了一千亩义田，建起了义宅。这是中国历史上第一个以个人名义开办的慈善堂。宋代钱公辅《义田记》记载："方显贵时，置负郭常稔之田千亩，号曰义田，以养济群族之人。"他的理想是使"至贫者，不复有寒馁之忧"。

义庄功能齐全，制度科学。它靠收租维持营运，可为范姓族人生活在贫困线以下者提供各项福利，包括口粮、衣料、结婚支出、考试费用、丧葬费等。义庄里设有免费住房，如果居住期间房屋需要修缮，可以从义庄里领钱买材料。义庄还兼具银行功能，如果有人急需用钱，只要保证如期归还，写一个贷款申请就可以。义庄许多制度非常人性化，比如为了使族人生活有保障，凡生了孩子的人家在两个月之内要到义庄登记，以保证从义庄顺利领取生活必需品。这样的规定很有人情味儿，契合了范仲淹的"先天下之忧而忧，后天下之乐而乐"的政治理想和宽阔胸襟。

义庄制度颇有些像政府的优惠政策。但范仲淹的慈善事业完全是个人行为，义庄所有开销都来自范仲淹的个人收入。慈善堂不但不挣钱，还常常搭钱。《宋史》记载：范大人家只有来了客人才能吃一点肉，老婆儿子的生活费"仅能自充"。饿了一家，饱了大家。义庄解决了很多人的温饱问题，极大地缓解了社会矛盾。但让人伤心的是个别人不感恩、不珍惜，如此人间净土竟养出了懒汉。义庄中占小便宜的、想歪门邪道的、出馊主意的不在少数。义庄管理者及时做出调整，采取扣粮、送官府等措施进行监管。在运作过程中，义庄还根据实际情况不断调整和完善，制定了一套更加规范严谨的管理制度，有奖有罚，账册透明。

宋金战争中，义庄遭到了很大破坏，粮仓毁坏，房屋倒塌，一度面临停办危机。那些有能力的富贾、乡绅没有冷眼旁观，他们早被范仲淹大气豪迈的举动所折服，所以该出手时谁也没有吝啬，纷纷挺身而出解囊相助，帮义庄渡过难关。这让范仲淹深感欣慰。

义庄步入正轨，范仲淹的个人命运并未随着蒸蒸日上。他虽然步入老年，身体多病，却仍然没有摆脱被贬官的命运。

10

病逝徐州

公元 1051 年，范仲淹被派往青州任职，青州的阴湿寒冷加重了病情。第二年，64 岁的范仲淹实在打熬不住疾病折磨，决定辞去青州知州职务，奏请皇上到气候好点的颍州任职。得到批准后，他于三月从青州赶往颍州，途经故土徐州时病情加重。范仲淹深感疾病来势汹汹，提笔给朝廷写了一封信，恳请批准他在徐州调养身体。皇帝特别降旨，派御医带着药到徐州为他治病。两个月后，64 岁的范仲淹在徐州病逝。

消息传开，朝野上下哀痛不已，西夏甘凉等地的各族人民，成百上千地自发聚众举哀，连日斋戒。凡是他从政过的地方，老百姓纷纷为他建祠画像。人们自发来到祠堂，像死了亲人一样痛哭哀悼。北宋皇帝闻讯后难过万分，追封范公为兵部尚书，并亲书褒贤之碑。纪念范公的碑文由曾支持他变法的文坛泰斗欧阳修历经两年写成。

"先天下之忧而忧，后天下之乐而乐。"范仲淹没有食言。虽然他的官做得并不顺利，但他从来没有丢弃自己的良善仁义本性，无论走到哪儿，始终心怀大爱。

中华五千年灿烂文化中有阴暗面，其中就包括贬官文化。很多说真话、办实事，不讨皇帝喜欢的官员被皇帝随意贬来贬去。他们失了宠，摔了跤，孤零零地离开亲人离开故土，去到另外一个完全陌生甚至完全不适合生存的地方。过了一个时段或一个朝代，皇帝也许会无意间想起那个人也还不错，一纸调令再将曾经的"叛逆者"恢复名誉，官复原职。这是幸运者。更多的则是在被贬之地了结余生，被彻底遗忘。

范仲淹是一个仁慈官员。他的全部为官之道都集中在"忧"和"仁"上。究其一生，范仲淹没有做过坏事、狠事、卑鄙事，唯一一件违心事还是因好朋友而起。

11

为朋友说了谎话

这个好朋友叫滕宗谅，也就是范仲淹在《岳阳楼记》中所说的"巴陵太守"滕子京。滕宗谅是河南人，与范仲淹同年考中进士，两人都被对方的才华吸引，彼此惺惺相惜，私交很深。

滕宗谅在泾州任上，曾伙同他人把 16 万缗公款挪做私用，结果遭到御史梁坚弹劾。滕宗谅虽有点贪，但为人仗义，敢作敢当。他怕连累的人太多，就大包大揽，把所有过错全揽在自己身上，然后把所有涉事人员的姓名从档案中抹掉，又将所有账籍烧毁，独自承担一切后果。这样一来，滕宗谅就有了两项罪名：贪污和毁证。不用说，罪加一等。就在此事闹得满城风雨时，作为副宰相的范仲淹使出浑身解数来挽救老朋友，先后多次在皇帝面前编造事实，说滕宗谅挪用公款是事出有因，极力为他开脱。皇帝和大臣们商议后，决定把滕宗谅官降一级。但御史中丞王拱辰认为滕宗谅私动国家财产，罪大恶极，坚持要对其严惩。范仲淹奔走游说，极力斡旋，最后皇帝只将滕宗谅贬谪到巴陵郡（岳阳）了事。

虽说是贬谪，但也是新官上任。滕宗谅到了岳阳后，为显示才干，决定重修岳阳楼。可苦于这里是个穷地方，无钱修缮。滕宗谅就想了一个办法，将百姓手中的大笔陈年旧债、烂账的字据收集上来，由官府出面追债，仅此一项就增收近万缗。这笔款子由滕宗谅亲自掌管，用于修建岳阳楼。司马光在《涑水记闻》中说："楼成极雄丽，所费甚广，自入者亦不鲜矣！"岳阳楼建成后，滕宗谅大请当地名人雅士为岳阳楼题词。作为朋友，范仲淹最知道修建岳阳楼的资金来源，可他忽略事实真相，一气呵成完成了酣畅淋漓的《岳阳楼记》。开篇就是"越明年，政通人和……"，这完全是一派胡言！滕宗谅在岳阳干了一年多，当地经济毫无起色，民不聊生。范仲淹这样违心说假话，是基于他的仁、他的情、他的仗义。这种善虽有些无原则，但瑕不掩瑜，并不妨碍让人肃然起敬。名义上是为岳阳楼作序，但在这篇文章里，范仲淹抒的是自己的情："先天下之忧而忧，后天下之乐而乐！"

12

仁义一生

范仲淹有著名的边塞词《渔家傲》，岳飞写过抗击金兵的《满江红》。同样的题材，岳飞词间荡漾的是冲天的激烈与豪迈！范仲淹则更多的是真情仁义，有种深沉的忧虑家国山河、归家思乡的无奈心理。这里可看出他有点"软弱"的性格。守边时，范仲淹是大将。从行事风格看，他事事挂心职业操守一流；从将帅角度讲，他不够铁血和硬气。这注定他在战争见解上缺乏大气磅礴的英雄气概，他只想百姓安居乐业，不想他们受战争之苦，不想整个国家被弄得面目全非。

和平年间，范仲淹是爱民如子的好官。可是战争纷乱，他的天赋本质其实似与刀枪相见的残酷战争合不上拍。

早在 1042 年定川寨战役之前，宋和西夏的边境上就开始上演旷日持久的拉锯战。范仲淹曾向仁宗皇帝提出与西夏议和的建议，他的观点是西夏兵马精强，我们金帛丰富。如果用金钱买和平，既不伤我北宋百姓，又不至惹怒他们。这和贪图享受的和议是两个概念。范仲淹是一个仁者却不是一个硬汉！他深知仁宗并不主张打仗，所以提出了被奉为国策的防守战略。当仁宗与西夏议和时他是欣欣鼓舞的。这样百姓就不会受苦了。从建慈善堂，包庇滕子京就可看出这种仁是骨子里的。仁行官场，名扬天下。

正因为仁宗身上也有仁的一面，所以范仲淹虽仕途坎坷，但遭受的打击都不致命。在仁宗未亲政之前，范仲淹直言上疏要求太后还政于帝，奠定了仁宗对范仲淹的特殊信任和亲近基础。仁宗亲政后，范仲淹即使遭受贬谪，也都得到了仁宗的特殊眷顾。

范仲淹做官38年，没有房产，没留遗产。却在民间留下了人格和道德的双重丰碑。他去世后留下遗嘱：让当宰相的二儿子范纯仁、三儿子尚书右丞范纯礼世袭管理义庄。一代名相，在生命的最后想的不是家产，不是儿子的前途，而是义庄。他告诫儿子：义庄里如有不公、营私舞弊的事发生，所有族人都必须跪在自己的牌位前，当着他的面做出公正决断。并口授了新的义庄制度，叮嘱儿子，必要时可以增补续订修改。

范仲淹去世后家无积蓄，全家借官屋栖身。更难能可贵的是，范仲淹的儿子们没有违背父亲的遗愿，严格遵守父亲教诲，加上一些热心公益者的无私帮助，义庄维持了八九百年，成就了中国历史上独一无二的传奇。

这就是仁善的力量！在这个物欲横流的时代，读着"明月楼高休独倚，酒入愁肠，化作相思泪"的句子，眼前总会浮现出一位侠骨柔肠、悲天悯人的文化官员形象！

范仲淹的一生是奋斗的一生，他用知识改变了自身命运，为周遭带来温暖。他的精神影响了无数人，狄青就是其中一位！

1

主动请缨上前线

狄青出身贫寒，长得却很富足：身长7尺，浓眉大眼，姿态雄伟，胸襟广阔。轩昂气质加上胸中装着宏伟理想，他看起来威风凛凛。

16岁时，他哥哥和人打架斗殴，被告到官府。狄青表现出了惊人的成熟。为了让家中有一个壮劳力，狄青主动代兄受过，被"逮罪入京，窜名赤籍"。这本是一个悲摧故事，却由此开启了狄青的军旅生涯，引出一段轰轰烈烈的人生。不过也留下了终生遗憾：宋朝凡是人犯都要在脸上刺字，因此狄青的脸上永远地留下了"耻辱"。

公元1038年，党项首领李元昊建立西夏。朝廷择京师卫士赴边，狄青入选，任延州指挥使，一个下级军官。狄青守边期间，两方频繁交战，他表现出了一个军人所能表现的最大潜力！在对西夏的4年战争中，他身经25战，身上留有8处伤痕。因作战英勇，狄青得到了当时主持西北战事的韩琦和范仲淹的赏识。二人对狄青礼遇有加。尤其是范仲淹，还送给狄青一部《春秋左传》，提醒他："将领若不知天下古今之事，顶多只是匹夫之勇。"狄青很感动，从此把战争期间的所有间隙都用来读书。不久就将历代将帅兵法烂熟于胸，对他声名鹊起和官职升迁起到了莫大作用。

公元 1052 年，宋朝迎来了多事之秋。广西侬智高自称"仁惠皇帝"，抱着建立帝国的野心，起兵反宋。他招兵买马，攻城略地，一路所向披靡。仅仅一个月时间，就攻取了岭南重镇邕州，然后沿江长驱东下，围困广州 57 天，接着转向西北攻破昭州，广东广西将领相继被杀。消息传来，朝野震惊，眼看着侬军就要北上直指中原。宋仁宗没想到一直对自己俯首称臣的侬智高这么生猛，接连派出余靖、孙沔等数路大军前去征讨，却全都损兵折将，大败而归。此时的宋仁宗昼夜难安，满朝文武皆如惊弓之鸟，陷入恐慌。仁宗问宰相庞籍谁可为将？庞籍态度坚定地推荐刚当上枢密副使不到三个月的狄青。而狄青此时正踌躇满志：国家有难，匹夫有责。他自告奋勇表示要上前线："臣起行伍，非战伐无以报国，愿得蕃落骑数百，益以禁兵，羁贼首致阙下。"宋仁宗没想到帝国陷入绝境时，居然有人主动请缨，并且能听到这样自信的豪言壮语，旋即任命狄青为宣徽南院使，宣抚荆湖南北路，经制广南盗贼事，并亲自在垂拱殿为狄青远征设宴饯行。

2

激励士兵

狄青率领宋军一路长途跋涉，所经之处多急流险滩、峭壁沟壑，加之饥肠辘辘，大军疲惫不堪，怨恨伴着牢骚声不时响起。如果任由局面发展，军中必将自乱，还何谈驱敌？当下稳定军心才是重中之重。怎么操作呢？那时人都迷信，对神有着天生的敬畏。如果让"神"出面，点燃士兵的心灵强点，那这场战争就能转败为胜，狄青决定赌一把。就在大家怨气冲天、疲惫不堪时，狄青宣布就地休息。他利用这个空隙公布了游戏规则。他说："我们此次前去攻打侬智高，前途未卜，生死难料。大家知道，侬智高的军队相当勇猛，朝廷数路大军都被打败。不过吉人自有天相。我们是守土安邦的北宋军，举头三尺有神明，神肯定会保佑我们战胜敌寇！这样吧，我往地上扔一百个铜钱，如果有字的一面全朝上，说明神站在我们这一边。如果有字面朝下说明神不帮忙，那咱们就认栽，立即班师回朝。"说完他从马背上解下钱袋子，呼啦啦地向天空洒下一百个铜钱。也怪了,那些落地的铜钱,个个都是字面朝上。兵士们欢呼雀跃,声浪震天。狄青又让人取出一百枚钉子,将铜钱一枚枚全钉在地上,然后用青纱覆盖,厚土封严,宣称班师之日一定前来祭奠,感谢神灵庇护。这一番动作做下来,士气果然大振,士兵们个个精神抖擞,仿佛听到胜利的号角在耳边吹响。再也没有人说怪话、发牢骚了。

公元 1053 年正月,宋朝征南统帅狄青率领宋军主力抵达号称"一夫当关,万夫莫开"的天险——昆仑关一带。当狄青率军抵达归仁铺时,遭遇侬军抵抗。这激起了狄青无限斗志。他知道敌人迷信鬼神,于是跳下战马,换上短打扮,把头上的发笄取下,长长的披肩发垂落下来,一阵风吹过,有如一头威武的雄狮。接着狄青掏出狰狞恐怖的铜面具扣在脸上,犀利眼神灼灼放光。他手拿长枪,猛喝一声带头冲进敌阵。敌兵看到狄青这副打扮吓得心惊胆战。再看那狄青威猛无比以一当十的阵势,侬军阵脚大乱,纷纷败退。狄青沉着指挥,使侬军败退邕州。狄青率兵狂追 50 里,杀死侬军 5341 人,生擒 500 余人。包括侬智高军师黄师宓、党羽侬建中、侬智中,将领家属 57 人。侬智高气急败坏,趁夜放火烧城而遁,但再次遭到狄青部猛击,几乎全军覆没,余人退入特磨道和大理,再也没有反抗能力,彻底打破了侬智高"大南国"的皇帝梦,解除了北宋中原地区的威胁。此前在西北每上战场,狄青都是披头散发头戴面具的形象出现,弄得西夏人做起了缩头乌龟,偃旗息鼓,再也不敢轻举妄动。如今这扬眉吐气的一仗也离不开狄青的心理战术。在以后的二十年中,岭南边境非常平静。

难道狄青真有神助吗?

其实并非神仙显灵,铜钱的字面朝上是狄青玩的障眼法。行军之前他就想到:侬智高的队伍所到之处节节胜利,必然会给下面的士兵带来强烈的心理冲击。加上长途行军,士兵肯定会产生消极懈怠情绪。于是他就事先准备了一些铜钱,妙就妙在这些铜钱的上下两面均有字——你就是扔一百遍它也字面朝上。狄青是从战争中成长起来的,懂得如何调动士兵的积极性。只要找准心灵强点,再颓废的心都可以被点燃!与敌对阵时,他则装神弄鬼,在外形上给敌兵以威慑。

这次胜利给狄青带来了莫大荣誉,兴奋的仁宗准备给狄青以最高奖赏——提升枢密院使,还准备升为宰相。

3

升官遭朝臣阻拦

仁宗征求大臣意见时，遭到了庞籍等人的强烈反对。庞籍当初不是积极举荐狄青抗敌吗？怎么临到论功行赏，却拖起后腿来了？

北宋祖制重视文人，轻视武官。宋仁宗的扩招和纳谏政策又造就了数量臃肿的文官集团。"满朝朱紫贵，尽是读书人。"举人们全是通过刻板庸碌的八股文章踏进官场门槛的，他们根本没有什么道德标准和基本官德。潜规则倒是盛行，那就是打压和迫害那些不和他们站在一齐的优秀人才。国家危难时他们不站出来为国分忧，别人立下战功他们却百般妒贤，生怕自己的职位被人挤掉。

当初庞籍推荐狄青当主帅其实是一条奸计——并不是这家伙看重狄青的军事才干，而是想借大敌当前把狄青推到风口浪尖，好置他于死地。如果狄青抗命，说明他胆怯无能；如果接受却打不败侬智高，他就会失去枢密院副使职位。怎么着都对狄青不利。只是庞籍没想到狄青会主动要求上前线，更想不到狄青居然会打胜仗。欲除之反益之，真是人算不如天算。

早在公元1052年，仁宗想把任彰化节度使、知延州的狄青提为枢密副使时，就遭到众人反对。韩琦当面羞辱："会打仗有什么了不起，考上状元在京城东华门外被唱榜才是真正好汉！"御史中丞王举正出于妒忌，打着一心为国的旗号，冠冕堂皇地说："狄青出身行伍而位至高官，本朝所无，恐四方轻朝廷。"这个论调很站不住脚，提拔官员关他国什么事？再说将能力超群的将领提拔到重要岗位，不是更有利于国家安定吗？王举正这种混蛋观点一出，右司谏贾黯即上书皇帝，论奏狄青升官有四不可。御史韩贽等人亦随声附和。有些人打仗吓得尿裤子，整人则一个顶十个。想那侬智高纵横岭南时，满朝文武噤若寒蝉。若不是狄青受命于危难，他们能睡到自然醒吗？战争一来蜷缩锋芒，战争一去拼命张狂。这伙人得了"唠叨症"，时时提醒皇帝"狄青武人，不可独任"，并建议以宦官任守忠为监军，监视狄青。只因谏官李兑力言"唐失其政，以宦者观军容，致主将掣肘，是不足法"才作罢。

还好，这次朝中并没有全被那些人把持，正义者联名上奏仁宗："狄青功大赏薄，无以劝后。"宋仁宗有了力量，毅然下诏升狄青为枢密院使。消息传出，京城老百姓为之振奋，开始疯狂追星：每天都守在狄青住所外面，一睹英雄风采。百姓的爱戴使庞籍等人愈发不安，疑忌和不安在文官中达到了最高点。

4

四面围攻

是不是狄青有性格缺陷，太张扬太高调，从而让那些人不舒服呢？其实相反，狄青管理军队纪律严明，体恤下属，靠战功获得高升后更是谨言慎行，会做人，成熟。他当官后，早年脸上的刺字仍完好保留着。满朝文武个个风度翩翩、腆胸凸肚，要么是花大价钱买来的官，要么是花小钱进考场走形式得来的官。哪有像狄青这样出身低微一路打仗打出来的官儿？而且脸上还挂着字儿！这让他显得很另类，甚至有碍观瞻，"有损国家形象"。皇帝看不下去了，私下里悄悄授意："爱卿，你如今身份不同以前，要注意个人形象。我听说有一种药水可以抹去脸上的字，绝不留痕，爱卿不妨找来试试？"对皇帝的特殊关照，狄青不解风情，却自豪地说："陛下以功擢臣，不问门第，臣所以有今日，由此涅尔，臣愿留以劝军中。"意思是不用抹，我要让天下草根儿们明白，只要你能力突出，国家绝不会亏待你。这是一个多么好的官员，保留耻字只是为了激励士兵，根本不在乎自己的面子，也不在乎里子。

一次狄青被一个找茬儿的大臣骂得狗血喷头，为了和谐，狄青第二天就跑到人家道歉，决不让小隔阂积聚成大仇恨。

狄青就是这样，时刻保持着端正形象，注意平衡同僚关系。虽然皇帝待他不错，但并不能保证同僚们都大度，朝廷中想往上爬的人太多了。文官本来就爱造谣中伤无事生非，特殊的地位更让他们有恃无恐。庞籍等人找出种种理由诋毁狄青。他们谣言惑众，栽赃陷害，煞有介事地宣称：狄青家的狗头上长角，他家的住宅夜晚发光。就连京师发水，狄青一家避居相国寺也被认为是要夺取皇位在暗中密谋。仁宗在这些反狄势力重压下，不得不顺应"臣意"，于公元1056年罢了狄青的枢密院使、同平章事，贬去陈州当知州。开始，仁宗还有些不忍，反复重复"狄青是忠臣"。宰相文彦博一句话甩过去："太祖不也是周世宗的忠臣，不照样夺了他的江山？"仁宗无言以对。

5

死后荣光

狄青早应该看明白，那些和他过不去的人就是看不得他发达。有什么大不了，不理会就是。每天喝喝小酒，下下馆子，找点刺激，日子长了，那帮人想整你都懒得整了。可狄青是耿直大汉，哪会弄这些文人才弄得来的叫什么韬光养晦的玩意儿？他想不明白，自己劳苦功高，从不恃狂，而且一向谨言慎行，那帮人为什么就容不下自己呢？想得头疼就找到宰相衙署，开口质问为什么自己无罪被贬。文彦博两眼瞪得像牛卵一样，半晌才憋出一句："无他，皇上怀疑你。"这是文官们乱天下的通用伎俩，明明是他带头怂恿皇帝贬走狄青，却又把责任推到皇帝头上。狄青就是在这样的打压中苦煎苦熬。当枢密使四年，他从来就没有舒心畅快地过过一天。被贬陈州，他也认了。本以为在那苍凉之地，对付着寿终正寝得了，却哪曾想离开了那帮忌心深重的家伙依旧不得安宁。朝廷对他不放心，每半月就遣中使千里迢迢到陈州出差，名曰抚问，实则监视。狄青是热血直肠之人，哪受得了这种"特殊关照"？满天的谣言中伤已将他搞得惶惶不安，使者像催命鬼一样，每次都让狄青"惊疑终日"，唯恐再生祸乱。在这样的折磨中，不到半年，狄青就郁郁而死，年仅49岁。

有句话说："天下乱，注意将。天下安，注意相。"将抚天下乱，相抚天下安。平衡将相在于皇帝，在于政策。宋朝对文人的特殊照顾让他们无所事事，无事生非。一遇有才华者就多方打压；一遇国家危机就推诿扯皮。如果文官们不妒忌猜疑，搞监视窃听，以狄青的性格怎么可能抑郁？北宋的人事制度很邪门儿，人活着不重视不保护，人死了，态度忽然又来个180度大转弯儿。也不知是表示忏悔、仁慈还是作秀，朝廷给狄青配备了一番前所未有的高规格礼遇："帝发哀，赠中令，谥武襄。"从前搞中伤陷害的大臣们又是写诗又是著文，歌颂褒奖，花样百出。这只不过是警示和拉拢而已，是在提醒活着的人：特权阶级惹不得，不管你有什么功劳，要你立你就立，要你倒你就得倒，

仁宗其实很悲哀：清除不了徇私守旧和邪恶的势力，反让这些势力控制朝政，让公道、正义之士无立足之地。

可叹狄青能够运用智慧激发属下的心灵强点，却不能用大度抵消自己的艰难处境。可叹北宋上层是非不分、忠奸不辨，一次次地自断臂膀，给外敌强攻制造机会！北宋不仅打压人才，并且还挥霍钱财，使帝国国库时常空虚。

第五章

宋朝官员不善理财

1

军队是杂牌军

如果在做官做大款做百姓这三条里让我们打钩，相信大多数人都直接放弃第三条。可是北宋帝国的某些人很喜欢做百姓。因为如果百姓当不下去可以去当兵，只要当上了兵就不用担心失业。找吧，宋朝大街上，流氓小偷、地痞无赖很少出没。哪去了？都让国家给收了编，当兵啦。

早在赵匡胤当皇帝时，他就有一项宏伟计划，把全国的无业者都划拉进国家军队，理由是"可以利百代者，唯养兵也。方凶年饥岁，有叛民而无叛兵。不幸乐岁而变生，则有叛兵而无叛民"，他想得很美好，利国家的事只有养兵。赶上个天灾什么的，把挨饿者弄到军队里可以减少动乱；如果和平年代出了叛兵，百姓也不会跟着起哄。一厢情愿的结果是把军队变成了一个大收容所，什么饥民、流民、失业者统统当了兵。到了军队还有天大好事儿，穿上军装，生是军队人，死是军队鬼。而且家里老少爷们全在军队混饭吃，一年两年，三年五年，18 岁是兵，88 岁还是兵，终身制。弄清楚了，不是义务兵，是雇佣兵，正经发工资。军队里到处都是老弱病残在呻吟，可是国家没有凶相，真正体现了"率土之滨，莫非王臣"的宗旨。这些人虽不中用，照样养着。这就使得兵的数量在短短数年间，由开始的 10 万兵突破到 60 万兵，后来又一下子蹿到 100 多万。这些宋朝大军 1 年的工资大约是 50 贯钱，在城里养活一家老小足够了。光工资一项，就耗去国家财政的一大半。

耐人寻味的是，如果个子突出，还能拿高工资。

宋仁宗就按身高给士兵发饷：身高 175cm 以上月薪 1000 文；172cm 以上月薪 700 文；170cm 以上月薪 500 文。

2

官员一箩筐

与大军们光拿钱不干活现象有一拼的是国家官员。他们拿着不菲的俸禄，整天养花遛鸟，无所事事。宋朝官员工资是汉代 6 倍，清代 10 倍。但高薪并没有养廉，却把宋朝弄成了中国历史上最腐败的朝代。官员们拿着包月的高工资，晒着不限时的太阳，喝着朝廷免费供应的好茶，专心致志地当着"专业小资"。政府各部门臃肿，人浮于事。很多人既有军衔，又有职务，要问他具体做什么的，他嘴一张不知道。不是笑话，是真不知道。他们都没有具体的工作分工，每天也没事儿可干，上班儿唯一的事儿就是喝茶聊八卦。所以在北宋最容易做的工作就是当官。只要你能当上官，过程中只要保证嘴的吃饭本能不乱说乱放，保准能养得白白胖胖最后胜利走进坟墓。这部分人占整个官员队伍的 70%。宋初朝廷中的官员队伍比较精干，显赫的仅有 200 多人。20 年后翻了一番，再过 20 年就超过了 1000 人。又过了 20 年，官员队伍突破万人大关。科举取士名额出奇地多。就取士人数来看，是唐代的 5 倍，元代的 30 倍，明代的 4 倍，清代的 3.4 倍，可谓空前绝后。宋朝官员并非都是靠十年寒窗挤独木桥进官场的。宋代当官的路子五花八门，除了科举考试，还有"门荫""纳粟"等途径。"门荫"又称"恩荫""荫补"，是特权中的特权，皇族宗室子弟以及外戚后裔都可以封官封爵。"纳粟"就是花钱买官。政府扩充军备、疏浚河流乃至赈济救灾时，管你是地痞流氓、土豪骗子，只要交钱交粮就可以封官加职。

这些什么也不干的大爷拿着比大军们高许多的工资，吃喝玩乐，流连于勾栏瓦舍，享受着快意的"小资"生活。他们玩儿得起。

3

官员工资明细

宋神宗时，北宋帝国大大小小在列的官员有 25000 名，每年需从国库支取 30 万贯钱工资。有人说，世上最没用的东东就是工资条，看了生气，擦屁屁太细。可是宋朝官员的工资条非常人性化，简直是快乐宝典，看了通体舒坦，心情愉快。具体开列如下：俸禄、职田、祠禄、恩赏等。俸禄中含有正俸、添支、职钱、禄粟、衣赐（四季衣裳），还有随扈衣粮费、茶酒钱、厨料费、薪炭费、饲料费等。地方官儿则配有大量职田。官员有差遣任务者另加津贴，作为补助。从衣食住行，到吃喝玩乐，无所不包。

在宋朝当官儿比任何时代都要舒坦。在中国历史上，宋朝是唯一的文官主政时代。政府对他们奉行的是"高薪不养廉，贪污受贿不定罪"。在宋朝当官，鲜有不发家的。

以宰相和枢密使为例，他们的月俸是 300 贯，禄粟月 100 石，春、冬衣共赐绫 40 匹、绢 60 匹、冬棉 100 两，随扈的衣粮费按 70 人份给，每月薪1200 束，每年给炭 1600 秤，盐 7 石。乱七八糟加一起，一年可拿到相当于现在的 200 万元人民币。如果再加点虚报冒领、灰色收入什么的就更可观了。宋代宰相和枢密使等高官，仅年俸钱便相当于北宋中期 24000 亩土地的收入。

地方官员的待遇也很好，每人有三十到四十顷职田，可以从中收租钱。宋代官员按职务高低还有不同数额的公使钱，供各级往来办事的官员应酬娱乐。如果他们出差或赴任，可以凭朝廷发的"给卷"在地方白吃白住，领取粮食衣服等用品。

还有一个叫"祠禄之制"的政策，即由国家在风景名胜之地建宫筑祠，供部分高级官员进行定期疗养，一切费用均由国家埋单。如果觉得干得没意思，官员可以申请提前退休，或者可以担任一些只拿钱不干活儿的闲职，比如宫观官、监狱寺庙官等。如此优厚的待遇谁肯退休？很多官员眉毛胡子一片白，都七十老朽了就是占着位置不退。有人为了延长在职期限，还到处找关系改报、虚报年龄。难怪宋江放着兄弟情义不顾，千方百计地要接受朝廷招安。他拉大旗造反不过是因题了反诗被逼上梁山，他念念不忘的是这样的制度带来的好处。所以当朝廷抛出橄榄枝，宋江便以梁山所有人马做抵押，开始了和赵宋王朝的曲折谈判。

4

官员的特权

宋朝政府对官员的优待是骨子里的，从身体到精神，方方面面特周到。他们鼓励官员府中蓄养家妓，钱嘛，朝廷出。另外，坊间开设有坊院养有坊妓，供穷秀才与商人玩乐。南宋王懋《野客丛书》说："今贵公子多蓄姬媵。""姬媵"即侍妾，蓄置家妓或侍妾多为淫乐，或教之歌舞，或使之侑酒，以为宾客之欢。大名鼎鼎的苏轼有歌舞妓数人，欧阳修有歌妓八九妹，杨震有十姬，张渊买佳妾二十人，韩侂胄有爱妾十四人，李允则有家妓百数十人。官妓、坊妓或官员府养家妓除了美貌柔情，个个都懂琴棋书画，兼具文学素养，并精于舞蹈弹唱。《清波杂志》有载："士大夫欲求保富贵，动有禁忌，尤讳言死。独溺于声色，无所顾避。"

连太医都不闲着。曾任昭庆军承宣使的王继先，家中"屋宇台榭皆高广宏丽，都人谓之'快乐仙宫'"，生活极度奢侈。他与儿子王悦道分别蓄养临安府名妓刘荣奴与金盼盼，日夜淫乐。王氏父子得知哪有美女便百般作计强取，全然不顾别人已有婚姻。

当时僧人道士都蓄妓。《清异录》记载：汴京大相国寺的僧人包养妓女，还美其名曰"梵嫂"。宋徽宗时，汴京各道观的道士也"皆外蓄妻子，置姬媵，以胶青刷鬓，美衣玉食者，几二万人"。《宋史》卷三十七所载：公元1196年，时任监察御史沈继祖弹劾大儒朱熹，共罗列十大罪状，其中包括"诱引尼姑二人以为宠妾，每之官则与之偕行"。有的士大夫老得快进棺材了仍嗜酒色，沉湎失度，每睡须婢歌吹齐鼓，方就一梦。北宋都城东京与南宋都城临安，是中国古代妓业最繁荣的城市。临安城素有"色海"之称。

士大夫家里没有不蓄姬妾的。后来因为通货膨胀，娶妾的成本越来越高，很多人便开始改娶为租。关于租期、租金和待遇皆由双方商议决定。这不用揣测，自然是看人下菜碟。漂亮苗条有知识的租金肯定贵，肥胖丑陋粗俗的当然要便宜点。

婢女则主要来自雇佣。雇主对婢女的来历要求很严，查你家祖宗三代不说，还要去开未婚证明无犯罪记录，否则一律不用。法律规定婢女租期不超过10年，不许主人私设公堂惩处婢女。

活色生香的日子让高官们雅兴大增，他们研墨填词，歌女自弹自唱，使得许多精致华美的词篇得以流传至今。就是在这样松弛优雅的意境中，宋词成了文学史上的一绝。在宋代，只要当上了官儿，只要你不各色，不愤青儿，锦衣玉食荣华富贵没得跑。

道士的生活更是花团锦簇。因为宋徽宗是个佛教和道教迷。他下令在全国设立"道官"26级，并亲自把道教推到"国教"的地位，自己以"教主道君皇帝"自居。那时，光皇家供养的职业道士就有 2 万多人。这些人有个特牛的名字："金门羽客。"

5

烧钱的外交政策

北宋不像其他朝代，它执行经济开放政策，与周边各国都有贸易往来。北宋曾创造过年入 1.6 亿两白银的财政奇迹。即便偏安一隅的南宋，国家财政总收入也曾达到 1 亿两白银，经济总量居世界前列。宋朝不仅不差钱，还很有文化。但国家地位却是一塌糊涂：没出现"八方来贺"的场景，却招来了"八方来攻"。边境上的那些敌人都在盯着这块超级大蛋糕。宋朝在国土萎缩、四面楚歌、动辄挨打的情况下，还能醉生梦死。这就是让人牵挂的理由！

实力雄厚的"经济大国"先后被三个邻居西夏、辽和金紧紧包围。无论疆域、财力还是文化，这三个绑在一起也比不上北宋的二分之一。但它们却如下山猛虎，不但主动攻宋，而且一而再再而三地挑衅。那么，宋朝皇帝是如何应对这些入侵和骚扰呢？不得不说，有钱就是牛！北宋高层不管北宋南宋，统统信奉破财免灾，金钱换和平。即使打了胜仗，金银财宝珍珠玛瑙也大把大把送，一条道儿走到黑。皇帝们有自己的小九九——花小钱办大事。结果小钱花着花着就变成了大钱，而且花大钱也没办成事，最后还是让人给灭了。只得了一个金钱不是万能的惨痛教训。

除了太祖太宗在位时经常亲自披甲上阵，北宋后世几乎都是文治皇帝，阳刚不足，阴柔有余，一提打仗就哆嗦。一个有钱的地盘儿需要一个铁腕皇帝来治理，否则不是被内部蛀虫啃噬就是被外部狼群撕碎。可是宋朝恰恰最缺的就是一个雄才大略的武功皇帝，一个能够把雄厚的经济实力转换为强大的军事实力的统治者！钱财在强者手里会助其壮大，在弱者手里则会带来灾难。在频频的外侮面前，皇帝们的表现都很相似。

只有宋真宗面对契丹来袭，在寇准的逼迫下御驾亲征，很痛快地打了一场扬眉吐气的胜仗。本可以一鼓作气彻底把契丹打服，人声鼎沸之际宋真宗却出人意料地对契丹表示歉意："打了你们不是我本意！这样吧，我每年给你们 10 万两岁币银，你们不要再来骚扰我们了好不好？" 10 万两岁币银占不到北宋年财政收入的1%，北宋根本不在乎这点"小意思"。他们并不会考虑侵略者永远不会满足这个命题。你给它小钱它想要大钱，你给它大钱它想让你给印钱，你印了钱它想要印钱机，继而要你的国。北宋皇帝们天真地以为金钱能使鬼推磨的哲学全世界通用。这让宋帝们留下一个致命遗患——精神虚弱。金钱能医治身体虚弱，却永远补不了精神缺钙。金钱外交向邻国发出了"示弱"信号——不管谁来，我们都会掏钱交朋友。这不啻为最美丽的外交宣言：攻宋只赚不赔，何乐不为？北宋掌门的缺钙基因传了一代又一代，代代脊梁骨疲软：一遇外敌挑衅就掏钱签协议，一签就是大手笔。光每年向辽和西夏交的拜年钱就是大大两笔。这个钱必须给，不给就翻脸。金的官员在收钱时动作飞快，满脸堆笑地对北宋说："付款就像打针，动作越快，你越不会感到心疼。"掏了钱，北宋还感恩戴德："是是是，爷说得对！"用你的硬拳头换我的钱袋子，两下交易，身心愉快。呵呵，犬儒主义被北宋高层发挥得很完美。

就这么个狗屁思维，北宋"才子们"执行了太多年，混蛋外交终致财政逐年萎缩。

6

经济缩水

后来，北宋一年的财政收入，各种税款都拢到手大约能收七千万贯。军队和官员这两部分人工资要支出六千万贯。这让帝国不堪重负，所以神宗铁了心要在全国推行改革，只为一个目的：进钱。

其实北宋的财政收入是历朝历代中最高的。可是再丰厚的财政收入也难以负荷冗兵、冗官这些大头支出，横征暴敛又加重了民间资本流失，这就是积贫。宋朝的综合国力不知强于辽、西夏、金多少倍，可统治者们只知享乐不知强军。国家养着大量军队却不训练，军队成了聋子的耳朵——摆设，萎靡不振，不堪一击。各种因素导致实力成了虚力，富足变成了不足，出现了积弱。正是积贫加上积弱，成就了王安石的改革。可权贵们又不肯让自己的财富被收走，在亡大家不能亡小家的思想支配下，改革焉能成功？在王安石推行的改革中，无数权贵借改革之风大肆敛财。两宋老虎之多，随随便便就能揪出一长串。

　　唉，当初宋太祖的坚硬风骨让这些子孙们弄得越来越走样，赔着钱不说，最后还让人家抓了俘虏，整出个"靖康之难"。北宋有钱，可是不懂理财。没有硬气的腰杆子，再多钱也没用。钱只能让腰围变粗，却不能让脊梁变硬。宋朝官员的幸福指数是建立在脊梁弯曲、国格丧失、外交被动的基础上的，所谓幸福的背后不是肮脏就是沧桑！宋朝官员的幸福，不用翻就知道背后的底色！

　　糟蹋了钱，搞臭了名声，这个账怎么算，北宋大爷们还停留在幼儿园阶段。但也不是都糊涂，总有人不愿看着国家日益颓废，总要站出来做些什么！

第六章
王安石：为改革而生

1

历练

他得意时权倾天下，弄了一场改革，赚尽天下骂名。后人却赞他是"11世纪中国最伟大的改革家"，是为民请命对抗顽固派的大忠臣。

其实，他是正直的理论先驱，狂热的政治"赌徒"，行动上的冒险家与激进者！

王安石的父亲王益是地方小官，为官20年，一直辗转于今赣、川、粤、豫、苏等地。这使王安石的童年比一般人要丰富老练些。王安石16岁时，父亲调任江宁府通判，全家停止漂泊，定居江宁府。父亲工资微薄，家里兄妹又多，青年王安石经常上山挖野菜接济生活。这种日子让他学习很拼命。没办法，要想摆脱苦日子，只能从身体里压榨希望，走学而优则仕这条路。苦心人必有回报，公元1042年春，21岁的王安石赴京赶考，一举高中进士第四名，从此踏上仕途。

王安石最早在扬州任签书淮南判官。在鄞县当知县时，王安石不是带领百姓起堤堰，决陂塘，兴修水利，就是忙着贷谷与民，出息还官。后任舒州通判、京城的群牧司判官、常州知州、提点江东刑狱、三司度支判官时，也是整天为百姓忙。

在宋朝为官其实很幸福，工资高，升职快。只要在一个地方任满三年就可以调任别处，手续很简单，向朝廷递个申请就可以。王安石工作干得很出色，朝廷多次要给他升官他坚辞不受。有些人会主动将位置让给别人，赢得皇帝的好感。王安石并不是这种工于心计之徒。他只是本性使然，是真心真意让贤。不是不想做高官，如果在朝廷做高官而不能做大事，还不如在地方上做能做事的小官，多多历练，为自己的理想添砖加瓦。

王安石继承了父亲的勤劳踏实，但视野更开阔，眼界更高远。他想做大事，大张旗鼓，轰轰烈烈，让百姓安居乐业，国家兴旺发达。他始终心系天下，脑中盘旋着大主题：帝国矛盾重重，问题多多，它将走向何方？《宋史·王安石传》记载：王安石"果于自用，慨然有矫世变俗之志"。公元 1058 年，王安石就曾将自己多年为官看到的、感受到的种种问题，写成长达万言的《上仁宗皇帝言事书》。指出整个官僚体制的腐败和当时社会矛盾的严重，并提出了大致的改革意向：那就是改变外忧内患、积贫积弱的局面，抑制官员大地主的兼并和特权，推行富国强兵政策。但仁宗皇帝沉浸于安逸中，没兴趣看他的报告。王安石并不在意，他知道自己提出的问题太大，谁都不会马上接受。他在等待中积聚力量，向改革迈进！

2

积重难返

公元 1067 年，二十岁的宋神宗即位，年号熙宁。这时候的北宋帝国看上去虽是歌舞升平，但繁华背后漏洞百出，恰似臃肿溃烂的脓包，一碰即发。《宋史·食货志》："承平既久，户口岁增。兵籍益广，吏员益众。佛、老、外国，耗蠹中土。县官之费，数倍于昔。百姓亦稍纵侈，而上下始困于财矣！"一语道破财政危机！和平太久，人口、军队、官场、宗教规模全都扩大数倍，各种开支不断地翻番儿。清人赵翼《廿二史札记》引卢策所言，神宗熙宁年间，收入达五千零六十万，支出也是五千零六十万，占总收入的百分之百。怪不得神宗帝时时感觉钱不够花！他反对奢侈，处处压缩开支。即使这样，还是没能免除突如其来的尴尬。某日，宋神宗按惯例带领大臣举行祭天活动，仪式完后照例要对臣下行赏。他一声吩咐，却传来财政大臣战战兢兢的声音："陛下，眼下国库空虚，拿不出钱来啊！"年轻的神宗在如此庄重肃穆的场合感到了一种彻头彻尾的悲凉，尝到了上任以来最大的失落。本是树信树威的时刻，却令他颜面扫地。这简直是对执政能力的侮辱！站在一边的王安石把皇帝的尴尬尽收眼底，他百感交集。国库空虚的后果很可怕。就说边境，一旦无钱给辽和西夏上贡，表面和平马上就会被打破，如果这两方前来进攻，帝国根本无还手之力。战争除了比智商就是比银子，没钱肯定要挨打；没钱影响皇帝统治，就算屈从强权勉强为你服务也不会死心塌地；再则朝廷人才匮乏，五大臣老不堪用。国家面临着财政、统治、边塞和人才四大危机，无论哪一种，都能将帝国拖入万劫不复的深渊。再不改革就是死路一条！就在这一刻，心中那个珍藏已久的梦——改革，变得越来越清晰，越来越迫切！王安石被一种有力的激情和急切的热望紧紧抓住，脑海里不断交替着北宋帝国从繁荣走向负重，从负重走向衰落，再到焕发活力的种种过程和画面……

3

皇帝的心思

其实造成积贫积弱的局面真不能怪神宗，实在是宋太祖当初的设计出了轨。为了削减相权加强皇权，宋代实行中书、枢密院、三司各自为政的制度。中书管行政；枢密院管军事；三司管各种开支度支及盐铁行业，主抓财政，是帝国中主管全国财政大权的最高机关。最高首长三司使的地位仅稍低于宰相与枢密使，是直接对皇帝负责的朝廷重臣。三司下面有三个部：盐铁、户部、度支。盐铁掌管工商收入、兵器制造等；户部掌管户口、赋税和榷酒等；度支则掌管财政收支和漕运等。

《宋史·食货志》记载：宋仁宗时，谏官范镇曾告诫皇帝："中书主民，枢密院主兵，三司主财，各不相知。"不相知的结果很可怕："财已匮，而枢密院益兵不已，民已困，而三司取财不已。"明明没钱却一个劲儿招兵；百姓穷得要命，税却高得离谱。中书省本来知道情况，却无力制止枢密院招兵和三司敛财。

北宋养着庞大的军队，费用很高。另外国家机构臃肿，宋仁宗时期官员队伍多达两万多人，这些人70%只挂衔不干事。加上每年给辽上50万两白银、西夏275000两白银的"税"。为了维持这些庞大开支，只能向民间榨财，搞出各种五花八门的税。这就是冗兵、冗费、冗官造成的积贫积弱现象。就算国家是超级肥牛，也经不起这么涮。

神宗还是太子时，就对父辈对辽和西夏的妥协态度有意见，对国家财政吃紧和朝廷萎靡不振担心忧虑。他多次说"天下弊事至多，不可不革"，又说"国之要者，理财为先，人才为本"。二十岁继位时，翰林学士承旨张方平对神宗说："宋朝如果继续守旧，不思进取，将来一旦出现大面积饥荒和外敌侵略的情况必将难以挽救。"张方平的话代表了部分士大夫心声，也说出了神宗所愿。年轻皇帝正值豪情万丈、敢想敢干的年龄，有激情，有权力，为什么不给这个苟延残喘的王朝动动手术呢？他不想象爷爷仁宗那样一辈子节俭，他想效法唐太宗，做"富国强兵拓边疆"的一代雄主。正是帝国的财政疲软和皇帝的万丈雄心为王安石的顺利出镜做好了铺垫。

4

君臣一心

王安石长期在基层，对国家的病因看得清清楚楚。他具有改革者的一切特点：有公心、主动、坚毅、大眼界、独创性、果敢、独立、坚持、自制。这种人大都不屑于从事小众事业，要干就干翻天覆地的大事。王安石果断地站出来，给皇帝勾画着在心里辗转了千百遍的宏伟蓝图，抛出了那个令帝国热血沸腾的伟大梦想——改革！神宗皇帝听得很认真，连连点头。王安石的改革项目很细，很具可行性：均输法、青苗法、农田水利法、募役法、市易法、方田均税法、保甲法、保马法、将兵法，还包括兵器制造、科举制度及人才培养等方方面面的变法内容，全是帝国积聚已久的硬伤。王安石相当乐观地一并预测了结果。神宗帝心领神会，他对王安石的好感由来已久。早在仁宗时代，王安石名声就很大。《宋史》记载："安石少好读书，一过目终身不忘，其属文动笔如飞，初若不经意，既成，见者皆服其精妙。"像所有粉丝一样，当时的士大夫都以王安石为偶像，以见他一面为毕生乐事。神宗当藩王时，受宠的韩维秘书一得到夸奖，就谦虚地表明自己的观点是出自好朋友王安石。美学上有朦胧意境胜却无穷的说法，正是这种不见其人先闻其声的神秘体验给神宗皇帝留下了深刻印象。于是甫一登基，他就召见王安石当面考察。神宗问："要治国，何为先？"王安石答："择术为先。"又问："然则卿所施设以何先？"王曰："变风俗、立法度，最方今之所急也。"神宗很满意！当各方节点汇聚一处，君臣思想共鸣，改革犹如箭在弦上，一触即发！神宗决心已下：改革变法非朕莫属！王安石当仁不让：整顿乱象舍我其谁！

公元 1067 年，46 岁的王安石被宋神宗起用任江宁知府。他用政治家的真知灼见，向朝廷递上《本朝百年无事札子》。在叙述宋初百余年太平无事的情况时，尖锐地揭露了当时危机四伏的社会问题，列举北宋建国以来各项制度弊端，阐述改革之必要，期望神宗在政治上有所建树，认为"大有为之时，正在今日"。

公元 1069 年，神宗皇帝提拔王安石为副宰相，正式宣布让他全面主持改革！王安石早就准备好，他将举起创新的大锤砸向所有旧制特权！这一锤是否能砸出一个清清朗朗、天下归心、富国强兵的新北宋呢？

5

个人特点

自古改革者都有不畏人言、勇往直前、坚韧执着的特点。王安石少言多思，喜欢挑战，具创新意识和引领能力。他希望为之服务的国家能够生机勃勃，富足安定。希望皇帝时时舒展笑颜，不因乱政而焦头烂额，不以国弱而长吁短叹。为了这份愿景，他愿躬俭自省，奉献青春和力量！王安石是个刻板乏味的人，没有一点生活情趣。史载他"不好声色、不爱官职、不殖货利""性简率，不事修饰家养，衣食粗恶，一无所择"。

细节最能体现真性情。在皇家举办的高级垂钓活动中，众人都在忙着拴鱼食钓鱼。王安石一面发呆，一面吧嗒吧嗒地吃鱼食，没一会儿就将一盘鱼食吃得精光，直到散场也没感觉有啥不对。《梦溪笔谈》的记载更有趣：王安石面色黧黑，学生们都担心他身体出了毛病，劝他看医生。医生看完说了一句话："你这不是病，是脏！"遂让人端来脸盆，用澡豆洗了，果然恢复如初。王安石数月不洗一次澡，偶尔洗一次还闹笑话。有人见他去了澡堂，想出他的洋相，把他脱下的衣服藏了起来。王安石洗完出来穿上衣服就走，压根儿不知道自己穿的是别人的衣服。夫人看他整日伏案工作太辛苦，悄悄为他物色了一个小妾，半夜三更推进他的卧室。这个已婚熟男愣是不解风情，三言两语就把人家给打发了。这些不修边幅、不拘小节的事，在某些人看来是优点。但苏洵不这么认为，他觉得王安石虚伪做作，故弄玄虚，还专门写了篇《辨奸论》进行抨击。老先生认为王安石吃鱼食穿脏衣服全是装，目的是获得别人对他的另类评价。他觉得如果这种奸恶狡诈者得势，必然会给国家带来危害。这种出位的言论算得上是人身攻击了，如果搁现在肯定要打官司。但王安石知道后不解释不反驳不追究不生气。这是他的一贯作风：从不在小事上耗时间。

生活中的王安石清心寡欲，十足低能，精神上却激情万丈，精力无限。他古怪，不近人情，同时光明磊落，没有不良恶习，从未因私事或人格瑕疵与人结怨。同僚们虽然不喜欢他，但对王安石的人格、精神品性都持高度赞赏态度。他没有私心，看事远，看事准。吕希哲的祖父和父亲都当过朝廷官员，典型官宦家庭。吕希哲与当时大名鼎鼎的程颐程颢都是好朋友，与王安石关系也不错。他对王安石吐露心声："我要进官场锻炼锻炼，干几年后再专职做学问。"王安石了解这个朋友，生性淡泊，对物质名利看得很轻。这种人即使当了官儿，在变幻莫测的官场也混不明白。因此真心实意地劝他："人当尽其长，适者用事，不适者避之。"你不要当官，直接去做学问就好。很可惜，智慧超前的王安石在改革这件事的人事安排上，却得了高度近视，看不清围绕在他身边的那些人的真面目，由此犯下了改革中最致命的错误：用人不当，导致改革危机四伏。

6

组建团队

改革方案公布后，朝中老臣反应平淡。改革不是个人奋斗，它需要众人鼎力协助。王安石迫切地需要德才兼备、有责任有担当、敢闯敢干的改革人才！可所有老朋友都远离他，他不可能在暗夜里高举火把孤军前进。指令已经发出，车轮已经启动，他的性格不允许自己退缩。孤立无援中，一些新人带来了阵阵春风。他们主动靠近王安石，支持他鼓励他全心全意地拥护他。虽然支持率超高，但这些人没有一个是真正拥护改革。这些小字辈儿没有经受过生活磨难，没体味过人际冷暖，没有道德耻感，有的只是急功近利、升官发财的美梦和谁得势就巴结谁的手段。他们认定改革就是利益博弈。王安石是皇帝的红人儿，高级跳板，只要靠近他，好处无限。

王安石看到的则是大家的热情，是高高举起的拥护手臂，是强劲爆棚的热情呐喊！至于这些人的人品对改革的作用和影响，他顾不了那么多。眼下要紧的是把大合唱搞起来，唱起来。

王安石连最基本的考察都没有做，就饥不择食地把吕惠卿、章惇、曾布、蔡卞、吕嘉问、蔡京、李定、邓绾这些人全部收入门下。

这些人为人都比简历复杂，处事皆是利益至上。

蔡京：王安石提拔的蔡京位列奸臣之首。他靠变法打开局面后，大肆敛财。宋徽宗执政时他依然拥护新法，但他的目的不在法而在人。他把司马光、文彦博、吕公著以及苏轼、苏辙、秦观等123名北宋这时期的仁人志士都打成"元祐奸党"，为的就是自己能够在朝廷一手遮天，以便更好地利用变法发财。

吕惠卿：博学善辩，城府深沉，为人圆滑，先后任真州推官、集贤院校勘、崇政殿说书等职。王安石在常州任职时就与他相识，并相见恨晚，引为知己。在变革中，"事无大小，安石必与惠卿谋之"，是王安石变法的得力助手。

谢景温：仁宗皇祐元年高中进士，后通判汝、莫二州。他的妹妹嫁给了王安石的三弟王安礼后，常借探妹之机，与王安石套近乎，由此进入王安石的变法班底。

曾布：曾任宣州司户参军、集贤院校理等职。他的哥哥是唐宋八大家之一的曾巩。曾巩和王安石是好朋友，曾布因此得以进入王安石门下。

李定：出任同判太常寺之职。性情狡诈，心理阴暗。曾因隐瞒老母亡故、未回乡守孝一事遭司马光、苏轼等人弹劾，被朝廷降职留用。为报这一箭之仇，他走进王安石门下，成为变法的积极分子。

邓绾：大才子，曾经"举进士，为礼部第一"。原为宁州通判，为了达到快速升官的目的，他对王安石曲意奉承，极力吹捧变法，于是王安石将他从宁州调至京城，出任同知谏院侍御史。此人能力平庸，但很会附庸风雅，献媚取宠。同在北京混的同乡骂他无耻，他回应："笑骂从汝，好官我自为之。"

舒亶：原为浙江临海县县尉。虽有政绩，但年轻气盛，急于功利，因擅自手刃犯人自劾弃官。后极力拥护变法，被王安石调进京城，授为审官西院主簿，后任监察御史里行之职。

这些年轻人激情澎湃，人生阅历和为官经验都很少，虽然还没有沾染官场恶习，但盲目热情下强烈的升官激情和种种发财谋利的私心杂念都是改革路上致命的绊脚石。就是这样一批人，成了王安石变法的骨干。

7

变法实施

一切都已到位。王安石领着他的团队开始了轰轰烈烈的改革。

公元 1069 年 7 月，均输法颁布

京师每年需要的大量物资由发运使命令各地把物资运到京城，但常因意外情况导致采购的货物跌价，朝廷不得不再次采购。这时发运使和各路官员就会趁机加大税收，商人趁机抬价，给百姓带来了很大负担。新法赋予发运使更大的权力，总管各路税赋收入，掌握各路物资状况，调剂使用各路资金，"徙贵就贱，用近易远"。均输法就是把过去的地方供奉变成中央采购。主要是将商人把持的"轻重敛散之权"归于政府，减轻农民负担。新法中，王安石还专门拨出 500 万贯钱和 300 万石米作为采购周转经费使用。

9 月青苗法

青苗法就是把过去为备荒而建立的常平仓、广惠仓的粮食作为本钱，在青黄不接的时候贷给农民，称为青苗钱，每年可贷两次。等夏秋粮食成熟，农民偿还时需加利息 20%。这是政府代替富人向农民发放抵押贷款，本意是减少高利贷对农民的剥削，政府也能增加利息收入。实施青苗法后，政府大大获利。公元 1073 年，政府得到青苗利息达 292 万贯。

10 月免役法

北宋中期，小地主和农民为官府服劳役，常致耕地抛荒，倾家荡产。"害农之弊，无甚（过）差役之法。"新法改无偿劳役为有偿雇役。钱怎么出呢？原来应该服役而现在免役的人，按每户财产状况分成等级，分别交纳不同的免役钱。原来不需要服役的官家、寺庙也按财产情况分别出一半钱，称为助役钱。各州县雇劳役的资金总额经计算后，摊派到各户征收。这个办法也使政府收入大增。公元 1076 年，政府收入役钱一千多万贯，雇役支出 640 万贯，剩余近 400 万贯。

公元 1070 年 12 月，实施保甲法

保甲法规定十家为一小保，设保长。十小保为一大保，设大保长。十大保为一都保，设都保长。一家有两个男丁以上的抽一人为保丁，农闲要参加训练维护治安。同保内有犯法者，知情不报要连坐。发现外来者来不举报也要受惩罚。保甲法主要是为压制农民起义，后来归属兵部操作。

公元 1071 年 2 月颁布科举新法

以诗赋考取进士，以默写和解释经文考取明经，在王安石看来是"败坏人才"。新法废除明经科考试，以前学习明经的一律改考进士。进士考试取消诗赋，考试内容改为经义大意和时政对策相结合。

公元 1072 年 3 月颁布市易法

北宋商业发达，富商一手操纵行会和物价，严重损害平民利益。市易法就是依靠行政力量，"借官钱为本，稍笼商贾之利"。主要是在京城设立市易司，朝廷拨 100 万贯做本钱，平价购买滞销商品，市场缺货时出售，商品价格统一由市易司划定。商人向市易司抵押财产，即可以 20% 的年息赊购市易司仓库里的商品到各地出售。这等于是政府把自己变成了商店、银行和物流中心，垄断经营，把民间利益合法地抢到自己口袋里。结果京城人怨沸腾，说市易司"尽收天下之货，自作经营"。也难怪，市易司的经营范围无所不包，连水果、芝麻都垄断买卖，政府变成最大投机商的恶果很快就显现出来："卖梳朴，梳朴贵；卖芝麻，芝麻贵。" 市易司卖什么什么就贵。市易司为了完成利润指标，大量囤积紧俏商品和畅销货，肆意渔利。后来改革派内讧，揭发出市易司"贱买贵卖""挟官府而为兼并之事""多多收息以干赏"等实情。到公元 1076 年，市易司光收取息钱和市例钱就达 133 万贯。1077 年，收息钱和市例钱 153 万贯，相当于全国两年夏秋两税总收入的 30% 左右，高得吓人。

北宋经济并没有依靠科技创新来促进提升，却通过这种政府垄断的手段来增加国库收入，倒霉的自然是百姓。市易法带来了日后严重而持久的负面效应。

公元 1072 年 5 月实行保马法

政府为加强国防储备对付边境骚扰，设立畜马监号召民间代养马匹。只要养马，政府或给马或给钱自购，养马户可以享受减税、补助待遇。如果马出现意外，养殖户要赔偿。

公元 1074 年颁行将兵法

针对禁军频繁轮调以及将领和士兵互相不认识的弊端，政府重新划分军区，要求将领和指挥常驻军中，裁减年龄 50 岁以上的老兵，归兵军营，全国共设 92 将。京师附近设 37 将抵御辽，西北设 42 将对付西夏，还有 13 将对付国内叛乱。兵多的设正将、副将，兵少的只设单将。这项改革扭转了北宋军事体制的弊端。

8

成效与危机

当这些极具冲击力的新法深入到各个领域，迅即掀起波澜。经过一段时间的运作，改革取得了明显成效：北宋财政收支一举扭亏为盈。朝廷物资急剧增加，不得不新建 52 座仓库以应急。熙宁年间，各地兴修水利设施一万多处，灌溉农田三十六万多亩。军事上，为了斩断西夏"右臂"，公元 1072 年到 1073 年，王安石力挺王韶率领军队，在甘肃、青海一带攻击吐蕃，获取了两千里的土地。

王安石变法以"富国强兵"为目标，将新法实行了近 15 年时间，基本上收到了预期效果，使豪强兼并和高利贷活动受到限制，使中、上级官员、皇室减少了特权，乡村百姓减轻了部分差役和赋税负担。这是好的现象。在这些繁荣背后，一股股来自民间的暗流正风起云涌，撕扯并吞噬着改革成果。

王安石任鄞县父母官时，曾在辖区开展试点推行青苗法：农民在每年夏秋两收前，可到当地官府借贷现钱或粮食，一等户每次可借 15 贯，末等户 1 贯。当年借款随春秋两税归还，每期取利息 2 分。北宋时期民间高利贷非常猖獗，搞得许多人倾家荡产。正是这种情况让王安石推出了青苗法。为禁止官府强行摊派贷款，王安石特地加上了"禁抑配"这一条款。他想得过于美好，毕竟发贷者不是天使，不是慈善家。虽然写上了"禁抑配"，但没有人监督谁会在乎？那些经手的地方官滥用职权，随意加息。把原本倾向农民利益的低息贷款变成了官府垄断的高利贷。他们强行放贷，利息一提再提，层层下达指标。农民贷不起，就将贷款摊派给富人，弄得地主们哭爹骂娘。贷了款等于套上了无形枷锁，还没种上地就背上了债务。丰年好说，灾年就成了沉重的负担。地主们被迫贷的款要拿积蓄偿还。那些地方官派人到各家各户催要贷款本息，有钱拿钱，没钱拉粮，没钱没粮就将人押入大牢。地主们还好说，百姓本来就穷，为了还债不得不卖家产，卖完家产卖儿女。弄得妻离子散，十室九空。青苗法让农民变成了乞丐，地主变成了农民，他们都比原来更穷了。

其他新法的情形也差不多。

北宋市场的商品没有统一价格，全凭商贩们自己做主。富户奸商看到有利可图便趁机囤货牟取暴利。"市易司"的初衷是物价低时增价收购，物价高时减价出售。坏就坏在它由朝廷直接控制，动用国家力量来平抑物价。原来商人一文钱买进二文钱卖出，"市易司"则一文钱买进一文半卖出。赢利虽不多，但足以充盈国库。这样一来，"市易司"就变成了天下最大的官企，而且是垄断，焉能不出现与民争利和贪污问题？

均输法也就是政府集中采购。古人说，安居乐业之道在于农尽力，工用巧，商贾行流通。均输法完全压抑了商人的交流贸易，时间一长，正常的贸易就变成了一潭死水。工商业者面对层层关税，道道关卡，纷纷黄摊儿倒闭；保甲法推行时，为了逃避供养军队的高额赋税与被抽去当兵的双重威胁，民间自残事件层出不穷：自断手臂、自断大腿……变残后就可以逃过一劫；免役法未实行之前，百姓的生活勉强过得去。免役法实行后，挑水、理发、茶贩这样的小买卖全都要交税（免役钱），不交税就不许经营。税务官向商贩收税，税额比本钱还高，很多商人以死相争。

9

遭遇抵制

衡量改革是否成功在于是否促进了国家发展，提高了生产力，改善了百姓生活。王安石变法是在北宋政治经济情况极端恶化、积贫积弱的局面下推动的。这些新法的指向都是国家赢利，百姓遭殃。它们有一个共同特点，国家出政策后再搞垄断，输赢都一家说了算。都不是靠发展壮大来获利，而是单纯依靠加税，把"敛财"的真正着眼点落在国家身上，是富国而不是富民。官员们用法把商人、地主、权贵、农民的钱全划拉到国库里。国家富了，北宋王朝积贫积弱的局势被扭转，军事力量也有所增强，各级官吏的腰包也鼓了起来。但地主们被榨干，王公大贾怨声载道，百姓们生活窘迫。贵族们的经济特权和既得利益被损害，焉能甘心？他们联名向神宗递奏章文书，攻击变法。

政权内部的曹太后、高太后和几乎所有德高望重的老臣韩琦、司马光、苏轼、欧阳修、富弼、文彦博等人全都对改革大加抨击。这些实力派们认为新政违反祖制，对改革团队中的那帮势利之徒更是口诛笔伐。司马光坚决主张废除新法，范纯仁建议某些法采取先试点后推行的办法。苏轼则直言不讳地批评："差役、免役，各有利害。"在内政亟待改进的形势下，王安石对西夏挑衅又频繁用兵，结果作战失利导致辽乘机略地，加上久旱成灾，饥民流离失所，守旧派遂以天怒人怨为借口，轮番攻击新政。所有这一切相互发力，使宋神宗大为动摇。加上新法本身不完善，引发了扰民、损民的后果，弄得各阶层人心大乱。北宋官场积弊太深，出发点向好的新法在执行过程中被贪官们弄得面目全非，变成执行者任意勒索的工具。王安石却誓将倔强进行到底，对这一切全然无视，听不进任何意见，致使变法走向了全民抵抗的境地。各阶层空前团结，寻找着一切力量，对王安石进行打击报复！

10

暗杀

王安石的方田均税法打碎了地主的好日子。河南大地主马志纠集一帮豪强疯狂抵制，他们非法占地 7 万亩，纵容家丁横征暴敛，草菅人命，阻碍变法。他这么狂妄是因为他有一个当官的儿子。其子马浩勋是拱卫京师的中央禁军副都指挥使。王安石请示皇帝后，快刀斩乱麻，杀了马志，撤了他儿子马浩勋的禁军副都指挥使职务，一举打掉了捣蛋团伙。由此河南变法才打开局面，也拉开了王安石被暗杀的大幕。

马浩勋为了报仇，秘密勾结长期驻扎汴京、刺探宋情报的辽间谍头目——大客商耶律素帖，企图刺杀王安石。辽很支持这件事，因为不看好王安石变法，害怕北宋国力增强对自己不利。马浩勋和耶律素帖反复研究后，拿出了三套方案：一、茶中投毒：他们重金收买王安石的贴身侍女蔡妍，计划秘密把毒药"黑龙骨粉"掺进王安石常喝的毛尖中，由于蔡妍没把握好药量而夭折。第二套方案：变法之前，朝廷正三品大员出行全是仪仗队开道。变法之后，王安石带头轻车简从。这为制造车祸提供了可乘之机。刺客分别安排了两次车祸，死伤数十人。开封府顺藤摸瓜，查到了耶律素帖头上，耶律素帖赔钱了事。第三套方案：利用遗孤赵福刺杀王安石。赵福的义父是苏轼，他们利用苏轼反对变法来挑唆赵福替父出气。年轻气盛的赵福身带 20 把浸过剧毒的飞刀，藏在送菜的马车中进入王府，计划在内应帮助下，伺机刺杀王安石。自从变法后，王安石经历了许多莫名其妙的祸事，他一一上奏神宗。神宗令人立即查办，结果发现耶律素帖的客栈有重大嫌疑。北宋军队布下天罗地网。

赵福被抓后，供出了耶律素帖和马浩勋。马浩勋被抓，耶律素帖在辽商队的掩护下逃回辽地。受刑不过的赵福又把苏轼牵扯了出来。后来发生在苏轼身上的"乌台诗案"就和这件事大有关系。当时北宋高层并不相信苏轼能干出勾结辽使，刺杀朝廷重臣的事。但这件事给了王安石团队一个趁机铲除政敌的提醒。他们从苏轼的旧诗作中精心挑选，断章取义，炮制了"乌台诗案"，把苏轼踢出中枢，流放到湖北黄冈任团练副使。这是后话。

耶律素帖终究没有好下场。公元 1072 年 1 月 2 日夜，辽刑部尚书耶律素帖和家人在都城上京夜市欣赏花灯，不知从哪儿飞出的三支毒箭结束了他 49 岁的生命。

11

四面楚歌

公元 1072 年又发生一件大事：东明县一千多农民集体进京上告，跑到王安石家门口叫骂闹事。

也怪了，自从新法颁行之后，各地气候不断出现异常。京东、河北突然刮起大风；陕西华山崩裂；华北、淮南一带连续十数月干旱。有人说这是上天对人间的警告。有柔弱气质的神宗听到这些传闻忧心忡忡，对新法愈加怀疑。偏偏这时候，一个叫郑侠的基层官员出现了，他直接将皇帝的犹豫变成了决断。郑侠画了幅《流民图》秘密呈送神宗。画面中，一班悍吏抽打着发抖啼哭、嚼草根、身带枷锁的垂死民众。郑侠在奏疏中写道："微臣在城门上，天天看见为变法所苦的平民百姓扶携塞道，质妻鬻子，斩桑拆屋，横死街头，实在是忍无可忍，因此恳请皇上罢废害民之法，延百姓垂死之命。"末了，郑侠赌咒发誓：如果废除新法之后十日内不下雨，请将臣斩首于宣德门外，以正欺君之罪。郑侠曾得到过王安石的提拔。不能埋怨他忘恩负义，因工作之便，郑侠每天都要面对成批的百姓在自己眼皮底下死去，这种刺激不是心理强大就可以克服的。

此时怨恨之大，如乡下一农妇大早起来喂猪，把热气腾腾的猪食倒进槽子后冲猪大吼："王安石，快起来吃，吃饱了滚去睡！"

除了写文章人身攻击，还有人上刀子。

吕海说王安石"外示朴野，中藏巧诈，骄蹇慢上，阴贼害物"，还说他"倾危老臣，欲速相位"。范纯仁指责王安石是"以五霸富国强兵之术"诱惑宋神宗。有个叫杨绘的官员从王安石的诗文中断章取义，攻击王安石有觊觎皇帝宝座的野心，要求皇帝"详其文而防其志"。太皇太后更是利用身份对皇帝施压，要求罢免王安石。就连那些曾经支持变法的"王家班"，也全都落井下石，一窝蜂地搞内讧。四面八方的箭雨射向王安石，大有置其死地的态势。种种流言、附和、阻挠终于使神宗大受刺激，他相信这一切都是变法惹的祸。这时的神宗正是壮志凌云敢想敢干，也是立场不稳容易动摇的年龄。当周围的人齐刷刷地反对，当上天频频降下灾难，这位年轻皇帝越过王安石，没有任何前奏地下令暂罢青苗、免役、方田、保甲等法令。

恩格斯曾评论达·芬奇：在人们还沉浸在梦乡的时候，达·芬奇已经醒了。王安石就是类似达·芬奇一样的人物。他醒得太早，准确预见了社会的走向和发展。这个世界从来都容不下一个异类。太超前，与人群格格不入，注定要受排斥。王安石欲哭无泪。皇帝态度突然大变，所有同僚都反对，连支持者也唱反调。只有他自己高举着火把，在无人的暗夜里举步维艰。也怪了，在神宗宣布暂罢多项新法当天，久旱的天空像得到圣旨似的，竟哗啦啦下起瓢泼大雨，所有人都发出狂欢！王安石看到这一切，无限悲凉！自己成了国家公敌，四面楚歌，朝廷已经没有位置，留恋只徒增屈辱，王安石上书辞职。

公元 1074 年，王安石第一次罢相，第二次到江宁任知府。

12

朝中乱象

王安石离开前，曾力荐吕惠卿任参知政事以继续推行变法。王安石是真诚无私的。他希望自己不在的日子里，吕惠卿这个老朋友能够扛起改革的大旗，继续他们未竟的事业。

吕惠卿才华横溢，有非凡的政治能力，无论舌头功夫、才思反应、常识能力都堪称一流。王安石比他年长 11 岁，他们的关系亦师亦友。王安石将他视为自己的心腹，朝中之事无论巨细都和他商量："事无大小必谋之，凡所建请章奏皆其笔。"苏辙曾说过：王安石对吕惠卿"有卵翼之恩，有父师之义"。

因为王安石的原因，吕惠卿也深得神宗帝嘉许。因此他在变法集团中身兼数职，是变法阵营中的二号人物。可惜王安石被这个人身上的优秀和作秀蒙蔽了，根本看不清这个"知己"的道德底色和人品真容。吕惠卿很有城府，表面上对王安石言听计从，内心里却处心积虑想整垮王安石，以取代其位置。正如史书评价："惠卿既叛安石，凡可以害王氏者无不为。"仕入官场，每升一级，人情味便减少一分。

吕惠卿出任参知政事后，马上现出原形，他把几个弟弟调入中央安排在显赫职位，接着又在自己人中开始了一系列大动作：内斗。内斗的工具就是变法。曾布上奏请求皇帝废除市易法，被吕惠卿弹劾调离京城。为了敛财，他用低价强行购买农民上千顷良田，利用权势收贿卖官。又通过保长、大保长发放青苗钱，召集保户赴县训练，一户也不放过，上下都受骚扰，不得平安生活，因此导致河北路民户流亡迁移。他又和弟弟吕和卿创行手实法。规定凡是民间田亩物宅，资货畜产，一律据实估价，一寸土地、一尺屋椽都检算无遗。鸡狗猪羊，都要如数抄记，然后酌量抽税。如有隐匿者重重处罚，讦告者则大大有赏。这样苛刻算计的法度一出，百姓更是苦不堪言。先前那个给皇帝送《流民图》的郑侠，看见这种种乱象又坐不住了。他写了一篇文章，把唐朝宰相魏徵、姚崇、宋璟称为正直君子；将李林甫、卢杞等，划为奸邪小人；又把冯京比做君子，吕惠卿比做小人。然后将这篇借古论今，历数小人危害的文章呈献神宗。吕惠卿知道后气急败坏，立刻跳出来攻击郑侠和冯京。郑侠被贬往英州，冯京被罢去参政远赴亳州。

吕惠卿是机会主义者。不管谁，只要对他有妨碍，一律清除。他害怕王安石卷土重来，不顾恩师的提携之情，不停在神宗面前挑拨是非。他揭发宗室赵世居谋反，以此嫁祸陷害王安石。还感觉力度不够，又攻击王安石的亲人，罗列了许多王安石弟弟王安国的所谓罪行秘奏神宗。王安国被罢职回乡，吕惠卿又反对加封王安石的儿子王雱为龙图阁直学士。朝中大臣韩绛看到种种乱象，深感朝廷即将崩溃，于是密奏神宗请再用王安石为相。

公元 1075 年 2 月，距王安石罢相仅 10 个月，神宗下诏复用王安石为同平章事。进京路上，王安石百感交集，梦想此次回京能够重振变法事业。他马不停蹄，仅用七天就抵达京城。

13

王雱的悲剧

虽然父亲复职，但王安石唯一的儿子王雱年轻气盛，想起父亲一手提拔的吕惠卿竟然对父亲恩将仇报，气不打一处来。他决定替爹报仇。御史中丞邓绾一向见风使舵，想借此机会好好地讨好一下王安石。

公元 1076 年，王雱带病上朝，背着王安石给吕惠卿罗织罪名，欲"以其人之道还治其人之身"。并指示邓绾弹劾吕惠卿在华亭县置田产、收租、贪污的事。在邓绾、王雱、蔡承禧弹劾下，皇帝焦头烂额。这时又节外生枝。吕惠卿得知王雱在背后整自己，放出了最狠毒的大招儿：将当年与王安石来往的私信全部上交皇帝，直接将王安石推向深渊。从前王安石与吕惠卿是知己，无话不谈。所以王安石从来不避讳，书信来往期间，习惯性地在信的结尾处写上"不要让皇上知道"字样。虽然宋朝不搞文字狱，但这样的文字要认真追究起来，足以判个欺君之罪。吕惠卿就是想激怒皇上让王安石倒霉。

六年前，吕惠卿还只是一个名不见经传的小官，是王安石的力荐提拔他才当上副宰相。王安石哪里会料到他升官后翻脸如此之快，竟用昔日书信欲将自己置于死地。幸运的是神宗还算大度，没有对王安石治罪，但对王安石的信任已经大打折扣，对他的态度逐渐变得冷淡起来。"意颇厌之，事多不从。"王安石深感儿子此事做得过火，对他大发脾气。意气用事的王雱没料到事情会弄得这么被动，他根本不知道吕惠卿手中藏有书信。面对父亲的指责他悔恨交加，致使病情急剧恶化，遍请医生后回天无力，年仅三十三岁就遽然去世。王安石中年丧子，哭得死去活来。刚回朝一年多的王安石面对这一切，忽然间觉得万箭穿心，寒意阵阵。改革改革，自己心怀天下，一心为公，可让改革闹得居然连儿子都没了，自己也弄得众叛亲离，身心俱疲，太没意思了。这一切都是为了什么？一连串的打击让王安石变得心灰意懒：儿子死了，力保自己的皇帝再次变心。

虽然神宗帝一气之下将吕惠卿贬出京城到陈州任知州。但王安石的心拔凉拔凉，他第一次对熟悉的官场生出了畏惧。

14

归隐

公元 1076 年 10 月，王安石再次申请辞职。神宗帝早没了先前的惺惺相惜，也不挽留，立即批准。改任他为镇南军节度使、同平章事、判江宁府。

二次罢相后，55 岁的王安石第三次出判江宁府事，这次他只是挂着虚衔，没有到江宁府办公，并于第二年辞去了江宁府长官一职。

世事沧桑，王安石决心换个活法儿。他在江宁府城东郊、钟山脚下，买下一个叫白塘的地方。然后雇人开渠排水，垫土植树，盖了几间简陋房子。"所居之地，四无人家。其宅舍仅蔽风雨，又不设垣墙，望之若逆旅之舍。有劝筑垣墙，辄不答。"如此萧索清寂，显示出王安石坚定的隐退之心。他将住宅命名为"半山园"，并自号"半山"。他改掉了一切当官时养成的习惯，褪去官服，清洗心情：或养鱼饲鸟，或骑着毛驴，带着老仆人，漫山遍野地抒发自己的郁闷。"亲朋会合少，时序感伤多。胜践聊为乐，清谈可当歌。"江山易改，本性难移。改了外在改不掉内心。王安石依然保持着强烈的个性：出游时从不坐人力轿子，认为那是"以人代畜"。和年轻时一样，他穿得邋里邋遢，不修边幅。常年的风吹日晒，把这位曾叱咤一时风光无限的改革家变成了一个普普通通的山野村夫。

年轻时王安石就喜欢高僧，与钟山赞元禅师的交情很深。当上宰相后，赞元为避攀附权贵嫌疑，主动疏远王安石。如今王安石辞官归隐，两人和好如初，终日在一起谈经论道。有时候，王安石步行到赞元禅师的定林寺，与赞元面对面坐半天，相对默默，无语心通。然后静静起身，悄悄离去。

王安石在寺院里有间书斋，不出游时就在书斋里读书、写作，接待来访者。在这里，他留下了很多诗歌名篇："朔风积夜雪，明发洲渚净。开门望钟山，松石皓相映。""北山输绿涨横陂，直堑回塘滟滟时。细数落花因坐久，缓寻芳草得归迟。"虽然隐退山野，他并未萎靡消沉，还是像以前一样喜欢安静、喜欢读书，尤其喜欢万木葱茏的春季。他感觉敏锐、思路灵活，对自然有着天然的亲近。"木末北山烟苒苒，草根南涧水泠泠。缲成白雪桑重绿，割尽黄云稻正青。"

王安石把儿子王雱的祠堂建在钟山宝公塔内。一次扫墓后，想起与儿子的过往，心绪难平，生出为儿子"置办功德"的心愿，于是将朝廷赐予的田产全部捐给寺院。

公元1084年，王安石得了一场大病。病愈后，他仿佛豁然洞悉人生，毅然将整个"半山园"捐给寺院。然后在淮河边租了一个小独院，在这里，他常常反思自己的官场生涯。为自己当年的尖锐个性悔恨，为自己用人不察而叹息。假如当时能平心静气地坐下来，听听各方的不同意见，也许事情不会弄得这样糟。

公元1086年，司马光重新拜相、全面主持朝政。他上任不久即宣布废除新法。听到这个消息，王安石大受刺激。当他获知重新执行的市易法、方田均税法、保甲法被废时还强作镇定。等得知免役法也要被废除，并且照变法以前的旧样复行差役法时，王安石再也克制不住，失声痛哭。至此他陷入了重度抑郁，经常用手敲床，高声叹息，常写"福建子"（吕惠卿出生在福建）三字打发心情，写着写着就仰天长叹："吕惠卿误我。"这个名字像催命符一样，彻底击垮了王安石的斗志。

15

陨落

王安石的改革之所以遭到全体人民反对：一是操之过急；二是新法本身不周全；三是用人不当。古来变法最重要就四个字"理财、用人"。理财为了富国强兵，用人则关系到财务流向。王安石是激情万丈的改革设计者，却不是缜密理性的执行者。在最重要的用人上他就输得很惨。新法最初是集团内部成员的敛财工具，后又成为蔡京、高俅、童贯、王黼、朱勔、李彦等的揽财工具。巧取豪夺导致天下民不聊生，全国各地连续数年旱、涝、蝗灾轮番上演。当这些问题出现，内讧达到了沸点。王安石与吕惠卿、谢景温等人相互推脱责任，互相指责非难，造成反目成仇，水火不容，钩心斗角，尔虞我诈。终致朝局大乱，社稷震动。

一个正常团队里的人员构成中不应该有人渣，王安石的团队里除了他自己，剩下的基本都是这种人。这就注定了土崩瓦解的结局。名臣们反对王安石变法，很大程度是因为变法人员人品太差。吕惠卿、章惇、曾布、蔡卞、吕嘉问、蔡京、李定、邓绾、薛向这些人中有的在当时就被视为小人。当改革渐衰,这些人全都声名狼藉,绝大部分被列进了官修正史《宋史》的奸臣传中。

王安石变法虽多次遭到保守派攻击,但压垮变法阵营的最后一根稻草却是他们自己。从王安石个人角度来讲,太执着并不是优点。当时的社会环境并不能承载如此过激、过猛的大动作。而王安石偏偏在错误时间把执着变成了负重和伤害。加上他刚愎自用,不通世故,对众多好友的提醒视而不见。出了问题后,不对新法加以改进,也不整顿吏治,而是打击上书大臣,压制舆论,赚足了狷狭少容的评价。他对保守派采取了异常激烈的手段,常以辞职要挟皇帝加以处置。导致他的靠山韩维、荐主文彦博、欧阳修,他原来的上司富弼、韩琦,老朋友范缜、司马光等当时重臣全被赶出朝廷。这些老臣和贪赃枉法、利禄熏心的腐败官僚不同,他们担心的是天下大乱。这些精英被贬加重了王安石的一意孤行。从此再也没有干扰!王安石在我行我素的道路上越走越远,彻底破坏了政治融洽与"君子政治"的传统,报复也就难免。

王安石表现出了一个倔强者所能表达的最激烈态度:不畏天和祖宗、不畏百姓、不畏王法。人最可贵的不是勇往直前,而是有所敬畏。只有心有畏惧才会三思。孔子曰君子有三畏:"畏天命,畏大人,畏圣人之言。"就连一言九鼎的皇帝,内心也畏惧谏官之口和史官之笔!像王安石这样无所畏惧的人还有什么可怕的?人一旦如此就会失去底线,失去理性。正是王安石倡导的无所顾忌的精神,让他的团队得到了精神暗示,找到了"光明正大"贪污受贿的理由。互相攻击,栽赃陷害,把好端端的改革弄成了祸国殃民的暴政!

公元 1086 年,王安石去世,这个强人的时代结束了。

王安石曾掌控朝中百官的荣辱升迁,但他从未谋取任何私利;他没有私敌,结怨者皆源自变法。连后世厌恶他的批评者都承认王安石是真正的君子。为了改革遭暗杀,被天下人骂,两度罢相,家庭不幸,一心为公锐意改革却结局如此凄惨,那么,率真为人者又将如何?

第七章

生命的最高境界是真诚

1

与王安石初次交锋

史评司马光一生只干了两件事：反对王安石变法和写《资治通鉴》。

作为北宋朝德高望重的大臣，史书中那么赫赫有名的名字，他的生涯真的无功而谈？他的履历真就如此简单？事实上，司马光作为响当当的国家重臣，真的没有任何可以炫耀的政绩。

在举步维艰时，他及时转身，用一部巨著弥补了空白，终至人生圆满，实至名归，对得起后世对他的纷纷礼赞。

司马光出生于河南省光山县，父亲司马池做过四品官员，担任过北宋朝廷中的天章阁待制等要职。司马池很注重家庭教育，经常告诫儿子大丈夫要光明磊落，敢作敢当，不做亏心事。有一次家里吃核桃，司马光力气太小砸不开，小朋友热心地帮他把核桃一个个砸好。为了得到父亲表扬，他对父亲撒谎说核桃是自己砸的。司马池当场揭穿儿子，劈头盖脸大骂一通。这件事对司马光刺激很大，直接奠定了他的性格。长大后他再也没有说过假话，真诚做人，真心做事，包括后来进入官场也是真面目示人。正是这种一生践行的坦荡，造成了他和好朋友王安石一辈子都无法弥补的裂痕。也因此，他取得了另一种成就。

公元 1067 年，宋神宗将江宁知府王安石调到中央任翰林学士，这时司马光也担任翰林学士。两个都是智慧人物，都是知识分子中的佼佼者，都是靠自己的优异成绩考进官场的实力派。二人思想高深，同在朝廷为官，彼此身价相当，年龄相仿，自然成了无话不谈的好朋友。

这年冬天，神宗率百官祭天。事毕要依礼对臣子们赏赐金帛。就在皇帝神采奕奕地挥手让臣下领赏时，财政大臣悄悄对皇帝耳语：国库没有钱。神宗一听，眼神瞬间黯淡。司马光赶紧站出来收拾场面："陛下，如今国力贫弱，我们应该团结一心过紧日子，皇上不必拘于传统礼节，依臣看，赏赐金帛一项就免掉吧。"曾公亮等大臣纷纷附和。王安石一听这话就很生气。堂堂北宋竟然如此消极被动！他雄心万丈地说："我认为国家贫弱不足以气馁，我们可以在全国各行各业推行一种全新的发展理念，通过改革抛弃那些陈规陋习，上下一心，国家必将会兴旺发达起来。"司马光一听，这不是痴人说梦吗，改革岂是一朝一夕一改就成的事？他对改革这两个字太熟悉了。他刚进官场不久，父母就相继去世。在为父母守孝的数年里，司马光遍读古今史书。他发现，改革虽好，但历朝历代的改革全都是热热闹闹开场，凄凄惨惨结束。百姓不但没受益，反而酿成许多祸乱！皆因为改革打破了原来的格局，触动了某些人的利益。如果改革的代价是造成新的动荡和贫穷，那还不如守着祖宗的老办法来得稳妥。他接着王安石的话说："先王之法不可变，像周威烈王命晋大夫魏斯等为诸侯，是弃先王之礼，废祖宗之法。"王安石针锋相对："国家财用不足并非奢靡，而是不善理财之故，只重节流不重开源是于事无补的。只有变法国家才能繁荣昌盛。"两人各持观点激烈争吵，谁也劝不住。不久，王安石就向皇帝递交了《本朝百年无事札子》。神宗早就有改革之意，当下和王安石达成一致，于公元 1069 年，提拔王安石为副宰相，全权主持改革事宜。这个举动更加剧了司马光与王安石之间的分裂。

友谊是一件珍贵而易碎的瓷器，经不得磕磕碰碰。朋友闹翻的原因大致逃不过三条：利益、情色和政见。彼此相安时感慨英雄所见略同，闹掰了则是道不同不相为谋。

2

得到庞籍赏识

司马光 20 岁中进士时，所有新科进士都喜气洋洋兴高采烈地共赴皇家庆功宴。人人都是崭新衣服，头戴鲜花，高声欢语，唱和连连。在这样一场高规格宴会上，司马光一身旧衣袍，头上光秃秃，与那些戴花进士形成了强烈的反差。有人悄悄告诉他，戴花是朝廷礼仪，是为了表示对皇帝的尊重。司马光想了想，很不情愿地要来一朵花别在了头上。这些都被大臣庞籍看在眼里。庞籍觉得这个年轻人很有个性，不随波逐流，人云亦云，便任命司马光为通判。

后来庞籍迁知并州，为河东路经略安抚使，司马光随之改任并州通判。与此地毗邻的西夏经常搞小动作，侵占宋朝土地，但并没有闹出太大的动静。司马光居安思危，认为不能放松警惕。并州有个叫刘邕的人很关心边防问题，写了一本《边议》，建议为了杜绝西夏生异心，朝廷应与西夏断绝贸易往来，并以修建堡垒等方式加以防范。司马光读过《边议》很欣赏，觉得这个办法很不错，便一一照办。其实司马光犯了短视之病。这种断绝往来又修堡垒一味堵塞的做法，显然不利于两国休战。也是巧合，庞籍手下一个名叫郭恩的武将酒后带兵出击西夏，大败而归后自杀。朝廷御史审理此案，庞籍独自揽责，结果被解除节度使职务，贬为知青州事。常人遇到这种事都是高高挂起，避之不急。司马光觉得这事和自己脱不了干系，一定得分担。他回到京师，连上三道奏本，将事情经过和盘托出。说庞籍本意是为了巩固国防，但"过听臣言，以至于此"，并请求"独罪臣，以至典刑"。他把所有罪责都揽过来，请求对庞籍网开一面。朝廷没有理会，庞籍被下狱，后病死。

庞籍去世后，司马光主动担起了照顾恩师妻小的重担，每月都从自己的工资中抽出一部分来接济他们。

司马光为人孝顺父母、团结兄弟；为官则忠于君王、诚信待人。做事方面恭敬节俭，一派正直。他是礼制里塑造出来的标准好人，有法有度，有礼有节。他尊孔崇儒，信奉仁义礼信治国安民。主张对百姓实行仁政，加强思想道德教育。这样一个有个性有思想的人物，为什么那么坚定地反对改革呢？

3

道不同不相为谋

司马光并不是纯粹的老朽保守顽固派，也绝不是一个平庸官员。作为一个知识分子，他也希望看到通过改革国家能实现富足安定的局面。他并不反对王安石变法，只是秉承稳中求妥的理念，为王安石那种冲动冒进而担心。司马光有一个著名的住房理论："治天下譬如居室，敝则修之，非大坏则不更造也。非得良匠美材不成，今二者皆无，臣恐风雨之不庇也。"房子哪儿坏修哪儿，不到快要倒塌的地步，千万不要重新修造。因为盖房子没有好工匠和好材料，即使勉强盖了，也是豆腐渣工程。司马光的眼光是敏锐的。神宗时代，改革肯定先动富人，而富人是整个北宋的经济支柱。变法会导致富人变穷，如果他们穷了，一旦遇到内忧外患，北宋帝国急需的军用物资就没有着落，就会措手不及。纵观王安石的新法：重名轻实、重赋敛轻生产、重富国轻富民。如果不保护百姓利益，变法的危害是显而易见的。改革要循序渐进，不然会发生内乱。正是基于这样的想法，司马光才激烈地反对变法。他的主张虽然偏于保守，但实际上却是在"守常"基础上徐徐展开稳中求进的方略。

司马光在政治上的理解比王安石要深刻得多，他反对改革更多是出于担心。但反对并不影响他对王安石的评价，在为变法问题斗得死去活来之后，有人劝司马光弹劾王安石。司马光一口回绝："王安石的改革虽然冒进，但他一心为公，没有任何私利，我为什么要做不义之人？"他对王安石始终持赞赏态度："介甫文章节义，过人处甚多。"在后来的《资治通鉴》一书中，司马光说："介甫无它，唯执拗耳。"而王安石虽然痛恨司马光阻碍改革，但也无半点个人恩怨："司马君实，君子人也！"君子之交淡如水，君子之恨也那么凛然大义。两个君子的相遇带来的是山崩地裂的碰撞！王安石用排斥和坚持导致了司马光的离开，司马光用转身和离开推动了改革的正常进行。

4

决意写书

一个是豪情万丈的激进派，一个是老成持重的保守派。司马光知道王安石的倔脾气，但他没有随随便便地妥协，而是不遗余力地做着最大努力。他首先对皇帝施压，提出祖宗之法不可变的种种理由。但皇帝没理他。他又不计前嫌地给王安石写信，苦口婆心地劝他："历来变法都是出力不讨好，本朝范仲淹的'庆历新政'没几天就夭折了，你不是不知道。且不说变法会引起天下震动，人事更迭，我最不愿意看到的就是你重蹈范仲淹的覆辙，身败名裂。作为朋友，我劝你谨守祖宗之法，不要生事，不要侵官。"一连三封信都没能打动磐石一般坚硬的王安石。司马光渐渐明白变法是势在必行，因为王安石的背后站着皇帝。自己在这样的情形下，怎么可能说动皇帝改变心意呢？虽然混了多年官场，有资历有经验，可是资历和经验岂能阻挡改革者汹涌澎湃的激情？那种来势汹汹，挟裹着冲动、漏洞和空洞滚滚而至，足以淹没理智和理性，再多雄壮的发声也盖不住摇旗呐喊！司马光的苦苦相劝就像狂风里的微弱呻吟，没人在意。司马光知道，只要皇帝赞成，任何人的意见都将沦为形式！如今皇上已经拍板儿了，朝中泾渭分明地形成了改革派和保守派，改革派正春风得意热血满怀，不碰壁他们是不会回头的！他知道，自己再在朝中待下去，肯定会成为牺牲品。要么与王安石一道冲动上马，要么与保守派一道打击王安石。这两种他都不想为之。算了，就让时间给出答案吧。既然自己的意见无人采纳，也就注定仕途画上了句号，既如此，又何必在这件事上耗费时间？自己喜欢历史精通历史，何不闭门谢客著书立说？

司马光对音乐、律历、天文、术数无所不通，尤其对于史籍阅读极广，并有记笔记的习惯。26岁那一年，仅读史笔记就写了30多篇。他决心效仿陶渊明，解职回乡，回归田园，专心致志地把已经写了一部分的历史书稿续写下去。当他的辞职书交到神宗手上时，这位年轻皇帝一点也不惊讶，反而拉着司马光的手连连表示赞成，并把自己收藏的2400本珍贵图书全部送给了司马光，作为他写史的参考。

没有什么比这更好的支持了，这为司马光的写作注入了最有力的支撑。

5

与清贫寂寞为伍

有了精神力量，还需要得力助手。神宗皇帝提供了最大方便：让他在朝中馆阁挑几名年富力强学识渊博的精英学者做助手，成立书局专事编写。司马光注重实际才学，他谢绝了皇帝好意，转而在基层中寻觅。他挑中的第一个人是 35 岁的和川县县令刘恕。刘恕 13 岁时就通览汉、唐两朝典籍，18 岁中进士；第二名是长期担任州县官的刘攽，司马光挑中他时正任国子监直讲；第三名叫范祖禹，这个人虽进士出身，但比起仕途则更喜欢学者生活；第四名就是司马光的儿子司马康。这些人都是当时文史界的精英。

公元 1070 年，司马光带着之前已写了四年的书稿离开京城，抛却高位，放弃了围绕在皇帝身边俯视天下的机会，到西安任职。第二年，又到洛阳当了一个没有实权的小官儿。他买了 20 亩地，在崇德寺建了一个书局，盖了"独乐园"，从此，带着他的助手们"不惹眼，不闹腾，不勉强自己，主动做起了落后于时代的隐者，在寂静中凝视人心"。

封建社会的读书人寒窗苦读，无不是为了跻身仕途显耀门庭，泽被后世，荫及子孙。而司马光坚决果断地选择了回避和退让，在清贫寂寞中，顶着洛阳城无处不在的各种飞短流长，每天和助手们查经据典，著书立说。那个儒雅的宰相从此在田间地头的青葱萎黄、四季轮回的风霜雨雪中，把三十年光阴过成了寂寞清冷的史诗。他心静如水，专心致志地埋头于写作。时光历久，收入减少，他大房改小房，在简陋的居室下面开辟了一间小小的地下室作书房。当时寄居洛阳的朝中大臣王拱辰生活奢华，住着中堂建屋三层，最上一层称朝天阁的豪华大别墅。洛阳人戏称："王家钻天，司马入地。"这种落差不是凡人所能经受的。司马光曾经也是朝中重臣，如今却穷困潦倒，甚至穷到了连百姓都不如的地步：妻子去世后，他手无分文，只好把仅有的三顷薄田典当出去，置棺理丧，尽了丈夫的责任。想起那年元宵夜，夫人想出去看灯。司马光不想让她去："家里有灯，何必非到外面去看。"夫人说："不只看灯，也顺便看看人。"司马嗔怪道："难道我是鬼吗？"如今老妻走了，这种平凡的快乐再也不复，司马光很伤感。

虽然生活艰苦，但这位精神大儒很快振作起来，愣是在洛阳带动起了一方纯朴民风！谁能相信，为官近 40 年的高官解职后，居然穷到典地葬妻的地步？司马光的儿女居然比普通百姓家的孩子还要懂事还要俭朴！他给儿子的信中常说："穿衣无非是为了御寒，吃饭无非是为了果腹。经商做买卖的人收藏的是金银，读书人收藏的是书本。"那些为满足私欲而穷奢极欲，为保世代富贵以身试法的官员们，若能从司马光身上取一二分正气，何至于到班房养老？

6

完成巨著

如果不是亲眼所见，洛阳人真不相信司马光从峰顶到峰底的那份坦然和安贫乐道的情怀！司马光从来不迷恋钱财。宋仁宗曾赐他金钱百余万，珍宝丝绸无数，他不为所动。缺钱时对钱亦不感冒，好友刘贤良看他过得太苦，又到了花甲之年，就想用50万钱为他买个丫环照料生活。司马光婉言谢绝："吾几十年来，食不敢常有肉，衣不敢有纯帛，多穿麻葛粗布，何敢以五十万市一婢乎？"

苦日子里最容易成功！因为心无旁骛，因为两袖清风，更因为没有任何羁绊！

公元1084年，65岁的司马光终于完成巨著。他瘦得皮包骨头，双眼昏花，牙齿几乎全部掉光，形如干柴。在将书呈送宋神宗时，司马光说："臣之精力，尽于此书。"他没有虚言：虽然有数个顶尖助手，但《资治通鉴》从开始起笔到人物选取、写作角度、事例整合、删削定稿全都是司马光亲自动笔，助手们只是做些辅助性工作。正如刘恕之子刘羲仲所说："先人在书局，只类事迹。勒成长篇，其是非予夺之际，一出君实笔削。"神宗帝看到老态龙钟的司马光，感慨不已，封他为资政殿学士。

司马光"退居洛阳，专事著史15年"，前后共历时19年完成的鸿篇巨制共294卷，上起周威烈王二十三年，下迄周世宗显德六年，记载了1362年的历史。光原稿就堆了两大间房子。因为有好朋友相助，又得皇帝资助，故名曰《资治通鉴》。在这部巨著中，司马光不谈改革，而着重写政治、军事。他说："鉴于往事，有资以治道。"虽远离官场却心系天下，不事君王忧君王，写书就是为皇帝服务。司马光衷心希望君王们能把这部书当成为君修德的镜子，希望通过自己对历史的总结，皇帝能从中吸取前代盛衰兴亡的经验教训，更好地服务百姓，把国家带向繁荣富强。

以冷静的视角默默关注，以沉思的方式悄悄爱国，这是一个士大夫的终极情怀！从进入官员到离开官场，从来都没有变过！就像他的为人：真诚坦荡，始终如一！

7

令人崇敬的君子

公元 1085 年，神宗皇帝去世。年仅 8 岁的太子赵煦继位，即宋哲宗。由高太皇太后垂帘听政。新班子人马开始启用旧臣，恢复原有制度。召年已 66 岁的司马光入京主政，次年任尚书左仆射、兼门下侍郎。司马光自始至终都反对变法，从来都没有变。他执政后数月，便罢黜新党，尽废新法，史称"元祐更化"。

此时司马光已是垂暮之年，身体很差。这是十数年编修《资治通鉴》积劳成疾造成的。他在《进资治通鉴表》中对皇帝说："臣今筋骨癯瘁，目视昏近，齿牙无几，神识衰耗，目前所谓，旋踵而忘。"如此身体状况怎能驾驭繁琐的朝中事务？执政一年半，司马光即与世长辞。消息传出，"京师之民，罢市往吊，鬻衣以致奠，巷哭以过车者，盖以千万数"。灵柩送往夏县时，送葬之民，"哭公甚哀，如哭其私亲，四方来会葬者，盖数万人"。至于画像祭奠的，"天下皆是，家家挂像，饭食必祝"。许多百姓家里都撤了财神，转供司马光像。一时间涌现出无数画师因专门画司马光像而迅速致富。

当一个人的精神照亮了世人心灵，他就上升到了大师的境界。人生自古谁无死？能以一死撼动人心者，古今几人？

司马光是有缺陷的，盲目崇尚对皇帝服从，以之为第一态度。他说过："官吏的升降选拔不在于能力和资历，应该出自君王不言而喻的默定。"司马光还有一个特点，崇古制而非今。动辄周礼、古制，把周公、孔子当成不可逾越的巅峰。但所有这些都不妨碍司马光高尚的人格。那么强烈地反对改革，却选择自动离开，需要多么大的勇气？要知道，他离开的是优越生活、尊贵地位、世人的尊重和锦绣前途！这些都是某些人苦苦追求为之疯狂为之奋斗的终极目标。他却毅然决然地挥手说再见，没有一丝犹豫和留恋！也许官员司马光是失败的，但史学家司马光却是成功的！他很明智，当在天时地利人和上都不再占据制高点，转身才是最好的选择！他用真诚为自己谋得了后世尊敬！

同样用真诚立世的还有一位，他就是千古文豪苏东坡！

1

父亲的担忧

智慧分几种：有机警内敛的防御智慧；有分寸有度、把握主动的谋事智慧；也有淡泊清雅、豁达宽容的修为智慧。有宋一代，智慧的天空星光熠熠，论人品修养和做人境界，苏东坡是最让人念念不忘的一位。他把平凡过成了传奇，在艰苦卓绝中吟出生命华章！

"吾上可陪玉皇大帝，下可陪屠夫乞儿，眼前见天下无一个不是好人。"这是苏东坡对弟弟苏辙说的话。言为心声，苏东坡是一个天真博爱、超脱达观而无心机的学者、官员。尤其是无心机这一点，他的父亲苏洵早就有深刻体会。

公元 1036 年，四川眉州的苏家诞生了一个胖小子，父亲苏洵喜滋滋地抱起婴儿举过头顶。忽然，他看见婴儿后背有一颗黑亮的大痣，苏洵兴奋地对妻子说："这绝对是一颗好痣！它位于后背正中，犹如太空星斗，预示着才华横溢，这孩子日后必定会成为国家栋梁。"说得妻子也跟着笑起来。苏洵又仔细地端详着婴儿的脸庞，只见婴儿天庭饱满，鼻如悬胆，一双大眼睛清澈而又明亮。但看着孩子的脸部轮廓，苏洵的眼神顷刻变得凝重起来。妻子捕捉到了丈夫脸上的变化，急问怎么回事？许久，苏洵才回过神来："从这孩子的长相来看，他性格豪爽，锋芒毕露，不善于世故变通之道，恐怕日后会遭人口舌攻击。"

苏洵的第六感是准确的，这个男孩儿长大后果然才情了得：文名满天下，书法杰出，画艺精湛，同时还通晓医术。虽然一身才艺，但仕途之路沟沟坎坎，总是受排挤走下坡路，一生不是在被贬之地，就是在去往被贬之地的路上。虽然屡受打击，他却不肯吸取教训，而是一次次在同样的问题上跌倒，不肯变通妥协，从没有因为不公的待遇而改变自己的处世方式。直至终老，始终保持着说真话的习惯，即使处境最艰难时也没有改变。

做父母的都希望给孩子一个最好的未来。哪怕再没能力，也要使最大的劲给孩子创造一个最好的成长环境。苏洵的教育是成功的。两个儿子，一个不拘小节，肚里装不住事，遇到不平时一吐为快，最易得罪人；另一个沉静内敛，遇事三缄其口，从来都是默默在心里想对策。苏洵最怕老大将来在性格上吃亏。于是根据车的构造，为老大取名为苏轼，为老二取名为苏辙。别小看这两个字，它们大有来头。"轼"是乘车人当作扶手的横木。和车轮、车辐、车盖、车轴相比，这个"轼"似乎是个装饰。苏洵说：苏轼啊，要懂得装饰和掩盖的好处，希望你能察言观色，对人不要过于坦诚，要掩饰真心，遇事不要冲动。

而"辙"是指车轮压出的痕迹。马车行走都遵循前车的印迹，这是马车的功劳。虽然车辙无功，但一旦车翻马亡，车辙也不会受到牵连。苏洵说，苏辙啊，如果你能甘心做一道车辙，虽然不能大富大贵，但也可以免于灾祸。这是告诫老二做事尽可以放开，不要有顾虑。光起名字还不够，苏洵还专门为两个儿子写了一篇《名二子说》，对二人的性格加以分析，指出缺点提出希望。日常生活中对两个儿子也格外用心，督促学业，培养性格总是有轻有重，区别对待。可性格大部分是与生俱来的，很难改变。苏轼虽不善变通，但他一点也不木讷，而是天性聪敏，感悟细腻而深沉，对人情世故很早就有深刻认识。11 岁时，苏轼偶尔在自家粮仓附近发现一只老鼠，有感而发，写了一篇《黠鼠赋》。从世态人情引出高深哲理，分析透彻，理性中肯。那境界，理应是年过半百阅尽世事的人才参悟得透的。既然苏轼对世事洞若观火，为什么为官一生始终处在官场边缘，被三番五次无情贬谪呢？他为什么不随波逐流，让自己的官场生涯活色生香，却揣着明白犯糊涂呢？如果能稍微地放松一点原则，以苏轼的才情，前途锦绣辉煌是轻而易举的事。但自始至终，苏轼都按照自己心灵指引的方向，按照自己的原则和底线，光明磊落地活着。这使他的生涯充满了艰辛和曲折。

2

不左不右的理性派

苏轼是以才华征服主考官的。公元 1057 年，22 岁的苏轼应试中制科考试。文章题目是《刑赏忠厚之至论》，主考官欧阳修看了之后，超赞。但欧阳修这人有老夫子做派，做人清清楚楚，做官明明白白，不愿让人家说三道四，偏偏又是个自我崇拜。他总觉得把文章写出如此气势者，除了自己的弟子曾巩外别无他人。他爱惜自己羽毛，怕落下任人唯亲的名声，于是大笔一挥，把苏轼判了个第二名。苏轼就这样成了他老人家保护清誉的替罪羊，屈居大理评事、陕西凤翔府判官，相当于知府助理。四年后，苏轼被调任判登闻鼓院，在国家图书馆任职。这时老爹苏洵病逝，苏轼还乡守孝。三年后再还朝，一切已物是人非。

公元 1069 年对北宋是个特殊年份，这一年，王安石在宋神宗的支持下，自上而下开始在全国推行新法。这标志着北宋即将步入一个崭新的阶段，是好是坏谁也说不准。

人痛改前非叫洗心革面，国家重新整合则叫改天换地。在这样重大的变革面前，一个参与者最重要的反应就是需要有一个立场。在这样的时刻，没有立场就意味着没有同道，没有同道就没有出路。司马光德高望重，观点持重沉稳：他觉得老祖宗留下的一切经过多年实践用起来得心应手，同时安全可靠。因此他坚决不同意搞什么改革，很多元老级大臣都跟着做保守派，认为祖宗之法不可变，改革是大逆不道。苏轼的老师和朋友全都一边倒地站在司马光这边。这就和皇帝唱反调了。因为变法是皇帝支持的，你反对王安石就是反对新法，反对新法就是反对皇帝。反对王安石还不至于丢盔弃甲，反对皇帝的后果就很严重了。皇帝一怒，这些人贬的贬，走的走，全部被迫离京。朝局失去了一派祥和，变得扑朔迷离。

重返官场的苏轼看到这种情况，理应头脑清醒看清时局，做出对自己"有利"

的选择。但他既不支持改革派，也不支持保守派，而是自成一派：理性派。

3

坚持己见

作为改革发起人，王安石迫切需要同僚们的支持。同级别同时代的人都对他的改革嗤之以鼻，唯有那些初出茅庐、一心想升官发财的小字辈们对王安石趋之若鹜。王安石把这些人全部网罗到门下，进行翻天覆地的改革。旁观者苏轼看得很清楚：帝国腐朽没落，官员多，军人多，伸手要钱的人多，财政入不敷出，国家迫切需要打破旧框框，来一场轰轰烈烈的变动，让经济在探索中复苏，让繁荣在重整中再现！可是改革千头万绪，只能在社会大环境不出问题的情况下投石问路小心前行。苏轼对改革有好感，多年地方官经历让他了解百姓生活，如果通过改革能让他们过上好日子当然是好事。但新法实施后，百姓的生活非但没有好转反而是更加艰难。苏轼清醒地认识到：改革需要小步稳走，急不得，快不得。因此他建议皇帝特殊政策不要"求治太速，所言太广，进人太锐"。而王安石甫一亮相就要唱高歌、飙高音！结果无论谁都跟不上节拍。苏轼亲眼所见，王安石连续推出几项改革措施后，百姓吃不饱、穿不暖，轻则卖房卖地，重则卖儿卖女。治安也开始混乱，小偷横行，盗匪猖獗，出现了乱世才会出现的种种景象。这和苏轼心里预测的结果是一致的：改革过急阻碍经济发展，不利于社会安定。尤其是废科举一项，简直是对人才的无情打压。苏轼认为：选拔人才在于了解人才，而了解人才在于考察人才。他上书神宗，申明自己对改革的看法，理性地分析了现实环境，认为不论哪项改革，步子都要放缓。让苏轼没想到的是，这个观点居然得到了神宗的认同。这让司马光误认为苏轼是保守派，是和自己站在同一战壕的亲密战友。于是跑到苏轼处，建议大家联合起来，共同讨伐王安石。苏轼笑笑："王安石改革是救国救民，为公不为私，虽然有不少弊端，但也有很多值得称道的地方，而你死守'祖宗之法不可变'的信条，我看比王安石的新法更加祸国殃民。"这话一出口，气得司马光胡子都翘了起来。

4

《谢表》惹祸

苏轼上书得到皇帝肯定后，斗志昂扬。他觉得这个年轻皇帝虽然有点激进，但相对来讲还是比较冷静的。于是苏轼又相继写下了《上神宗皇帝书》《再上皇帝书》，对新法进行全面分析和深刻批评。改革派们正准备大干一场，哪里容得半路杀出程咬金？他们得知苏轼此举后，使出手段，展开了残酷报复。作为新派成员，谢景温身上透着冷冷的杀气。他诬陷苏轼利用官船贩卖私盐。这个罪名可谓不轻。古代盐胜黄金，那是由国家垄断的直属行业，私自贩卖一律死刑。虽然贩盐查无实据，但这件事闹得沸沸扬扬，朝廷待不下去了，苏轼上书请求外放，朝廷让他到杭州做通判。三年后辗转密州、徐州，公元1079 年，又迁往湖州。

就在他被贬外地，远离主流时，朝廷内讧正如火如荼地上演着。王安石新党成员吕惠卿、李定、舒亶等为争夺名利，互相揭发，栽赃陷害，乱成一团。宋神宗一怒之下，将王安石谪守江宁，吕惠卿左迁陈州。"制置三司条例司"下属的曾布、章惇、邓绾、吕嘉问等官员皆被贬出京城。同时罢新法，停新政，并撤销"制置三司条例司"。其实朝廷再怎么闹也不关苏轼的事，你好好待着，闲下来时写写诗弹弹曲万事无忧。在得知王安石被挤对下课后，苏轼的正直是又发作了，他非常气愤。眼里容不得沙子，肚里装不住事儿，他到底没能忍住大嘴的冲动，借写《谢表》肆意抒情："知其愚不适时，难以追陪新进；察其老不生事，或能牧养小民。"变法派官员御史中丞李定因母亲死了没回去守孝曾被苏轼骂得有皮没毛，这小子接到这份《谢表》喜笑颜开："苍天大地，观世音菩萨，你苏轼终于掉到我手里啦！"李定怕自己势单力薄，分量太轻，便伙同监察御史何正臣、舒亶、国子博士李宜之等人先后四次上书，从苏东坡的诗集和《谢表》中断章取义，然后忽悠皇帝："陛下您听听，'知其愚不适时，难以追陪新进；察其老不生事，或能牧养小民'，这什么意思？纯粹是发泄自己对职位不满，根本就是不将皇上您放在眼里。"唯恐证据不足，他们又拿数年前苏轼的干儿子赵福刺杀王安石那件事添油加醋地说事儿。

这些人的目标就是升官发财，只要能达到目的，可以突破任何底线。只要妨碍自己，坚决清理。他们知道苏轼是实力派，轻易扳不倒，为防他东山再起，就用这最卑鄙最狠毒的一招：诬陷苏轼讽刺新法，以"文字毁谤君相"为名一心想让他死。宋神宗在冷静的时候很英明，但一经忽悠就激动，一激动血压就高，一高就犯错：这个苏轼太狂妄了，他是文坛领袖，竟敢带头儿讽刺朝廷？如果此风蔓延还不乱了套了？当即派人去湖州捉拿苏轼。

5

一梦解安危

公元 1079 年，苏轼刚由徐州改任湖州太守还不到两个月，当时正坐在公堂办公。毫无征兆的，忽然就被御史皇甫遵手下两个士卒像抓小鸡一样逮到城外船上，一路押送汴京，受牵连者达数十人。

苏轼知道自己又惹祸了。被贬来贬去，他已经具备了超凡的适应能力，总能把异地当故乡。每到一个新地方，都政绩显赫，深得民心。虽然只在湖州待了两个月，但他的亲民、向民、为民早已得到了当地百姓认可。得知苏轼在任上被捕，成千上万的百姓自发聚集街头，夹道相送，百姓真心舍不得这样的好官遭难。没权力、没金钱，百姓有的只是满腔满怀的真情谊。长长的队伍神色凄然，默默垂泪，阴郁的天空凄风苦雨。看着黑压压的人群，苏轼百感交集，似乎悟懂了一点北宋官场黑暗：为上说话飞黄腾达；为下说话原地不动；为利益说话左右逢源；为真理说话打击连连。可自己只是为事实说话，为何频频遭遇不公？天空没有答案，士卒不给解释，这个一向乐观的人，在近 20 天的路程中一路苦着脸，沉默寡言。苏轼在被押解回京后立即被投入开封乌台监狱。这就是宋朝最轰动的文字狱：乌台诗案。

一切恍若梦境！昨天还在办公，今已是阶下之囚。苏轼被当成死刑犯对待，在狱中受尽折磨，严刑逼供，肆意侮辱。一位与他相邻的狱友写道："遥怜北户吴兴守，诟辱通宵不忍闻。"而且每天都要提审，每次提审的内容都一样：逼他说出写诗的缘由和词句中典故的出处。身体上的折磨可以忍，精神上的摧残让苏轼不堪其扰。苏轼情知自己这次结果不妙。他和每天都来送饭的弟弟苏辙有一个秘密约定：送鱼表示安全，送肉意味着大限已到。苏辙有一天临时有事安排别人送饭，忘了交代，结果那人误送了肉。苏轼一看，自知一切无力回天。他给皇帝和弟弟分别写下了诀别诗："圣主如天万物春，小臣愚暗自亡身。百年未满先偿债，千口无归更累人。是处青山可藏骨，他

生活在两宋

年夜雨独伤神。与君今世为兄弟，又结来生未了因。"

李定安插的卧底的任务之一就是随时捕捉苏轼的思想——只要他一写"反诗"，就忽悠皇帝处死苏轼。卧底马上把苏轼的诗交给了皇帝。苏辙知道后悲痛难抑，不能让大哥这样不明不白地死了，拼死也要挽救大哥。苏辙天天往皇宫跑，奏请神宗，并学汉代"缇萦救父"，表示愿意除去一切官职为兄赎罪。神宗大怒，将他的官职降到最低。苏辙并不在意，仍四处奔走，花钱打点。终于，朝中官员范镇、张方平、王安石和弟弟王安礼等被这份真挚的手足之情感动，联合出面上书皇帝，为苏轼求情。就连太皇太后也站出来，要求皇帝放了苏东坡！神宗不想违背太祖"不杀重臣、不杀士大夫"的祖训，采取了一个折中办法，免除苏轼死罪，贬谪黄州。

这固然是弟弟和同僚的努力，但如果苏轼没有豪放豁达的性格，光靠狱外那些人的奔波，事情绝不会陡然出现360度转机。最主要的原因还在于苏轼自己，他靠着蒙头大睡将自己从死亡路上拉了回来。

当时朝中围绕对苏轼的处置分成两派，一派力保，一派判死。援救的人都力求皇帝免苏轼死罪，但御史一派坚持要处他以极刑。争论不休的两派让神宗犹豫不决，于是决定玩天意：派心腹小太监到狱中去探听虚实，看看苏轼是不是心中有鬼，是不是真的诽谤皇帝，攻击朝廷。这天，苏轼一大早就被提审，天黑才回到牢房。他疲惫不堪，饭也不吃倒头就要睡，忽然牢房走进一个短衣打扮的年轻人。那人也不说话，把包裹一放直接躺了下去。牢里时常有进进出出的犯人，苏轼懒得理会，没一会儿便鼾声如雷。天亮时，年轻人爬起来推了推苏轼，说了声"恭喜学士"就走了。皇帝从来都是任性的。他听完小太监汇报，觉得苏轼素人一个，要不然怎会没心没肺地倒头就睡？于是决定赦免他。

如果没有这倒头一觉，苏轼此次吉凶难料。120天大牢，炼狱般的经历，传奇式的获救，经历如此磨难，苏轼会不会吸取教训，管住自己的嘴巴，不那么冲动任性毫无顾忌地说真话呢？

6

黄州点滴

苏轼被贬到黄州做了一名团练副使。

公元 1080 年，苏轼和长子苏迈在御史押解下离开京师。苦于天遥地远，一路多艰，苏轼用家妓春娘跟朋友换了一匹马。"只为山行多险阻，故将红粉换追风。"春娘觉得这是对自己的侮辱，撞向老树自杀身亡。苏轼悔恨不已，这更增加了心里的愁闷。就这样凄凄惨惨，直走了一个月才到达黄州。

黄州位于长江边上，即今天的湖北黄冈，是个穷苦小镇。无房可居，苏轼住到了定惠寺，与僧人起居一处。所有悲伤都在《卜算子》中完整释放："缺月挂疏桐，漏断人初静。谁见幽人独往来，缥缈孤鸿影。惊起却回头，有恨无人省。拣尽寒枝不肯栖，寂寞沙洲冷。"

世界不肮脏，哪来的悲伤？苏轼为这个没有原则乱象横生的官场悲哀，为自己的命运感叹。好在 4 个月之后，家人的到来给苏轼带来了一丝安慰。这时苏东坡 45 岁，家庭中处于上有老下有小的艰难期，事业上却是年富力强极有上升空间的阶段。可团练副使这个职位仅仅相当于民间自卫队副队长，没权力，"不得签署公事，不得擅离安置所"。不仅没事儿干，也没有固定的办公场所，并且人身不得自由，受当地官员监视，如有异常即报与朝廷。

种种束缚并没有让苏轼自甘沉没，他天生就是做事的官员。黄州一带百姓有溺婴恶习，苏东坡看在眼里，急在心上。因戴罪之身没权力行使职权，他干脆组织社会力量救婴，并带头捐款。在他的倡导下，溺婴现象有了很大改观。苏轼忘我地投入救婴活动，可自身生活捉襟见肘。仅有的微薄俸禄连一家人的温饱都解决不了。靠着积蓄，苏轼精打细算。每月月初取出四千五百个大钱，分成三十份，每份一百五十个，挂在屋梁，早上取下一份就是一天的开销。好在黄州物价极其低廉。一斗米才二十文钱，羊肉、牛肉甚至獐、鹿及各种海鲜也很便宜，尤其是猪肉更是贱如粪土。苏轼天性好动，喜欢呼朋唤友，亲自下厨烹饪下酒菜。苏轼有一种独特本领，能从最不起眼的事务中发掘出生活的美好。比如烹饪，他觉得猪肉是好东西，于是就像做学问一样细细研究猪肉，然后开发出一套独特吃法。朋友品尝后无不交口称赞，苏轼得意地写了一首诗："黄州好猪肉，价钱如泥土。富者不肯吃，贫者不解煮。慢著火，少著水，火候足时它自美。每日起来打一碗，饱得自家君莫管。"

生活在两宋

这种"深自闭塞，扁舟草履，放浪山水，与渔樵杂处"的生活让苏轼的心渐渐回暖。

7

苦中作乐

黄州通判马正卿是苏轼的老朋友。他见一向大大咧咧的苏轼过得如此窘迫，吃个猪肉都能高兴半天。那种自得其乐很让他感慨，便上书黄州太守徐君猷，请求将此地闲置的 50 亩荒地拨给苏轼，以改善其生活。徐太守仰慕苏轼人品，欣然答应。那块地以前曾驻扎过军队，遍布石块瓦砾，土质很差，根本不适宜耕种。苏轼在老朋友的帮助下，带着家人大干：清理碎石，填置新土，然后在低处种上稻麦，高处则栽了果树。这时候的苏轼，完全从满腹诗书的学者变成了地地道道的老农，他以野人、乡下人自居。

乡下人识人简单，只要不奸不滑不耍心眼儿都是好人。他们见这位从京城来的官员不但没有官架子，还亲自荷锄种地，整天乐呵呵的，对他很有好感。因为苏轼耕种的那块地处在山顶东坡上，乡民便称苏轼为"东坡居士"。苏轼又在东坡搭建了草房，起名"东坡雪堂"。这些变化为苏轼带来了新的向往，内里的达观很快就占了上风。日子虽苦，精神是愉悦而放松的。苏轼经历被贬，坐牢，起起伏伏，看尽人世，对生命有了更深的认识：地球是圆的，人是善变的。万事万物时时变化，大可不必为人生短暂、荣辱得失而悲哀，像范仲淹那样"不以物喜，不以己悲"是最好的态度。既然身体来到了黄州，何必让脑子停留在昔日的繁华？让肉体和脑子一起复位才是正道。想通了，苏轼开始调剂自己的生活：玩山玩水，舞文弄墨，活着就要想得开、玩得嗨！加上文化人特有的人文素养，很快，黄州就成了苏轼精神飞跃的平台：十几年宦海沉浮，曲折百回，苏轼的思想境界发生了深刻变化，对人生豁然大悟，都是浮云！辉煌落魄不足惜，人真正的富有是情感富有！只有情感的快乐才是最终快乐！有亲人有知音，有酒友有笔友，还有什么好悲伤？宽阔的眼界和心胸全部汇聚在苏轼笔下，形成了其气象万千、大气磅礴的文字风格！他的文学修养日臻完美，这个黄州的芝麻小官儿渐渐成长为一代精神大儒！许多不朽作品：《念奴娇、赤壁怀古》、前后《赤壁赋》《石钟山记》，以及学术研究著作《易传》《论语说》、赠弟辙、悼亡妻诗等，都在这时期集中产出。同时代的人都远远地落在他身后，成为他忠实的粉丝和拥趸。"大江东去，浪淘尽，千古风流人物……"如果没有生活的磨砺和感受，写不出这样苍凉雄浑的诗句；如果没有相对稳定清苦的生活，也就没有这种饱满沉厚的激情。乌台诗案九死一生，黄州成就了苏轼，造就了苏轼，也提升了苏轼。谁说祸无益处呢？

在这种田园诗词的生活中，苏轼常去访师问友。

黄州对岸即是武昌。苏轼划着小船过江去四川人王生家做客。王生杀鸡买鱼，淘米打酒，殷勤款待。他也经常去找在樊口经营小酒店的潘生，二人自酿村酒，其乐无穷。苏轼很随和，和谁都能交朋友，酒店老板、大夫、农民、艺人。有时呼朋引类七八人同访赤壁，探石钟山。想曹孟德酾酒临江、横槊赋诗的壮举，赏江上清风明月之永恒，"相与枕藉乎舟中，不知东方之既白"。只有苏轼才能将如此穷困落魄的日子过得如神如仙。他写信给好友李端叔："得罪以来，深自闭塞，扁舟草履，放浪山水间，与樵渔杂处，往往为醉人所推骂，辄自喜渐不为人识。平生亲友，无一字见及，有书与之亦不答，自幸庶几免矣。"浪迹山水与山民同乐，苏轼把酒言欢，乐得自由。4 年过去了，苏轼喜欢上了黄州这个地方，虽穷山恶水，但民风淳朴；虽无高官贵友往来，但心情却是前所未有的自由欢畅。种地游玩、读书创作，哪一样都至情至性！无论最初怎样沮丧，苏轼都有办法把荒凉之地变成精神天堂！

8

主动要求外调

黄州苦，但苏轼心里甜，不过甜很短暂。

苏轼注定了是一个行者。公元 1084 年，苏轼又接到朝廷诏告，让他赴汝州就任。一家人收拾了简单的行李匆匆上路。因为路途遥远，缺吃少穿，小儿子不幸生病夭折。悲痛欲绝的苏轼上书朝廷请求到常州居住，获得批准后正准备动身。忽闻神宗驾崩，10 岁的哲宗即位，反对变法的高太后垂帘听政。高太后一上任，立即废除新党，启用旧党，并下令将因变法遭贬的人全部召回。苏轼以礼部郎中身份被召还朝廷。

那时辽经常侵犯北宋。两方有心修好，辽派使臣到宋访问，苏东坡负责接待。辽使臣久闻苏轼大名，就出了个"三光日月星"的对联儿难为他。苏轼张口一句"四诗风雅颂"，让高太后在辽使者面前赚足面子。于是一年内将苏轼从起居舍人升到中书舍人，不久又升翰林学士知制诰。命运就这样大起大落。歹运时跌至谷底，鸿运时疯狂高升。虽然一路走运，但苏轼早已宠辱不惊，只是敢说敢做的性格还是一如既往。

公元 1086 年，司马光任宰相后开始废除新法。回京一年多，苏轼发现，实施了十几年的新政也并不是一无是处，有些变法已经取得了不俗成果。尤其看到"免役法" 功在当代利在千秋时，就劝司马光：新法中无效的可以废除，有利的要保留。不知道苏轼是怎么想的，经历了那么多坎坷，历尽万难终于复官回京，好好地与家人享受天伦之乐多好？何苦总蹚这浑水？他提出这个意见后再次激怒了司马光。司马光搞不明白苏轼究竟哪根筋中了邪，既不支持改革也不倾向不改革，却宣称什么改革有利有弊，要去其糟粕留其精华，这叫什么逻辑？要么是要么否，中立态度算怎么回事？真是个十足的异类！就算你不讨好，装聋作哑闭嘴总可以吧，可他只想做真实的自己。在那样一个斗争激烈的时代，说真话注定是要付出代价的。以前只是改革派不喜欢他，这下倒好，新派旧派都烦他，同时把他视为敌人，极力排挤。连在学术上，程颐程颢洛党也不待见他。苏轼很痛苦，他何尝不想选一个既定答案正常工作和生活？可那样就违了良知，违了事实，成了谎言家。苏轼曾感慨万端说："雷同众人，人云亦云，内愧本心，上负明主。若不改其操，知无不言，则仇怨交攻，不死即废。"明知山有虎，偏向虎山行。坚持正义就要承受痛楚，这就是现实！一次次被贬被打击，苏轼仍把改革当自己的事。衣带渐宽终不悔，为伊消得人憔悴！他在朝廷开始变得寸步难行，没办法，只能上书要求外任。高太后爱惜他，以龙图阁学士的身份批准他出任杭州，苏轼再一次回到阔别十六年的杭州当太守。

9

在杭州

"水光潋滟晴方好，山色空蒙雨亦奇。欲把西湖比西子，淡妆浓抹总相宜。"西湖的妩媚已深深地刻在脑海里。可是再见，它却似病入膏肓的老妪，再没有昔日的风采。高高的葑草密布丛生，淹没了堤岸，使湖面更小了，浑浊的湖水失去了柔情。如果任由西湖荒废，杭州城的饮用水源和工业都会大受影响。苏轼大为忧虑，早在公元1071年，他就想重修西湖，可是刚开工就被调离，匆忙间只治理了"六井"，给市民提供了安全可靠的饮用水。那时他37岁，在西湖任通判。54岁再次回西湖，这次他一上任就向朝廷请求要全面改造西湖。得到同意后，苏轼到处筹措资金，然后征用士兵及20万民夫，除葑田、疏湖港、去杂草、清淤泥。修整后的西湖可蓄水灌田，挖出来的泥沙则堆筑成长堤，渐渐成为名扬天下的"苏堤春晓"。西湖又恢复了昔日风采。欧阳修曾这样描写杭州的富庶："邑屋华丽，盖十万余家。"苏东坡在杭州为官两任，两次整治西湖，造福百姓。百姓的回报很直接：把西湖长堤称为"苏堤"。

苏轼喜欢杭州，喜欢这里的一山一水，更喜欢吃猪肉。他将五花肉切成大块，用葱姜垫锅底，加上酒、糖、酱油，加点水在文火上慢焖。"净洗铛，少著水，柴头罨烟焰不起。待他自熟莫催他，火候足时他自美。"这就是他在黄州时就无数次烧制过的美味，不过那时还是练手阶段，远没有今日手艺精炼。杭州百姓非常喜欢和感谢这位豁达乐观的平民官员，知道他喜欢吃猪肉就拼命送。苏东坡觉得应该同疏浚西湖的民工共享，就叫家人用他发明的烹调方法烧制，然后连酒一起，按照民工花名册分送到每家每户。家人在烧制时，把"连酒一起送"领会成"连酒一起烧"，结果烧出来的肉更加香酥。人们干脆叫它"东坡肉"。

苏轼在杭州过得很开心，可惜身不由己，公元1091年他被召回朝。不久又因为政见不合被调往颍州任知州，第二年又调往扬州任知州，第三年任定州知州。第四年，好大喜功听信谗言的哲宗任用章惇、吕惠卿之流为相。这些人和苏轼誓不两立，他们以"讥刺先朝"的罪名怂恿皇帝将他再次贬往广州。走到半路，又被贬为惠州宁远军节度副使。这就是苏轼的官场生涯！不断地从一个被贬之地赶往另一个被贬之地。

在落魄生涯中，苏轼始终用"极高明而道中庸"的方式来对待生活，从不屑用谋略主宰自己。他的世界只有善，只有真，只有纯。他总是乐观感性地待在人群中说真话办实事。无数次舟车劳顿，越走越豁达！这样的高洁品质与周边世界是格格不入的，苏轼一生承担了过多的冤屈和不公。但他始终不违心，这使他在受到无尽的打击的同时，也得到了广泛爱戴。

岳飞说："欲将心事付瑶琴，知音少，弦断有谁听？"岳飞只是追问，苏轼却是转移。在喝酒中，他从不忘把下酒菜搞得更丰富些，这就比岳飞的境界更进了一步！经历打击依然热爱！不抱怨，不气馁，适应、融入是他应对被贬生活的态度。在惠州期间，他建东新、西新二桥，倡导建水碓，推广秧马，呈请改革税赋缴纳办法，并把皇帝赏赐的黄金拿出来疏浚惠州西湖并修长堤。他教农民种田，并把黄州的秧马技术推广到惠州。

苏轼带领全家开辟了一块荒地，工作之余荷锄劳作，怡然作乐。他写了一首《纵笔》诗："白发萧散满霜风，小阁藤床寄病容。报道先生春睡美，道人轻打五更钟。"那时虽然交通落后，通信欠发达，但诗文作为最流行的精神消遣，传播速度却非常快。本是有感而发的抒情小诗，传到京城后又惹出祸端。朝廷那些人一看，苏轼在惠州生活得不错吗，那些磨刀霍霍的心又开始不安了，怂恿皇帝又将苏轼贬到琼州任别驾。

10

谢幕

在宋朝，最重的处罚是满门抄斩，第二重的处罚就是放逐琼州。琼州就是现在的海南岛，当时是蛮荒之地，瘴气四生，人烟稀少，是专门流放犯人的地方。公元1097年，62岁的苏轼来到琼州，他已做好了老死此地的准备。

没想到，琼州的山山水水热烈接纳了他。苏轼无与伦比才华、亲民大气的行事作风、达观阳刚的为人基调，给海南岛带去了一股清新之风。在儋州，虽然"食无肉，病无药，居无堂，出无友，冬无炭，夏无寒泉"，苏轼仍自编教材办教育，培养了海南第一个进士符确。"琼州人文之盛，实自苏公启之。"

苏轼把儋州认作故乡，"我本儋耳氏，寄生西蜀州"。他在这个荒蛮之地办学堂，兴学风，许多人不远千里追至儋州，师从苏轼。宋代100多年间，海南从没有人进士及第。因为苏轼的到来，普通百姓姜唐佐就举乡贡。苏轼兴奋地题诗："沧海何曾断地脉，珠崖从此破天荒。" 苏轼是儋州文化的开拓者、领路人。他兴修水利，架桥凿井，赈灾施药，儋州人也记下了他的好：东坡村、东坡井、东坡田、东坡路、东坡桥、东坡帽，到处都有苏轼的足迹。

被贬再召回，再贬再召回。千锤百炼，百炼成金。这时候的苏轼已是参透世事的智者了。荣辱浮沉，辉煌落魄，在他眼里都成浮云。生命仅有一次，为这仅有的一次生命，为什么不活得漂漂亮亮呢？人生本来就是不公平的，千手观音有很多手，而女神维纳斯却是断臂，但这并不妨碍她们成为众生之望！在官场，苏轼是资深配角，总是被一贬再贬。但在做人方面，他又是资深主角，受尽折磨依然热爱！被贬有什么大不了，又不是去赴死。只要一口气在，就要做快乐的人。因此他每到一个地方都能和当地百姓融在一起，领着群众抓经济，促生产，找门路，上工程。大家一起轰轰烈烈地创造和享受生活！

公元1100年，24岁的哲宗去世，宋徽宗赵佶即位。上任之初，他以笼络两党关系的面孔出现，苏轼由此被召还朝。在回京途中，苏轼的偶像地位被无限放大。这位一生坦荡纯真的人受到了百姓的热烈拥戴。每过一地，无数文人学者和百姓聚集等候，热烈欢迎，他们怀着敬仰仰望这位文化巨人，把他当成心灵知己，精神大儒，求他的签名，聆听他的声音。"敬人者，人恒敬之。"这是独属于苏轼的气场，博爱胸怀为自己赢得了博爱。

尽管已是风烛残年，再也没有多少的精力拿来笑对命运；尽管一路颠簸，走走停停，停停走走，但苏轼的心是满足的，到了这个年龄，还计较什么呢？

公元1101年，年迈的苏轼病死于北归途中。

11

真话达人

苏轼的小妾王朝云曾说他"满肚子不合时宜"。不入流，较真儿，说真话，他从来只把心灵当舞台，坦荡荡地站在上面本色出演。他在《东栏梨花》里说："梨花淡白柳深青，柳絮飞时花满城。惆怅东栏一株雪，人生看得几清明。"不是不明白、不了解，只因性太真。

苏轼一生祸福都是因改革而起。他不同意司马光等人"祖宗之法不可变"的观点，也不赞成王安石的改革步伐。他没有等级观念、派别意识，对谁都一个样儿。问题就出在这儿，既不是保守派，也不是改革派，这就注定了他在政治斗争中生存空间狭小。但苏轼在人格上生生把它变成了无穷大！

坎坷多难，从不消沉！

每个人都有意念场：若积极向上，气场就积极向上。苏轼遭贬从外部原因来说是北宋党争的产物；从他自身原因看完全是性格"作祟"。遭贬无数次，依然选择说真话。他信奉范仲淹的信奉：宁可鸣而生，决不默而死。在当时的官场，保持一己率真的个性，追求坦荡无饰的人格是相当不易的。如果太正直又没有机心，那就修炼豁达。

总倒霉，但从来都没有苟容附和。

第一次被迫离京时，友人文同曾劝他："北客若来休问事，西湖虽好莫吟诗。"他不当回事。一有不公就大谈："我本不违世，而世与我殊。"从通判杭州到湖州的九年间，针对新法弊端写下大量讽刺诗。任地方官期间，他看到新法有利民之处立刻写信给朋友，反省了自己对新法的偏见。苏辙在《东坡墓志铭》说："临事必以正，不能俯仰随俗。"就连他的政敌也不得不敬仰他的品格。

不打击不报复

苏轼从没有利用身份报复外界对他的迫害。他只会任事情自然发展，从未借用外力刻意改变。实在愤怒，他就在诗里骂："如食中有蝇，吐之乃已。"这份天真让他收获了各行各业不同层次的朋友：文学恩师欧阳修、政治盟友司马光、书画知己米芾、隐士知己陈季常、佛门密友道潜、官员手足徐君猷……他们为苏轼带来了力量，使他走在冰冷的贬谪之路上内心依然温暖。

在人性修为上，苏轼与道家的"真"如出一辙。"真"使他无所牵挂，胸怀坦荡。对政见不同者充满敬仰；对迫害他的人以诚相待；对折磨他的人则悉数原谅！但对于假道学，他毫不留情地予以揭露。表里如一，忠直无私，是保真无假的真君子。他的狂放疏朗，与程颐程颢兄弟二人的死板固执截然相反。因此遭到程氏一派的不断排挤和弹劾。

政治上不得意，学术上也不顺利。除了在诗里发泄，他还主动找乐儿宽慰自己！七月流火之季，黄庭坚接到苏轼请帖，说是请他吃"半鲁"。待乐颠颠来到苏家，门童却告知先生正在睡觉。一个时辰之后，苏轼才揉着睡眼请客人进屋。黄庭坚肚子饿得咕咕叫，直问"半鲁"在哪儿？苏轼装疯卖傻地说："已经请你吃了啊。"见黄不解，苏轼哈哈大笑："鲁字去掉一半是日，吃半鲁就是请你晒太阳啊！"黄庭坚苦笑："我还以为是上半边的鱼呢。"这样的小插曲为苏轼带来了很多好心情。每当生活陷入黑暗，他就拣拾这些片断照亮自己。除此之外，苏轼对付遭遇的办法就是做事。在徐州当太守时，黄河决口，苏东坡指挥民众奋战70多天抗洪成功。他在登州只做了5天太守却干了两件大事：免除百姓盐税；建立登州水军，巩固登州海防。正所谓"五日登州府，千年苏公祠"。

人品官德俱佳，唯一缺少的是圆滑。这种缺少对常人来说仅仅是性格缺欠而已。但这注定了苏轼不会是一个宠儿！越是超出人群越是不被人群所容！4 次被贬，贬成了史上最有胸怀的大师。从黄州、汝州、惠州、琼州到儋州，辗转 12 年。从政 40 年，有 33 年是地方官。虽做官愚笨，不通权术，但在人品上，苏轼是史上最有资格荣获豁达一哥的不二人选！

林语堂说："苏东坡过得快乐，无所畏惧，像一阵清风度过了一生。"终其一生，最好的成功不过是心安，是精神的坦荡荡和情感的独乐乐！

北宋让人独乐乐的地方很多，夜市就是一个不错的去处。

第八章

宋朝不夜城

香喷喷的大街

英国史学家汤因比说过：如果让我选择，我愿意活在中国的宋朝。因为它是中国历史上最"小资"、最精致的朝代。

最能体现这个朝代精致一面的就是宋朝的夜市。

开封地处汴河和黄河交界。自唐代就逐渐发展成舟车云集的水陆都会。北宋统治者深知开封之好，在长达168年的时间里，九代帝王一直忠心耿耿地把它当作都城。

开封是北宋的政治中心，也是最大的商业都市。自从宋太祖下令"京城夜市自三鼓以来，不得禁止"后，历代皇帝均对夜市持支持态度，使夜市这一形式在北宋得到了前所未有的发展与繁荣。

无论哪个阶层都可以在夜市中找到属于自己的一角，尽情享受：达官贵人们觥筹交错，夜夜笙歌；书生则流连欢场，吟诗听曲附庸风雅；百姓斗茶、听书、闲逛，把世俗生活填充得有声有色。

夜市浓缩了北宋帝国的富庶与文明。孟元老所著《东京梦华录》记载了开封的盛况："八荒争凑，万国咸通……车马阗拥，不可驻足。"那种繁华将人所能想象的美好一一汇聚，大有欲让时间停止的意味："夜市直至三更尽，才五更又复开张，要闹去处，通宵不绝。""冬月虽大风雪阴雨，亦有夜市。"张择端的不朽杰作《清明上河图》为东京的繁华作了最好的注解：不用看鳞次栉比的房屋、河面往来不绝的船只、道路中拥挤庞杂的车马，单单500多个身份各异的市井人物就能传递出昔日的辉煌。一书一画，为我们还原了一个立体的开封。

开封那条著名的大街叫马行街，是当时最繁华之地。这里是皇宫禁军诸班直的所在地，上流官员、富商大贾多出入其间。一到晚上，十里长街灯火通明，宛如人间天堂。吃过晚饭，沐浴清风，各色人物在夜色阑珊中倾巢出动，兴冲冲地来到瓦舍勾栏，观看由滑稽表演、歌舞和杂戏组合而成的一种综合性戏曲：杂剧。瓦舍是大型娱乐场所，又称瓦肆，按表演种类分成若干个小圈子，小圈子又称为勾栏。瓦舍里面说书、表演皮影戏、玩杂耍、相扑一应俱全，不仅有表演，也兼做商用。卖药、算卦、理发之类不一而足，热闹非凡。著名的瓦舍有八九家，可与现代大剧相相院媲美，能容纳数千人。如果饿了，不用担心，夜市上特色美食多了去了，除了当地特产，还有新疆羊肉串、北京切糕、陕西凉皮、广东云吞、天津大麻花、重庆麻辣烫、云南的过桥米线、西安的羊肉泡馍……正所谓"天上星，头顶灯，身边炉灶，四周人声，连板凳都是肥的，连人影都是香的，连风都饱了，连星都馋了"。

2

五花八门的行当

夜市消费方便，服务上乘。官员加班到深夜，卖茶的小贩会一直候到深夜。待官员大摇大摆地出来，他们便快步上前，递上凉热适中的新茶一杯，那种善解人意的关怀，令掏钱的手那么的心甘情愿！没有私车，家住得又远，官员便到夜市买匹快马做脚力。老板卖完马后，并不是急着数钱后沾沾自喜地离去，他会一直相陪直到将客人送到家门口。这种贴心服务今天看起来依然直抵人心，让消费看起来很温暖。

东京的热闹是骨子里的热闹。即使淫雨霏霏风雪交加这种鬼天气，夜市依然兴隆。穿着鲜衣华服的富家子弟，携三五个情人相好，登楼豪饮，彻夜狂欢。年轻女子翩翩起舞，音乐沸腾，传遍九霄。人们早已忘记了这是深夜还是白天。"拼将一生休，尽君一日欢。"没有动辄"念天地之悠悠，独怆然而涕下"的悲伤，也没有"葡萄美酒夜光杯，欲饮琵琶马上催"的无奈。有的只是闲适，只是享受。玩累了，到处可见流动摊贩挑着茶汤、美酒，随便付几个小钱，口干舌燥立马缓解。待浑身通透，继续赏玩。当然，也不只是满足口腹之欲的珍奇小吃大行其道。

手工时代，人们的信仰大多指望算命先生引领，这催生了占卜业的发达。一字排开的算卦摊井然有序，各人面前摆一把金纸糊成的太阿宝剑，下面招牌上书："斩天下无学同声"就可以开张纳客。算卦先生把普通大众的心理活动和追求目标研究得透彻精辟。他们一看有百姓走过便扯开嗓门高声吆喝"时运来时，买庄田，娶老婆"。挑担荷锄的人便纷纷放下家伙，摸出几个小钱窥探一下自己的未来。这些先生们精通周易，善辨六壬，名声大者，算一卦可得500钱。丰厚的利润让一条街上能集中300名算卦先生。人多难免竞争激烈，但"大仙"们蛮有职业道德，不内讧不要阴谋，不背后损人阴人。人家在专业上较劲，比技术，做特色文章。有的举一把上面画有人物、山水或是傀儡的扇子；有的哗众取宠，干脆标榜自己为"铁扫帚"，穿着一身宽宽大大的道服。一双混浊的老眼藏着世故与精明，专盯着那些最想咸鱼翻身的卖力气的苦工，因为他们是最想把自己变成别人的人。虽然苦工给钱不多，但市场潜力巨大。别以为"大仙"只会胡诌乱侃，他们也研究经商之道。

尽管择业道路很广，但手无缚鸡之力的书生一夜思量后，还是觉得当自由文人最潇洒。不上班，不用看老板脸色，闲时喝喝茶，听听曲儿。没钱了就随便卖几篇小文，弄点润笔费养家糊口。虽不至于大富大贵，但那份自在千金难买！文章内容或针砭时弊或彰显智慧或幽默搞笑。游子想念父母、妻子思念丈夫都是永恒的主题！市民可以提前预约，也可以现场出题。小本生意声情并茂，大宗买卖惊心动魄。那些高门大脸儿的商店做的都是大宗金银彩帛交易："动辄千万，骇人闻见。"

开封最繁荣的相国寺每月都举行五次万姓交易大会，各种货物无奇不有。大运河、长江、沿海航路及内陆蜀道、湖南通广州的驿道等水陆干线将开封、兴元府、成都、杭州及江河沿海城市连接起来，把北宋境内城乡各地变成了立体的商业网点。虽然当时北宋与辽、西夏处于对峙状态，但同边境及各民族的商业往来十分频繁，海外贸易也相当活跃。

宋朝的商业气氛与文化品位和谐相处。经济促进了文化繁荣，丰富的多元文化又催生了更多的新兴行业！两者水乳交融，相得益彰！让夜色的格调富裕而不粗俗，豪放而不小气，平添许多浪漫情调和高雅品位。难怪耄耋老者常常捋着白胡子，无限怀念地感叹："忆得少年多乐事，夜深灯火上樊楼。"

3

海外贸易发达

能将夜市经营得如此有序且热闹，当然和管理有关。开封夜市大致分三个层次：店铺，比如酒楼茶馆；地摊：比如日用百货、各种小吃；流动摊位：比如挑担的货郎。夜市兴隆和政府的投入分不开：市场上有专人负责治安，专人负责消防。有如此的硬投入，市民们只管"月上柳梢头，人约黄昏后"，只管体会"众里寻她千百度，蓦然回首，那人却在灯火阑珊处"的惊喜……

宋朝政府虽然对外软弱，但发展经济还是有一套的。为了增加财政收入，政府收购进口物资以满足皇室、官员的生活需要，所以把海外贸易放在头等位置。分别在广州、明州、泉州以及密州的板桥镇、秀州的华亭县设有市舶司或市舶务。指南针导航着 300 多吨的大船，威风凛凛地穿过印度洋，到达阿拉伯与非洲东岸，把数百种产品运到中国。当时亚非各国与中国通商的有五十多个国家和地区，其中重要的有朝鲜、日本、交趾、占城、真腊（柬埔寨）、蒲甘（缅甸）、勃泥（加里曼丹北部）、三佛齐（苏门答腊东南部）及大食等。

高度发展的经济催生了商品多样性，让宋朝变得开放现代、时尚前卫。那时市场上已经出现了冷饮。《东京梦华录》介绍：市面上出售的饮料有甘草冰雪凉水、雪泡豆儿水、雪泡梅花酒、雪泡缩脾饮。这些新奇的饮料显然是在绿豆汤、甘草汤等饮料中掺入冰雪水，从而起到降温、冰镇的作用。

"夜市千灯照碧云，高楼红袖客纷纷。""水门向晚茶商闹，桥市通宵酒客行。"

史上实施禁夜令最坚决的莫过于唐朝，取消禁夜令最彻底的莫过于宋朝。北宋王朝之所以能以突飞猛进的姿态，创造出比前朝后代都要巨大的财富，完全是取消禁夜令把夜晚还给百姓的结果。当权派虽人心不刚，脊梁不挺，靠纳贡送钱猥琐卑微地苟活，但统治者一改历代"重农轻末"的传统国策，代之以"工商立国"，是宋朝少有的值得点赞的地方。

那些利润稳定而获利巨大的行业：冶金、盐业、茶叶、造船、远洋贸易、造纸、瓷器几乎全被国家垄断，从而创造了"朝廷大公司"的暴利时代。商业在国家许可下蓬勃发展，大量质优价廉的商品比如丝绸、瓷器、茶叶及手工艺品通过海上运输浩浩荡荡运往国外，换来的是源源不断的真金白银。

国家有钱了，皇帝首先要把自己弄快活。

第九章

宋徽宗的错位人生

1

人生导师和玩伴

易经第四卦——蒙卦,强调了引导的重要性。人之初,懵懵懂懂,稀里糊涂,只有在师长的正确引导下才不至于走歪路。

赵佶的人生导师是王诜。

王诜是北宋第五代皇帝宋英宗的驸马爷。史料记载,王诜好读书、奢侈、好色,以穷奢极欲和放浪不羁名闻天下。史书称他"不矜细行",家中妻数位,妾8人、宅第舞女不计其数,以出入烟花柳巷为乐。

跟着这样的人能学到什么呢?

王诜爱读书,赵佶也爱读书。王诜好色,赵佶也好色。整个一王诜的翻版。赵佶如果做一个艺术家那是再恰当不过。可是命运常不按常理出牌,一个浑身艺术细胞的人携带着一副浪荡多情的性格,却偏偏当了皇帝!这是国之不幸,民之不幸,天下之大不幸!

老师如此,如果小伙伴儿好点是不是还有救?赵佶的小伙伴儿是谁呢?赵佶是准球儿迷,一踢球儿就忘了一切。他的球伴儿就是高俅。《挥麈录》描述:

赵佶身边有很多玩伴，唯独倍宠高俅，有人不满，赵佶这样回答："汝曹争如彼好脚迹邪！"你们嫉妒有什么用，有本事回去好好练球。皇帝这话简直是把治国当游戏，把玩伴儿当栋梁的节奏啊。对他来讲，治大国不是烹小鲜，而是乱炖。赵佶身边除了玩伴儿就是票友儿，整天舞榭歌台，吹拉弹唱，快乐似神仙。

这些名字能让你洞见真相：高俅、蔡京、童贯、曾布、王黼、吴敏……赵佶在位 25 年，任命 12 位宰相，个个都是资深玩儿家。

吴敏，宋史称："略无忧国之心"，置朝政于不顾，"重造金器数百件，置婢妾二三人，以共娱乐"。吴敏的为相经验是"宰相事业，如斯而已"。

王黼的特长是说"浑话，以悦上意"。这是一个出色的段子手，时时能满足皇帝那颗深不可测的色心。

蔡京是个不错的书法家，但这个书法家的专长是陪皇帝喝酒、给皇帝送美人，"以酒色困之"。

李邦彦是大才子，自号"李浪子"，人品可见。他有一句名言："赏尽天下花，踢尽天下球，做尽天下官。"

有这些宝贝儿的陪伴，赵佶过的是散仙日子，专职吃喝玩乐生孩子。

2

崇佛、建画苑

赵佶是资深玩儿家，女色、宝贝、奇景、金钱没一样不好，玩起来又任性又随便。有段时间他迷上了道教。某天，宋徽宗前往圜丘祭天，蔡京的儿子蔡攸随同前往，随行还有一百多名道士。走到半道儿，宋徽宗忽然停住脚步，神神道道地说天上有亭台楼阁，问蔡攸此地是什么地方。蔡攸大白天瞪着眼张嘴就喷："启禀陛下，这里仙气缭绕，正是神仙下凡之处。"宋徽宗当即下令在此处修建道宫，起名"迎真宫"。道士张虚白、王老志、林灵素这些人摸透了皇帝多愁善感、异想天开、一忽悠就信的特点，说他是玉皇大帝的长子转世，是天上的长天大帝君，他身边的中意臣子都是天上诸仙转世。宋徽宗听了心花怒放，一高兴就把全国的道士都封了官职，享受官员待遇，拿高工资高福利。这些人无功无德，靠吹吹拍拍就为自己赢得了地位，可见徽宗皇帝在人事任免上的随意性。不知出于什么动机，林灵素对元祐党人碑非常恭敬，见到后不由分说倒头就拜，让宋徽宗相当诧异，惊问缘由。林灵素回答："这些人都是天上的大仙，我哪敢视而不见呢？"宋徽宗一听悔恨不已："哎呀，原来他们都是有来头的，怪不得不怕整不怕死，敢说敢干。"之前他曾纵容默许蔡京把苏轼、黄庭坚等数百名知识分子全部定为元祐党人。这会儿自打自脸，把案子全面推翻，让人迅速起草诏书为这些人平反昭雪。堂堂一国之君，竟然由一些道士的信口胡说来决定国家大事，这个艺术家皇帝的举动着实随意轻率。

作为一个东北与辽接壤，西北与西夏为邻，人口过亿的大国北宋，它的养马最高纪录是 20 万，比汉唐整整差了近 20 万，而明朝则达到百万。谁主宰了武器谁就主宰了战争，谁就是强国。可赵佶心里只知吃喝玩乐，莺歌燕舞，从不抓军队建设，不配战马、搞练兵、购武器。而是醉心创立全国最大的书画院：翰林书画院。从建设到招募画家、设立规章制度的所有一切，皆亲自参与。画院的创立使宋朝的绘画艺术得到空前发展，为天下莘莘学子指明了另一条为官从政之路。从前是学而优则仕，现在是画而优则仕，如果画技出色，也能像那些文武一样平步青云，打破了以往只靠科举跻身官场的单一方式。宋徽宗还专门成立了皇家书画院和琴棋院。书画院文人一般分为士流和杂流，每年按照考核成绩晋升，一些杰出者甚至可以着六品以上官员才可穿着的绯紫和佩鱼。赵佶将画家地位提到了中国历史上的最高位置。

搞艺术的人想象力丰富，灵感像过山车一样一列列从赵佶脑中飞出。普通的深山寺庙，他能提炼出"深山藏古寺"这样的诗句作为绘画题目；某天他骑马郊游，回来后就以"踏花归来马蹄香"让学生作画。这是典型的艺术家思维，充满感性色彩，符合性情中人的特点，随意、浪漫、前卫，也很有吸引力。徽宗经常搞全国性的"中国好画家"大赛，什么"竹锁桥边卖酒家""野水无人渡，孤舟尽日横""嫩绿枝头红一点，动人春色不须多""蝴蝶梦中家万里，杜鹃枝上月三更"，这样的题目应有尽有……宋徽宗沉浸在这些美妙的意境里，如痴如醉，乐此不疲。他不知道，画坛即使繁荣得遍地开花，也不及国防一隅的坚不可摧。如此热闹的美术赛事，吸引着有一画之长的人竞相来投。大批杰出画家的涌现更助长了这位皇帝院长的得意，在他眼里，这些画家都是国宝，凭一支画笔可指点江山，纵横万里。他根本体察不到，自己正在渐渐远离安乐窝，接近深不可测的灾难漩涡。

3

绘画、簪花

有皇帝的大力倡导，北宋官方书画的收藏达到顶峰，出现了"秘府所藏充牣填溢，百倍先朝"的空前盛况。皇帝主持编纂了《宣和书谱》与《宣和画谱》，以收录名家作品。赵孟𫖯曾言："得古人真迹数行，便可名世！取乎法上，方可超凡入圣。"作为天子，宋徽宗坐拥天下最珍贵的书画真迹，把这些当成心肝宝贝。当"靖康之难"发生时，面对自己与亲人被俘，他不发一言，当得知所珍藏的字画悉数被抢，却仰天长叹，泪透眼眶！

宋徽宗在绘画领域提倡柔媚画风，这和他的性格有些像，并擅长画竹、翎毛、山水、花卉等。他所描摹的花卉能够画出不同季节下的特定情态。其艺术成就以花鸟画为最高，他画鸟雀常用生漆点睛，小豆般地凸出在纸绢之上，工笔山水《芙蓉锦鸡图》先后被明清两代的多位帝王收藏。他常取鹤作题材，如《瑞鹤图》《药庄纵鹤图》等。他把花鸟画看作是天地之精髓，有着"粉饰太平，文明天下"的作用，并将其花鸟作品收录成册，名为《宣和睿览》。

宋徽宗一生作品极多，仅在《宣和睿览》中入册的便有千幅，总共有一万五千余幅，再加上其他记载，总数惊人。这相当于几十位画家一生的作品。事实是他的很多作品都是宣和画院的一干画家们代笔的，仅在当朝，徽宗作品已经是真假难辨了。

"雨过天青云破处，这般颜色作将来！"没有浪漫情思、多情之念的人是不会写出这般瑰丽诗句的。赵佶的浪漫情调太浓，缺乏那种"待到来年九月八，我花开后百花杀"的霸气和惊雷滚滚的实干精神。同样的笔，不同的诗，传递出迥异诡秘的命运符号。浪漫多了自然缺乏阳刚，做皇帝是不需要阴柔的。并且赵佶的性格不能坚持始终，他多变，善变，三分钟热血，稍有失意、挫折就寄情于诗书画。情绪化人格，让赵佶几乎把全部精力都放在了琴棋书画、花鸟虫鱼上。他喜欢画，也喜欢花。

《水浒传》中，好汉如雨，英雄如云。这些雄壮威武的大汉们在一起觥筹交错，吃五喝六却之际却让人疑心进了百花园：病关索杨雄鬓边插朵芙蓉花；浪子燕青则插四季花；阮小五斜戴头巾，鬓边一朵石榴花；就连满脸横肉的刽子手蔡庆都是日日花不离发，人送名号"一枝花"……

但凡民间流行的元素无不是来自上层的示范效应，民间如此"花团锦簇"，那是因为官方在引领潮流。风流皇帝宋徽宗每次出宫游赏，皆为"御裹小帽，簪花，乘马"，从驾臣僚、仪卫全都赐花簪戴。徽宗不仅崇尚戴花，还制定了一些与之遥相呼应的花花规则：凡身边卫兵皆赐衣袄一领，翠叶金花一枝，只有携有宫花锦袄者才可自由出入大内。男人簪花在宋朝简直达到了极致，一朵小小的簪花甚至成为身份标识、等级象征。宋代史料笔记《铁围山丛谈》中有详细记载：每逢重大节庆，例如郊祀回銮、宫廷会宴和新进士闻喜宴等，皇帝都要赐花给臣僚。这些御赐的簪花还分品位：如果生辰大宴又有辽使在场，就用绢帛花；春秋两宴用罗帛花；陪同皇帝游玩的小宴则用珍巧的滴粉缕金花……赐花时，还按官员的品阶决定多少。可谓尊卑有序、多寡有数。

徽宗沉浸在这些浪漫多情的爱好中不亦乐乎，对他来说，权力只是用来完善爱好的工具，为爱好锦上添花而已。

4

搜奇石建别墅

赵佶喜欢假山奇石，于是在苏州增设应奉局，由朱勔负责，专门搜集奇花异石，然后不计代价运往京城。这场持续近20年，激起全国人民极大愤慨的"花石纲"运送最终演变成了方腊起义。

应奉局的人搜罗宝贝完全是黑暗打法。长在悬崖的大树，深海的珍珠，百姓家的别样花草，一旦被发现，这些人往往拿出高射炮打蚊子的气概疯狂攫取。经常为了运一棵小树或者小花大打出手，草菅人命。只要能取悦皇帝升官发财，无视一切。赵佶是不食人间烟火的"欲望神"，东西一运到，他就晨昏不息地研究分析，把玩欣赏，从来不过问这些东西的来源和过程，喋喋不休的只是对贡品赞美，对弄来贡品者加官晋爵、大宗赏赐。不久，各地官员都知道了这条快捷高效的升官之道：想升官，搜奇石；要发财，找花草。

赵佶喜欢大兴土木：修景灵宫、元符殿，铸九鼎，建九成宫，七宫三十二阁。光艮岳的修建就从公元1117年折腾到1122年。艮岳最高峰高九十步，山分东西两岭，其间亭台楼阁无数，奇花异石、珍禽异兽无数，还有万名妙龄美女出没其中。艮岳山峰北部为景龙江，引江水流注山林之间，水声潺潺，如歌如诉。假山园林，重重叠叠。一花一竹一木一石皆价值千万贯。山上的石洞里装满了雄黄与卢甘石，雄黄的作用是辟蛇蝎毒虫，卢甘石则可以产生云雾。为了更像仙境，宋徽宗命人在油绢囊中注满水，放置于山峦峭壁之上，如此形成高山云雾缭绕升腾之势，名之曰"贡云"。宋徽宗就在这云蒸霞蔚之间，流连漫步，满足着自己的各种欲望。当初之所以要在这里建这座艮岳，是因为道士刘混康告诉皇帝：这里的方位正处在八卦的艮位之上，垫高后，皇家子嗣就会人丁兴旺；如若修建成为林木葱茏的假山，则国运必将亨通昌盛。这项持久浩大的工程，根本无法统计到底花了多少钱。

　　艮岳建成后，赵佶今天弄璋，明天弄瓦。《宗室传》记载："徽宗有三十二子。"《公主传》记载："徽宗有三十四女。"在屈辱的被俘生涯中，他也没闲着。史载宋徽宗："入国后，又生六子八女。"他这一生总共生了八十个孩子。这样的奇迹也没谁了吧？可惜没有皇帝生育排行榜，不评个冠军也是可惜。

5

高调招贼

　　宋徽宗长了一颗孩子心，抵不住任何诱惑。他是理想世界的多情才子，而不是现实世界敢负责有担当的男人。他整天神魂颠倒飘飘欲仙，哪管它外面世界烽火狼烟，穷全国之力仅为自己享受！这样一个对内严重剥削被百姓恨透，对外严重萎缩被强势吓怕的北宋不打它还等什么？先是方腊振臂一呼，四方响应。然后是公元1125年，彪悍的金军骑着高头大马攻入汴京。宋徽宗吓尿，慌乱之中发布罪己诏，匆匆忙忙地把帝位让给了儿子赵恒——宋钦宗。自己则带着蔡京、童贯等逃亡。幸有李纲这样的大将将金兵击退，赵佶才狼狈不堪地重回汴京。安稳日子没过上几天，第二年金兵再次攻破汴京。钦宗请求与金议和，代价是每年向金缴纳黄金500万两，白银5000万两，牛马牲畜1万头，绸缎200万匹，割让中山、太原、河间三镇，派宰相亲王各一名为人质。这副嘴脸让金人看透了北宋统治者的软弱，助长了进一步的贪婪与胆量！公元1127年，金大军攻入都城汴京，抢走了皇宫所有珍奇宝物，并把徽、钦二帝、后妃、宗室、百官及宫女、歌女和各类艺人工匠共计一万多人全部变做自己的俘虏。富足发达的北宋如同被抽掉地基的大厦，轰然倒塌。昔日高高在上的贵族如今成了低三下四的阶下囚。只因走得太慢或因低声哭泣，就会招来金兵的狠命鞭打。在金人眼里，俘虏不配享有尊严和权利，这些只会投降和享受的软蛋没有思想底线，没有信仰追求。胜者为王败者寇。贵族们被送到北边的蛮荒之地后，妇女一部分被送进洗衣局做粗活儿，一部分被迫当军妓，男人们则沦为仆人。

人一旦软弱到摇尾乞怜的地步，就会加倍助长对方的鄙夷和厌弃，金人像把玩战利品一般将这些体面者把玩于股掌之上，随意取笑玩弄，赏赐奴役。人和人的等级由拳头和暴力决定。俘虏也有优劣，对有气节者金人会让你死得痛快，软蛋则会让你死得屈辱。这样的人哪怕多活一秒钟，都只会验证一句话：寿则多辱。赵佶就是如此，眼见妻女姐妹亲人一个个被投进虎狼之口，心痛得滴血却不敢吭一声。这是对一个男人最严重的污辱！也是一个男人最可怜的状态！他本身都战战兢兢、低三下四地活着，谈何能力保护别人？

作是玩儿的最高境界！在尽情作的时候，谁会低头看看脚下的坑呢？就算看不见，在面对屈辱的时候，是否可以稍微挺直脊梁呢？

6

甘做金人子孙

相对于明朝皇帝崇祯，宋徽宗的苟且让人无语。

李自成的军队攻入北京城时，勤勉一生的崇祯帝一刀砍向自己的女儿长平公主，哀叹"你为什么生在帝王家"？之后让妻子自尽，自己则跑到煤山用三尺白绫结束了生命，保全了尊严。

赵佶有一颗敏感而细致的心，当然比朱由检更懂得世道人情。朝代更迭，气节名誉重过一切。他的文学修养不知比朱由检强多少倍，可是在对待生命这件事上，他的屈辱求生不知比崇祯帝差了多少境界！

"彻夜西风撼破扉，萧条孤馆一灯微。家山回首三千里，目断天南无雁飞。"那么主动地不抵抗，却又这么留恋地怀念家园，失了，才知彻骨地怀念！看看围绕在宋徽宗身边的人：蔡京、童贯、高俅、杨戬，没一个不被人憎恶。赵佶书生气质，追求浪漫小资生活，只要不死就不会放弃享受。面对金兵来犯，他用哀求带动了身边人的妥协：皇帝都软了，身边人能硬过暴力？于是大臣们煽风点火，哭着喊着要求与大金和谈。结果，顺顺利利的，北宋发达的经济充实了金的国库，广袤无垠的疆土盖上了金的印章，真金白银哗啦啦地流进了金的腰包。轻而易举得来的东西必将会纵容欲望，金人当然不满足，他们还要从精神上掏空北宋的底气！从根儿上抽掉宋朝的筋骨魂魄，让宋朝从此以跪爬的姿势臣服于金人脚下。

宋徽宗把艺术当主业，治国当副业，艺术干扰了政治，政治又妨碍了艺术。才情固然可喜，但不可妨碍主要。明明是皇帝，偏要干艺术家的活儿，势必会在政事上疏于管理，给人以可乘之机，长此以往，就会形成主弱臣强，内虚外实的局面。这是一个朝代最致命的危机。要么被内部瓦解，要么被外敌消灭。漏洞正是缘于徽宗皇帝的不务正业。有一句陈词滥调叫作"在其位谋其政"。宋徽宗的最大悲剧就在于他用皇帝身份当着不靠谱的艺术家。至高无上的权力，无与伦比的艺术才华，当这两种顶尖能力集于一身，结果无非有两个：让权力最大限度地为艺术服务，或让艺术彻头彻尾地委身于政治。赵佶的文人气质让他选择了前者！也就注定了他一生的命运，以及天下的命运！

7
人性缺失的艺术家

上帝从来不会让这个世界太过倾斜。无论是人格表象、气候景观，都会维持在一个相对平衡的范围。给你才华，隐藏起胆略见识；给你容貌，顺带着收走智慧。赵佶是个悲剧人物，悲在没有节制，悲在才情太盛。本就不是铁骨铮铮的汉子，经过艺术从外到内的浸泡腌制，彻底失去了最初的坚硬光鲜和生气勃勃。不是没有机会、缺少契机，是赵佶主动弯曲了帝国的支撑。在他执政时期，小规模起义接连不断。

公元 1118 年，河北、京东遭水灾，贫苦农民流离失所，无以为生，纷纷闹事。公元 1119 年，宋江领导农民起义。公元 1120 年，方腊起义。这些起义被朝廷镇压后，宋徽宗、蔡京一伙以极大的代价从金手中赎回燕京及附近州县。燕京驻军和官吏给养，全摊派在河北、山东、河东百姓头上。不仅如此，百姓还要担负起将给养运送到燕京的任务。为了运送一石粮食，沿途盘费要十几石到二十几石，给百姓带来了深重灾难。公元 1123 年，河北、京东等地农民相继起义，少者几百人、几千人，多者发展到几万人、几十万人。这就是张迪、高托山起义。接二连三的内乱让北宋经济严重倒退。

公元 1127 年，金人铁蹄一脚踏开北宋京城城门，宋徽宗和儿子钦宗、妻子姐妹都被押往北地。他没有悲戚，当听到自己收藏的字画被付之一炬，这位竟仰天一叹，涕泪沾巾。在他心里，金钱、亲人都无所谓，唯有字画是才心头肉。这样一个全无情感心性之人，怎可当一国之君？

他想要的东西永远超过人民所能负担。把国库当钱包的人不会怜惜普通人死活，从浪漫浪费挥霍直至任意糟蹋，北宋这只肥牛被徽宗这个头号食客啃得体无完肤。当他准备歇歇气再啃时，猛然发现已被金抢去了食用权！最后肥牛没了，他只能奉献亲人。

赵佶继承大统时，宰相章惇曾反对："端王轻佻，不可君天下。"如果这个正确论断当初被认同，徽宗被阻挡多好！徽宗重用高俅，只因为他是踢球高手；后宫佳丽三千却微服流连青楼；痴迷道教，称自己是"教主道君皇帝"；酷爱奇石，花石纲之祸最终加速北宋内乱。在享受方面贪得无厌，没有底线。既要花前月下，也要花钱日下。这对于一个皇帝来说太容易了，只要有创意，什么游戏都可以实现。他只知道自己是一个拥有天下的才子，却忘了自己同时还是一个挑着天下的皇帝。皇帝贪腐，天下无望。那种可怕在于普天之下无人敢阻。或许会有人弹劾指责，但都会被除掉。

鲁迅说，凡是"猛人"身边都有一群人包围，而且水泄不通。宋徽宗身边，小人、道士、文人、女人、阉人，密不透风。这些奇葩们无力替皇帝清理外敌，也无心帮他赶走蛀虫，而是任由皇帝的权力和才情一起发力，用无数花样齐着心地遮蔽他的双眼，让他"不闻边塞号角，但见歌舞升平"。

《宋史》评价宋徽宗："自古人君玩物而丧志，纵欲而败度，鲜不亡者，徽宗甚焉，故特著以为戒。"元代脱脱写就《宋徽宗纪》时掷笔叹曰："宋徽宗诸事皆能，独不能为君耳！"

可是造化弄人！不能为君偏偏成君！君行天下，天下罹难！

论腐败，徽宗不是第一个，也不是最后一个，但他是最会玩儿腐败的一个。已有的事，后必再有；已行的事，后必再行。日光之下并无新事。

1

"海上之盟"出台

鲁迅先生有一个著名观点：老虎宣扬自己强大无可厚非，倘若羔羊到处宣扬自己，早晚会被吃掉。赵佶以为有了狼皮掩护，可以一辈子躲在里面逍遥快活，哪知因为演技不高，狼皮被揭，羊身被吃。

他是这样玩的：忽悠金联手灭辽，好处大家分。待金看清宋朝底色，赵佶却撒谎欺骗，狡辩抵赖。忍无可忍的金一举把谎言家给灭了。

在黑龙江和松花江流域，生活着从黑水靺鞨遗留下来的属通古斯族群的女真族。其首领完颜阿骨打于 1115 年统一了女真族各部落，建立了一个全新的国家——金。

此刻，在遥远的东京汴梁，北宋皇帝宋徽宗正沉浸于自己的艺术天地。他对着奇花异草、奇石怪兽，露出了满意的微笑。忽然他想起了什么，自己这么一个大摊子，如果没有个好归宿该是多么悲摧！本来对于金这样的"小茬子"，他是不屑一顾的。可是这会儿，宋徽宗不但关注起金来，而且对它相当感兴趣。他叫来了自己的心腹蔡京、童贯等人，漫无边际地聊着。忽然他话题一转，向自己的宠臣问起他们对金的看法来。一向待在上流交际圈儿的臣子们和皇帝一样，当富人当惯了，被优越感包围得找不着北，纷纷用藐视的语言差评金。皇帝要的正是这种优越感的支持，于是很快抛出了话题："我们何不利用金完成自己收复失地的理想呢？"大臣们纷纷附和。君臣密谋的结果是跟金做一桩买卖，借这帮"蛮人"的力量搞垮辽。这样不但收复了失地——燕云十六州，完成了太祖遗愿，而且还免除了一个潜在威胁，岂不是一举两得的事？

确定了目标，宋徽宗于公元 1120 年，派马植（赵良嗣）自山东蓬莱出发，乘船过海与金谈判攻辽。蛮荒大野的金人肚子里没有那些弯弯绕，一听事成之后自己能分金分地得到不少好处，立刻对这个合作建议产生了兴趣。没费什么周折，双方很快签订了"海上之盟"。盟约规定：灭辽后，北宋将原来进献辽的岁币转送给金，金则答应将燕云等地归还宋朝。

2

疲软的军队

无论从国家层面还是从宋徽宗本人来讲，联手攻辽都是一个很不错的举措。不过作为艺术细胞远远大于政治细胞的徽宗皇帝，他的这个想法未免过于浪漫和轻佻。赵佶是一个艺术天分极高的人，做起事来充满感性色彩，冲动浪漫而理性不足。脱离现实的谋划往往是悲剧的开始！当然，赵佶意识不到这一点。宋太祖重文抑武的基本国策在这个艺术皇帝这里达到了高潮。当时号称经济强国的北宋上层贪污腐败很严重，各级官员疯狂搜刮百姓。皇帝爱好又多，迷信佛教，各地就大兴寺庙；迷上道教，就扒了寺庙建道观。还动不动搞括公田、花石纲之类的举动。兴致来了，举全国之力挖地沟修地道，只为和李师师喝个下午茶；玩腻了就建画苑，盖别墅。百姓活不下去，纷纷揭竿而起。梁山泊好汉聚众起义，方腊扯旗造反，你说国家本身都焦头烂额，焉有力量去攻打外面？

再说说北宋军队。当时北宋军队的最高指挥官是水浒中的名痞：花花公子高衙内的爹——高俅。此人因为踢得一脚好球被宋徽弄进最高权力层，官至"开府仪同三司"，与宰相同级。一个踢球的，带支足球队说不定能走向世界！你让他统领军队，这不相当于让大厨做裁缝吗？高俅倒是有创意，招兵的硬条件是有特长者比如会踢球、会打太极拳者优先录用。管理更是超前，他把军营地盘全变成自己的势力范围，大搞房地产。有钱的兵可以不训练，允许经营副业，比如弄个戏班子、开个食杂店。没钱的则要帮他种地、盖别墅、打酱油、建游泳池。士兵的薪水完全不用操心，那是宋徽宗的事。那时，北宋军队大约有上百万人，国家不但给士兵们发薪水，他们的家属也领工资。这些兵的前身基本上都是小偷、流氓、短工、乞丐，反正社会上的闲散人员基本都在军队吃皇粮。帝国军队的状态极其搞怪：兵头儿做买卖，老弱病残晒太阳，壮兵在高俅家打工。这完全是宋朝高层自己抽掉军队灵魂的结果：武将没地位没待遇，心理上处于弱势，军队没有任何激情和战斗力。平常不训练不集结，一到战场普遍"人堕马，箭坠地"。不仅兵弱，战马也相当匮乏。偌大一个北宋竟然没有骑兵。在北方民族快马弯刀精于骑射的军队前只剩下抱头鼠窜的力气。北宋国防还有一个最致命缺陷：战略部署重内轻外，防自己人胜于防外人。中心地区重点防守，边境地区几乎没安排任何兵力，所以金人动不动就直达京师。这样的军队，和平时期倒是能稳定治安、促进就业，一旦真刀真枪地上战场，全是纸老虎。指望这样的军队去搞偷袭，不知道赵佶的脑袋被什么挤了，以至于让他产生了错觉：打仗也就是一场挥毫泼墨行云流水的行为艺术表演！

3

派童贯率兵攻辽

早在公元 1005 年，宋真宗就与辽签订了"澶渊之盟"，每年向辽进献大量岁币，约定互不侵犯，结成兄弟国家。如今宋徽宗置祖宗的诚信于不顾，要亲手毁掉这份保持了一百多年的默契。与金签订协约后，接下来就要展示"大国魅力"了。不料事有突然，公元 1120 年，方腊率众起义，徽宗急派童贯去平息内乱。宋金原定对辽南北夹击的战略如今只能靠金兵从北边硬打。缺位的宋朝让金帝完颜阿骨打失望透顶，认为宋人不讲信用，恶劣印象中埋下了最大的危机！

公元 1122 年，北宋以军民死伤数百万的代价平息了内乱。宋徽宗觉得应该向辽出兵了。他召童贯前来，谈了这次进攻的细节，并憧憬了美好的未来，最后他用艺术家思维为童贯描绘了大军入辽的情形：如果辽的百姓能够壶浆箪食在道旁迎接王师最好；如果辽向我朝纳税称藩也不错；如果辽人不服，我们就打他个满地找牙……太科幻了，居然想象着辽人像迎接凯旋的将士一样欢迎入侵。你明明是土匪，还让人家请你大碗喝酒、大块吃肉，象牙塔里的书生也没有这样做梦的！童贯也自信满满地表示，不把那帮"野蛮人"打服了绝不还朝。君臣二人带着诡秘的笑容，用力地击了下掌，为能完成这样承前启后的历史重任而欢欣鼓舞。君臣倒满酒杯，一个满怀欣喜地等待着胜利，一个踌躇满志地踏上征程。

现实太狗血，童贯之前因平息内乱兵力损伤大半，待激情澎湃地与辽交战后，宋朝大军"自河北雄县以南，任丘以北惟及雄县以西，直到保定、正定一带，死尸枕藉，不可胜计"。宋徽宗"闻兵败惧甚，遂诏班师"。这样狼狈，徽宗皇帝也应该警醒了吧？最起码反思一下哪里出了问题，也好做下一步打算。可这位浪漫帝不反思，不总结，这一仗倒让他"越挫越勇"。

这时先前与辽激战的金已经打得筋疲力尽，把一腔怨气全撒在了赵佶身上，认为他不守信用，逐渐产生报复之念。

第二年，辽帝出逃，继位者暴亡。国政由辽后萧氏主持。这时辽又被金攻下四城，只剩燕京。宋徽宗想趁火打劫夺下燕京，再次派童贯北伐。萧氏接到消息，派使者韩昉向童贯求情："看在我们两国119年敦睦邦交的分上，不打了吧，也让天下百姓喘口气。"她甚至放低姿态：辽愿意向北宋俯首称臣，纳税奉银。少了一个敌人，还有银子孝敬，你说这是多么美好的局面！不知道为什么，赵佶分析问题缺乏理性，看问题不够透彻。难道大臣也感染了愚蠢？面对辽使的哀求，童贯极不耐烦地轰走了韩昉。韩昉忍不住哀号："辽宋两国，和好百年。盟约誓书，字字俱在。你能欺国，不能欺天。"求和不成的辽万般无奈，匆匆组建了一支万把人的军队，决定背水一战。与北宋数十万大军对垒，辽人是胆怯的，但开弓没有回头箭。燕京一战，辽军以一当十，勇猛异常，宋军被对方铁骑冲杀，死伤殆尽，奔坠悬崖间的不计其数，陈尸百里。数十万大军就这样全军覆没。

童贯被打趴下后，火速派人向盟友金兵救援，金接到宋军溃败的消息大吃一惊，他们压根就没料到宋军竟衰弱到这种地步！金兵立刻攻辽。别看契丹军把宋军打得落花流水，跟金军一交战即溃散无形，金很快就帮北宋攻下燕京。

北宋两次攻辽惨败让金人看出了门道儿：不过就是两张嘴皮纵横天下！就这个水平，还耀武扬威地搞什么联合？看透后金当然不客气，仗也打了，忙儿也帮了，你得表示表示吧！金要求北宋必须一次性付给收复燕京的犒赏：军粮二十万石，每年向金纳税银二十万两。

北宋却耍起了无赖：死活不兑现承诺。

4

无赖作风中的危机

北宋自己赖账，却要金兑现诺言，他们恬不知耻地派人向金索要燕云十六州。

公元1123年，北宋的多次交涉终于使完颜阿骨打厌烦。他不顾大臣反对，将占领的燕京和涿、易、檀、顺、景、蓟六州交割给北宋。北宋则在原协议规定的岁币数目外加纳钱百万贯，并同意这些地区的财物官绅富户统归金所有。付出如此代价，只得到几座空城，宋朝就用这种耍无赖当孙子的方式收复了丧失188年之久的部分领土。两国随即于1123年签订友好和约。赵佶这个浪荡皇帝靠着无知无畏一下成了宋朝的救星。他很兴奋，绝口不提先前答应金的条件，将童贯封为王爵后，整天率领着班底穿梭于歌舞晚宴，开启了狂欢之旅，庆祝燕京回归。吃不完的宴席，数不尽的升官晋爵、论功行赏，盲目乐观到了顶峰。高层丝毫没有意识到危险正在一步步逼近。不久，赵佶那种无厘头的行事作风就为他招来了灾祸。

宋的一干官员对危机浑然不觉，大臣郑居中、马植两人却凭着敏锐直觉，向赵佶表达了忧虑："金人野心勃勃，极不可信，这表面的和平顶多能维持两三年，帝国一定要早做准备啊。"宋徽宗充耳不闻。今夜无人入眠，在这狂欢时刻，他不希望有人"危言耸听"，制造谣言。伟大的帝国，欢乐永在！哪有什么危机？

北宋接收燕京一个月后，已接受金任命的原辽地方长官张觉率兵向北宋投降。这是个后果很严重的问题。如果北宋接受投降，金肯定以此为借口挑起战争。还是马植看得比较清楚："陛下，千万不能接受他啊，这样会引起我们和金的灾难。"宋徽宗根本听不进去，将马植连贬五级发配边疆了事。

这些话果然应验，金兵以此为契机，大举进攻北宋，放言说北宋若不交出张觉绝不客气。宋徽宗一看事态扩大，做出了一个令天下人齿冷的决定：杀掉一心投靠他的张觉父子三人，首级献给金人。如此脑残、无赖无耻且无德的行事作风，很快就引发了系列余震：华北区高官挂冠而去，投降北宋的原辽将领郭药师倒戈降金，河北、山西的地方军队也纷纷投降金人。公元1124年，金再次向北宋索要二十万石军粮，北宋高层上露出奇怪的表情："军粮，什么军粮，什么时候欠你们军粮？"金被激怒了，在和北宋打交道的过程中，这个泱泱大国道貌岸然下的轻浮、狡诈、无耻、背信弃义深深刺痛了金人粗犷外表下那颗真诚坦荡的心。他们算是看透了：什么玩意儿，以儒家自居，干的却是流氓勾当。一次次失信、失言、失德，这个无赖朝廷对内腐败，对外无能，却还浑然无知，心理膨胀得无以复加。火爆的金人终于忍无可忍，公元1127年，金太宗完颜晟亲自带兵攻入北宋都城汴京，史上最耻辱的"靖康之耻"发生了。这个经济发达、人口众多的超级大国，在艺术家皇帝的领导下，让人家抢了半壁江山，搭上了两位皇帝，无数人口和宝物都充实了金的实力。

宋徽宗的极乐世界太短暂，在位仅26年就失地亡国。

5

偶然中的必然

北宋灭亡有两个偶然。

公元1120年发生了著名的方腊起义。正是这个事件导致北宋失信于金。如果方腊早一点或者晚一点起义，都不会让北宋做出把攻辽大军撤回支援内战的决定。双方约定的出兵时间就这样阴差阳错地错过。如果事后好好解释一下或许不会将诚信全部失掉，金人也能原谅。但轻佻的宋徽宗根本没把金放在眼里，既不打招呼也不做解释。四野茫茫、旷放寂寥的戈壁大漠，养成了金人粗粝简单、直来直去的性格。宋徽宗搞的这一出让金人咬牙痛恨。痛恨之余，金看到了机会。

假如方腊早一点起义，宋军平定内乱后就会得到充分休整，那攻打燕京也未必失败。所以方腊这个人物是把北宋提前送入坟墓的克星。他对金则是一颗大大的幸运星，如果他不造反，也就没有金对宋的恨和攻宋的打算。

北宋灭亡的第二个偶然因素是金高层权力更替：完颜阿骨打统治时，他觉得北方游牧民族过早打进南方的花花世界会消磨掉本民族的士气和进取心，所以金的战略思想是"先北后南"。阿骨打死后，继任者完颜晟担心位置不稳，急需一场胜利来确定自己的统治地位。而幅员辽阔富庶文明而又软弱自负外强中干的北宋恰是最好的攻取对象，况且他们国内刚刚发生过内乱，正处在疲惫不堪之际。所以说，别的因素放一边，单就方腊造反和阿骨打病死这两个因素，哪怕是发生时间略有差异，宋朝的历史都会因此而改写。

北宋灭亡的第三个因素完全是宋徽宗的配合。

他的继位对个人也许是幸运，对天下人却是彻头彻尾的殇！

他懂笔墨中的千秋大义，却不懂治国的纵横捭阖。他能体会每一处细微婉转的微弱情感，唯独不屑天下百姓的喜怒哀乐！以赵佶的才情，他不可能不明白治国就是治官的道理。官员清明国之不腐，国之不腐国家才会蒸蒸日上。诚如孔子所言："其身正，不令而行；其身不正，虽令不从。"做人有修养，做官有官德：礼义廉耻，国之四维，四维不张，国将不国。官好国好自然百姓好，百姓好自然天下太平！赵佶只想自己好，哪怕剔牙撒尿时随便冒出的一个想法，他都要尽一切力量把想法最优化实现。对于大多数百姓而言，所谓的最高理想不过是有一座房子，房里有妻有娃。北宋的官员都寡廉鲜耻，贪污腐败，胡作非为，法的约束力完全消失。所有人都在放纵自己的贪欲和荒淫，释放偏执和狂热，而国家却没有办法驾驭和约束他们，那国家的地位肯定会出现动摇。被逼无路的百姓只有当陈胜吴广，当宋江方腊。当人的脑袋里只剩下拿自己的命运下赌才能看到一点活下去的希望时，那结果只有一个：重新洗牌。赵佶时代，官员高工资、高福利。为了这一代、下一代、下下一代的无限享受，蛀虫们由放纵到放胆，把手伸向民间、同僚、皇帝，伸向国家，拼命榨取。

墨子说：国之将亡必有七患。国防之患：不修国防，大兴宫殿；外交之患：大敌当前外无盟友，孤立无援；财政之患：分配不公，铺张浪费，穷尽民用。内政之患：仕皆渔私，修法禁锢，不问国是。国君之患：闭门自大，坐以待毙；团队之患：用人不当，小人当道，离心离德；政权之患：民无食用，国无贤能，赏罚失威。

做艺术家赵佶太任性；做皇帝又太轻佻。作为国家之君的基本素质，赵佶一个都不具备，倒是滥用权力、铺张浪费、轻率决策、贪图虚荣、远离诤臣、无耐挫力、优柔寡断这些一个不缺。皇帝自己搞腐败，谁奈何得了？奈何不了的结局就是大家一块儿掉脑袋。

他用任性成全了金人的侵略，也为人家的教育界做出了杰出贡献：徽宗被囚禁五国城（今黑龙江省依兰县）时，凡遇丧葬、节气，金必有赏赐，但要徽宗具表道谢方可。后来金人将徽宗所有的道谢表函汇集成册，大量刊印，四处散发，士大夫们人手一册。让人大跌眼镜的是里面还附有一篇李师师小传。他，彻底沦为了金人的饭后谈资和反面教材。不知他去往那边后，见到作古的清官，该如何作答？

第十章

拒贿讲艺术

1

吕蒙正：脸再大也用不着宝镜

哪怕小得不能再小的芝麻官儿也总有人行贿。无论如何廉洁自律，都得硬着头皮和行贿之人斗智斗勇。

北宋大臣吕蒙正三任宰相，人如其名，刚正廉明，一般人轻易不敢向他行贿。有个新任同僚听说吕蒙正清廉，不信，偏要啃啃这块硬骨头，看看他对诱惑究竟有没有免疫力，是不是真的像外界传说那样"油盐不进"？

他家里有个祖传宝镜，上面镶金嵌玉，精美绝伦，据说能将二百里内景物照得一清二楚。这个人不直接去吕蒙正那里碰钉子，而是辗转请吕蒙正的弟弟吕蒙休鉴宝。小吕一见镜子眼珠冒光，当时就想据为己有。此人说：此镜乃当今孤品，举世罕见。好马配好鞍，这世上，也只有你哥哥那样的君子才能做它的主人。小吕虽俗人一个，但绝不糊涂，一听这话心知有故事。自己太了解哥哥了，如果代收，到时候碎的也许就是手足之情。此人见小吕犹豫，又换了个说法：兄弟不要多心，我老百姓一个，这宝贝与我实在不匹配。它放在我家就像头上悬着一把刀，弄得我夜夜失眠。现在这么乱，你哥那儿高门深宅，警卫森严，加上他的人品名声，谅小偷也不敢到他那儿撒野，放在那儿等于给宝贝上了保险，于国于我都是好事。这样的爱国高论搁谁听了都晕。小吕只好答应试试。见到哥哥，小吕说了很多好听的废话，然后小心翼翼地把宝物拿了出来。吕蒙正看了看镜子，慢悠悠地说："瞧你哥这张脸，总共比一个盘子也大不了多少，何必浪费能照二百里的镜子呢？"这是一句相当艺术的大实话。我的脸很普通，用不着放大二百倍，所以我根本用不着有如此视角的宝镜。

2

包拯扔名砚

端州出产一种名砚——端砚，和湖笔、徽墨、宣纸一道并称"文房四宝"，是作为贡品专供朝廷的。

作为惯例，北宋凡是在端州任职的知州，都要在上贡朝廷的端砚数目上玩玩数字游戏。至于增加几倍还是数十倍，那就要看知州的胃口大小了。虚报出来的数目自然获利可观，这钱当然是那时此地的官员们在官场上步步高升的"润滑剂"了。

包拯升任端州知州后，带领当地人开凿水井，解决饮水；加固堤围，治理西江；开渠扩道，增加耕地；并大修道路，修建粮仓等，做了很多好事。最让端州百姓欣慰的是包拯在朝廷征调端砚的数量上从不弄虚作假、营私舞弊。朝廷要多少块儿就征多少块儿，大大减轻了当地百姓的负担。

公元 1042 年，包拯接到朝廷诏令，调离端州回京。造福一方的好官要走了，端州百姓倾巢而出，夹道相送。当包拯的船走到西江羚羊峡口时，突然狂风骤起，水浪翻腾。包公心下狐疑，自己在端州清廉节俭，从没做违心之事。怎么行程如此不顺呢？于是下令搜船，看行李中有无端州百姓送的财物。下属们翻找后发现船内有一块黄布包裹的端砚，上刻"双龙争珠"，美轮美奂。原来这是当地砚工为了表达对包公体恤民情的敬仰，托人悄悄放到船上的。包公很感动，远远朝岸上百姓鞠躬致谢。然后他果断决绝地将无价之宝掷于江中，以示自己清廉到底的决心。

《宋史·列传》记载了这个故事：包拯，"徙知端州，迁殿中丞。端土产砚，前守缘贡，率取数十倍以遗权贵。拯命制者才足贡数，岁满不持一砚归"。

也许有人会说，包拯不贪是因为他收入高。包公年薪为铜钱二万零八百五十六贯、大米二千一百八十石、小麦一百八十石、绫十匹、绢三十四匹、罗两匹、绵一百两、木炭十五秤、柴禾二百四十捆、干草四百八十捆，折合成现在的美元约为三百八十七万美元。年薪这么高，完全可以当个本分守成的官员，只对上级负责就行了。可他眼光向下，执法严明，铁面无私，经常顶撞上司。

包拯天性廉洁，忠直无私，这样的人即使低工资也不会贪到哪里去吧。小贪初由本性起，待呈燎原之势时根本就已无力回天。

3

王安石拒美女

王安石是个只知做事不懂娱乐的人。在他那个时代，为官者娶三妻四妾都很正常。可他将一夫一妻制贯彻得干净彻底，一辈子只守着一个夫人生活。

王安石是个正经人，正经得让人受不了。尤其是他的同僚，本来正常的接待宴请，让王安石一弄，官场那一套就成了交往障碍。

赵令畤《侯鲭录》记载：王安石由京官外放，自金陵路过苏州。虽说是去当地方官儿，但人家来头儿大呀！苏州知府刘邠深谙为官之道，早早地摆下一桌丰盛酒席。王安石入席一看：屋内垂花吊叶，帘幔雅致。桌子上摆满山珍海味，美酒佳酿。丝竹管乐在旁静候，营妓也悉数到位。见王安石已落座，乐队即刻演奏，年轻营妓翩翩起舞，如梦如幻。没想到王安石脸上现出不悦之色。刘邠早就听说过王安石"各色"，没想到竟这么不通情理。没办法，刘知府只好让营妓撤下。

刘邠其实并没有过分。宋代官员除了高工资高福利，精神娱乐方面也享受着官家无微不至的关照。营妓有制度有身份，属官方工作人员。官府出资购买一大批相貌端正的年轻女子，然后派专人教她们唱歌跳舞，供官员们宴会时陪酒、表演助兴。这些营妓的名字全部登记在册，叫做"在籍"。如果哪个富人看上她们要娶回家，那就要付一大笔银子，只有她们"出籍"了，才可以自由婚嫁。不过官员待遇虽高，但也不是肆无忌惮。消费营妓要遵守规则：只能用她们陪酒及表演歌舞，断不能有身体接触，如果发生关系，当事双方都要接受严厉的司法追究。官员在宴会上看营妓表演既不违法违纪，也不违反当时的道德规范。但王安石不随波逐流，不喜欢绝对不勉强。别说营妓，就是送上门儿的美女，他也是不近人情，铁板一块。

王安石的夫人吴氏是个胖子，长得也不美。王安石从没嫌弃过她，无论官做多大，对吴氏始终感情专一。吴氏对王安石也很痴情。王安石经常出差在外，夫人很是心疼。据邵伯温《邵氏闻见录》记载：吴氏曾瞒着王安石为其买过一个小妾。某天，王安石处理完杂事，正准备上床就寝，一回头见身边出现了一个陌生女子，便问："你从哪里来？"女子答："夫人命我在老爷身边服侍。"王安石问："你家在哪里？"女子说："我丈夫原是大将，运送军粮时翻了船，朝廷要他赔偿损失，家里卖房卖地也凑不够这笔钱，只好把我卖了抵债。"王安石又问："我家夫人买你花了多少钱？"答："90万。"第二天，王安石派人找来该女子的丈夫，让他把妻子带走，并且特别交代90万钱不用退还。

90万钱是巨款，相当于900贯。苏轼的弟弟苏辙被贬官，从筠州迁雷州，又从雷州迁往循州，用仅有的5万钱，也就是50贯买了10间民房。

官场诱惑无处不在。身居高位者，哪怕一个眼神儿、一个手势都能换来无限好处。如果对美女稍加暗示，就会主动找上门。王安石能洁身自好，是来自个人修养、自我约束的力量。再看看宋徽宗宠臣，个顶个能干，个顶个能贪，几乎把所有精力都用在了邀宠固位、谋官谋财上。

第十一章
邀宠与示宠

1

成为苏轼的书童

大概想让儿子当球星，爹妈给他起了个名字叫"高毬"。这小子长大后果然如名所示，踢得一脚好球。除此之外，吹拉弹唱，使枪弄棒，相扑杂耍，诗书词赋都能露一小手儿。另外打架斗殴、偷鸡摸狗也很在行。这样一个混混不可能有正当职业。他就靠着给人帮闲混饭吃，陪富家子弟吃喝玩乐、旅游赴宴，有时也陪外地官员到京城拉关系。

高毬新傍上的主子是王员外的儿子。这俩人每天到处鬼混，开封城的勾栏瓦舍都被他们踏破了。这坑爹的儿再不出手修理就要被这花花世界废了，王员外一腔怒气都撒在高毬身上，跑到开封府将高毬狠狠告了一状。府尹也真给力，把高毬断了二十脊杖，迭配出界发放，也就是驱逐出境。开封城人心忒齐了，百姓恶其名声，人人都拿白眼剜他。高毬命大没被瞪杀，但也够惨，像一条无家可归的流浪狗，谁都可以呵斥两声。费了很多心思，他跑到淮西临淮投奔了赌场老板柳世权，给他看赌场。后来皇帝大赦天下，重获自由的高毬想回开封。柳世权一封书信把他推荐给了自己的亲戚药店老板董将仕。

好人来投求之不得，恶人来投避之不及。董将仕怕高毬带坏儿子，打发他去投奔小苏学士。还好，小苏学士收留了他。经历系列遭遇后，高毬迅速成长。这世界从来就没有能永远依赖的拐棍，只有自己先站起来，别人才愿意扶你一把。如果再不和从前一刀两断，自己会废得无声无息。

高毬换了个活法：勤快、机敏，见谁都带着笑脸儿。他本来就是个为人机警心思细腻的人，还有着那么几分文学素养，会吟点歪诗，字写得也不错。苏东坡看高毬做事麻利，便中止了转送，将他留下做抄写员。那时没有复印机，大文豪经常灵感突袭，随手就是一篇妙文，这些兴之所至的东西如果没有一个好秘书及时记录，文坛会何等黯然？高毬又有眼色又机灵，每次都把苏东坡即兴写作的文章整理得工工整整。

高毬十分珍惜这个工作，心甘情愿吃苦，主动加班加点儿，没事就揣摩，将苏东坡的书写习惯、爱好一一牢记在心，遇到错误的字或词顺手就给改过来，绝不给一点出错的机会。高毬信奉一点：把会做的做到极致。虽然给人干活，但才能是积攒给自己的。

尽忠职守，事事为主人考虑，高毬的勤快、严谨都落在苏轼眼里。

2

临门一脚的鸿运

公元 1093 年，苏轼从翰林侍读学士外调到中山府，他不舍得这个小秘书，便把高毬推荐给了好朋友曾布。曾布婉拒后，苏轼又将他推荐给好朋友小王都太尉王诜。这次推荐让高毬的人生发生了质的变化，一步跃上了新台阶，迈上了康庄大道。小王都太尉王诜可不是一般人物，他是宋英宗的驸马，端王赵佶的姑夫，实打实的皇亲国戚。而高毬的人生转折就得益于赵佶，也就是后来的北宋皇帝宋徽宗。

王诜擅长丹青喜好书法，是赵佶的老师，俩人常常在一起切磋技艺。《挥麈后录》记载：公元 1100 年，赵佶和王诜在一起喝茶，期间向王诜借篦子刀修理鬓角。赵佶是个讲究人儿，篦子刀的高端逃不过他的眼：材质上乘，做工精致，小巧玲珑。赵佶用完后爱不释手。王诜说要送一个给他，回去后就把准备好的篦子刀交给高毬让他给赵佶送去。高毬来到端王处，也巧了，正好赵佶在踢球。张爱玲在《爱》中说过：于千万人之中，遇见你要遇见的人。于千万年之中，时间无涯的荒野里，没有早一步，也没有迟一步，遇上了也只能轻轻地说一句："你也在这里吗？"爱情是这样，机遇也是如此。所不同的是，遇上的不是爱人，而是贵人！改变命运不同凡响的一刻！玄而又玄，妙不可言。就在高俅站在一旁边耐心等待时，赵佶正脚上下翻飞，汗珠四溅。不过赵佶球技太差，看了一会儿，高俅把脸转向了一旁。这个无意识的动作让敏锐的端王一眼就捕捉到了，这明明就是鄙夷不屑吗。赵佶一分神，眼看着对面飞来的球就要偏向一边。在这千钧一发的关键时刻，高俅使出了浑身的机灵劲儿：麻利一跳，使个"鸳鸯拐"就将球稳稳地踢到了端王脚上。这临门一脚让这个皇家子弟意识到，此人定是球场知音！

后人都骂高俅是奸臣，但高俅此时的表现绝对是勇气可嘉，可圈可点。这一脚踢的是胆量，是勇气！如果这一脚没准，高俅就有可能被赶出端王府，惹来杀身之祸。如果他不踢这一脚，就算他在驸马身边混得不错，也终归是个可有可无的生活秘书，大不了升个大管家，和权力肯定八竿子打不着。要说芸芸众生莫羡慕别人辉煌得意，背后都是在拿命下赌！

赵佶没想到一个跑腿儿的居然踢得这一脚好球，当下两人你一脚我一脚秀起了球技。高俅仿佛预感到，眼前这个人会是自己的贵人。他拿出了全部绝活儿，腾、挪、跳、闪，身轻如燕，而球始终不落地。太绝了，简直出神入化。端王连声喝彩，还从没有人能够与自己配合得如此默契，真是球逢对手精神爽。端王禁不住问起了高俅的情况。高俅的身体语言极其丰富，毕恭毕敬的态度比演戏还要精彩：先是连忙"向前跪下"，继而又"叉手跪覆"，叩拜又叩拜，然后才小心翼翼地说出应答。这整套动作，既显出他的机灵恭顺，又传递出他的应变能力，完全是一个灵活机智、善于局面的出色吏员形象。在这场才艺的现场演示中，端王的心被深深地折服了。自己身边正少一个这样会来事，与自己爱好一致的伙伴，他简直就是上天送来的"天使"。端王当时就在心中给高俅打了 105 分，并且决定无论如何也要把他留在自己身边。当下他差人告知王诜："你的篦子刀和仆人都是上品，恕我不奉还了。"就这样，高俅在误打误撞中"有心有意"地成了端王赵佶的人。

更大的好运很快就再次降临。

3

随主高升

公元 1100 年，贪玩的哲宗还没来得及生个一儿半子就因纵欲过度突然驾崩。20 岁的弟弟赵佶一下成了幸运者宋徽宗。端王当了皇帝，身边人当然身价暴涨。高毬更是穷尽心思精心侍候着新皇帝。他知道，要想得到皇帝欢心，就要在私生活上和他扯上关系。徽宗对乖巧的高毬无话不说。因此他有了很多机会。徽宗厌烦后宫脂粉，开始追逐京城名妓李师师。高毬立马领着一帮人在黑夜里开展"地道战"，愣是神不知鬼不觉地打通了一条从皇家通往李师师住处的地道。高毬的所作所为很让徽宗很满意。"干脆给他个太尉干干，让他管理禁军。"可是高毬既没有经过科举考试，也没有在边疆效过力，更没有普通人羡慕不已的血缘和裙带关系。想当太尉得有威信、有成绩，可是这些从哪儿弄呢？虽然宋徽宗是皇帝，但北宋的人事升迁制度摆在那里，大臣的老眼虽花但不瞎，并不能想怎样就怎样。皇帝对高毬的晋升路径颇费踌躇：文官别想，强弄进去那帮文臣会口诛笔伐竞相弹劾，根本不惯毛病。相对来说还是武臣体系好进，升迁的空间也大。不过武官任用是没有边功不得为三衙长官。宋徽宗让高毬下去找戍边大将刘仲武。刘仲武对这种来"镀金"的把戏自然是心领神会。也是高毬命好，他去后边境竟连打胜仗。公元 1108 年，童贯和刘仲武又取得了一次大胜，成功招降了羌王子臧征仆哥，收复了积石军。于是高毬的第三个机会扑棱棱地从天而降：到殿帅府走马上任，当太尉直接掌管禁军，从此"辉煌"20 年。

不到半年，高毬就由端王红人变成了皇帝红人。高毬太兴奋了，他做的第一件事是将自己名字中的"毬"改成了"俅"。"俅"是恭顺之意。为了皇帝而改名，无疑是在传递"我会顺从您，恭恭敬敬伺候您"的心声，徽宗心里很受用。高毬变成了高俅。

如果不是钻进了徽宗心坎里，皇帝会颁给他一个这样的巨奖吗？

高俅虽未经历科举，也算有文化有才能，虽然都不多，但足够用。他机灵多变。徽宗皇帝整天面对那些满口仁义道德、天下苍生的正派官员，心中不知道有多累。高俅会玩能玩，不满足于只把皇帝哄开心，他更要掐住"七寸"，让他尽在掌控。只有这样，皇帝才会替他做主。

高俅一路从"球星"到"建筑专家"到军队长官，凭的全是"花活儿"。

有时赵佶心血来潮想看看军训情况，高俅就弄一帮人热热闹闹地竞赛。《东京梦华录》有详细记载：参赛队伍分数列，争标之前吹吹打打，热身垫场，争标开始，"横列四彩舟，上有诸军百戏，如大旗、狮豹、棹刀、蛮牌、神鬼、杂剧之类。又列两船，皆乐部"。最后比赛要决出名次，搞出"旋罗""海眼""交头"等各种花样。高俅之所以把全军大比武弄成了花拳绣腿的锦标赛，就是号准了宋徽宗好大喜功的脉。号准了脉，干起事来自然件件精准，于是君臣关系就更铁了。

4

利用军队捞钱

高俅上任伊始就开始清理得罪过自己的人。

当混混的时候，高俅曾被八十万禁军教头王进的爹打得三月起不来床，失去了生育能力。他一上任，便将屠刀指向了王进。王进得知消息，吓得连夜离家，从此背井离乡。除了这个是真的，那些诸如陷害林教头使他家破人亡，镇压宋江起义，参与征讨方腊起义，参与蔡京、童贯等联金灭辽的错误决策等事，都是《水浒传》虚构的。之所以施耐庵老先生把他写得这么不堪，除了一些宿命论，最可能的原因可能是因为高俅贪得可恨，居然连军饷都动。

高俅掌管禁军期间做出的"最大业绩"就是误国和贪腐。

靖康年间，大臣上书揭露高俅恃宠营私。《靖康要录》记载："高俅身总军政，侵夺军营，以广私第，多占禁军，以充力役。其所占募，多是技艺工匠，既供私役，复借军伴。军人能出钱贴助军匠者，与免校阅。凡私家修造砖瓦、泥土之类，尽出军营。诸军请给，既不以时，而俅率敛又多，无以存活，往往别营他业。虽禁军亦皆傄力取直以苟衣食，全废校阅，曾不顾恤。夫出钱者既私令免教，无钱者又营生废教，所以前日缓急之际，人不知兵，无一可用。朝廷不免屈己夷狄，实俅恃宠营私所致。"这份弹劾，清楚表明高俅是军营里的大老虎。贪着军队的钱，用着军队的人，完全把军队当成了自己的工作室，对小兵们招之即来，挥之即去。士兵们本该勤奋操练的本职全省了，身上的力气全被高俅劫持到自家用于建设高楼大厦、别墅豪宅了。结果军队自然而然地"纪律废弛、军政不修"，生生把军队弄成了"人不知兵，无一可用"

的摆设。当金人铁骑踏开开封城门，开封城内几十万禁军就像泥捏面塑的多米诺骨牌一样，轰隆隆倾倒一处，土崩瓦解，七零八碎。

高俅就这样心不在焉地管理着国家的军队，认认真真地捞着自己的钱，很快他就富了。难道他的富宋徽宗一点都不怀疑吗？他掌管的军队，皇帝真的从不过问吗？

皇帝也关注，但关注得漫不经心，主要是高俅虚实结合把皇帝应付得很满意。《东京梦华录》记载：高俅管理军队沿袭了自己的混混思维，顺应着皇帝的行事做派：没事儿就搞军队争标竞赛，弄些花样百出、场面又宏大又热闹的花架子。徽宗每次检阅都乐得满脸开花。心里一高兴就连发"免检证"，从此不再过问军队，一门心思放心加安心地与他的另一个玩伴去玩儿艺术了。

1

被贬杭州

他有着无与伦比的艺术才华，时人说他的字是"冠绝一时，无人出其右者"。就连一向自负的米芾也心悦诚服地表示，自己的书法和他相比还有很大差距。如果说这是巴结心态作怪，那另一位名流简直是狂热粉丝。

他在两位仆人的扇子上随意题了杜甫的诗句。没几天这两位就成了阔佬儿。原来扇子被一位亲王用两万钱给买走了，这位亲王正是端王赵佶，日后的北宋皇帝宋徽宗。从看见那潇洒的墨迹，赵佶的心就再也放不下了。一字之缘，这位皇帝认定了一生的知音：蔡京。从此他得以站在帝国之肩呼风唤雨！

蔡京24岁中进士，从地方官儿一直做到朝中宰相。

宋神宗支持王安石变法时，他是坚定拥趸，大展实干家风采，残酷打击保守派。当垂帘听政的高太后废除新法，蔡京又迅速调矛头，在短短五天内就将自己管辖区域内的新法废除得一干二净，并跑到保守派代表司马光家里做报告表心迹。林语堂有一段精辟论述：中国人得意时信儒教，失意时信道佛两教，而在教义与己相背时，中国人会说"人定胜天"。一些人的信仰危机在于经常改变信仰。蔡京就是这种描述中的佼佼者，他善变的速度无人能及。常常其他人还未看清方向时，他已果断抛弃旧主，跑到新队伍中了。所以蔡京无论做改革派还是保守派，都用实干和成绩得到了一把手重用。

公元1093年，亲政的宋哲宗启用章惇重新变法，蔡京马上变身，协助章惇打击保守派。蔡京信奉识时务者为俊杰，谁能做跳板就依附谁，他在变法派与保守派之间数易其脸。他不属新派，也不属旧派，看形势行事，欺下媚上的本领玩得驾轻就熟。才华第一，德行倒数第一，德不配位的蔡京不怕事儿，就怕没事儿。如果风平浪静到哪里钻营？就在他上蹿下跳时，在以其为原型的"歌曲排行榜"上，蔡京收获了百姓为他写的第一首歌："大惇小惇，入地无门；大蔡小蔡，还他命债。"

公元1100年，20岁的赵佶继位为帝。刚上任，北宋上空便出现了一颗彗星。这可不是什么好兆头，封建时代天象就是王道。彗星是灾祸的谣言满天乱飞，到处都能听到国家有难、皇帝倒霉的言论。朝臣一致认为这颗丧门星是蔡京。他们本来就恨蔡京，只是苦于没机会挤对，这下好，都不用栽赃，这个投机分子的罪名一划拉一筐。以陈次升为首的大臣们勾勾画画，弄了份厚厚的上书，众口一词激烈弹劾。相好被攻击，宋徽宗心里很难受。自己刚刚上任，威信未树，大事未做，纵使知音有难也断然救不了。屁股之下的龙椅还没热乎，总不能在摇摇欲坠之际去对抗众怒吧。尽管不舍，宋徽宗还是忍痛将蔡京罢相，贬为太子少保，出居杭州。

2

重回京城展拳脚

做端王时，赵佶就是娱乐界通才。如今做了皇帝，当然要让爱好最优化。他派宦官童贯以内廷供奉官的身份到杭州为其征集古玩字画。蔡京立马嗅出了味儿。他机心敏锐，怎能不知道皇帝欣赏自己呢？自己的书画是徽宗的心肝儿，如果运作得好，它完全可以成为打通京城通道的钻头！蔡京将字画装裱修饰，又向童贯提供了一份杭州城内顶级古玩字画的名单。最拉风的是，他还弄来了宋徽宗梦寐以求的南唐周文矩真迹《垂屏会棋图》。这些极具分量的见面礼让皇帝笑得很舒坦。

就这样，每次童贯到杭州，蔡京就放下身段陪吃陪喝陪玩儿，很快就与童贯成为密友。光用作品联络感情还显虚弱，蔡京舍下血本，动用老底贿赂童贯，让他代为进京周旋。拿人钱财与人消灾。童贯得财后除了忽悠皇帝，还联络朝中大臣、宦官宫妾、使女，将这些人全部用钱砸晕。一时众口铄金，对蔡京的点赞爆屏。

自从蔡京走后，徽宗过得很是寂寥。正苦于没理由起用蔡京，如今对他好评如潮，徽宗猛一个调令将蔡京调回京城重任为相。

蔡京笑了，笑得得意扬扬，一番心思总算没白费。他知道，对付这个轻浮浪荡的书生型皇帝，只需用才华轻轻一点，便可以击中他的软肋。虽然小获成功，自己还要狠狠加油，让这种影响力在他身上持续一生一世！

徽宗很配合，马上给了他一个机会。他表示希望继承父兄遗愿锐意改革，亲昵地征求蔡京的意见："我的父亲和兄弟都支持改革，我要继承他们的遗志，你怎么看？"蔡京立即跪倒："愿为陛下效犬马之劳，万死不辞。""京顿首谢，愿尽死。"还有比这更纯正的表白么？二人相视一笑，从君臣瞬间升级为铁杆儿。蔡京暗自庆幸，自己得到了这种近乎耳鬓厮磨的亲密信任！有多少人挖空心思要得到这样的表白而不得，他隐隐感觉，自己的"小时代"就要来了！

先前赵佶曾颁布法令让学士们对国家建设建言献策，并改革朝政，平反冤案，提拔人才。天真的士子们争先恐后地提意见。可是没多久他们就发现风向变了，很多呕心沥血的建议都被当成了污染源。他们哪里知道，蔡京频繁给皇帝灌输"空谈误国、实干兴邦"的理念，说书生的建议不靠谱儿。

当时朝中新旧两派闹得不可开交，徽宗的艺术闲心被折磨得烦躁不安。不知道蔡京是否学过麻衣相法，徽宗的表情让他验证了自己的揣测。这个投机分子为给自己的飞黄腾达创造"无菌环境"，要借皇帝之手将那些上书言事的正直人士统统除掉。为此蔡京专门成立了"五人小组"，成员有蔡京蔡攸父子，自家门客强浚明强渊明兄弟，还有学者叶梦得。蔡京率领小团队，废寝忘食，拿出百分百的精力替皇帝"分忧"。他们把上书者按言论分为七种类型，杀一些贬一些再废一些。很快蔡京就交上了成绩单：将司马光、文彦博、苏东坡、黄庭坚、苏辙、范纯仁、程颐等109人列为"元祐奸党"，又"黜元祐害政之臣，第其首恶及附丽者"120余人。新派旧派黑道白道一锅端。宋徽宗亲自执笔将这些杰出的名字刻成"元祐党人碑"，竖立在皇家门口，以正视听。

　　为免后患，蔡京提醒皇帝："这些人的著作太具煽动性，恐怕对您的统治有影响。"于是宋徽宗下诏，将苏洵父子及黄庭坚等一大批文化泰斗的不朽著作悉数焚毁。还没完，因为优秀者还有优秀的后代。为让这些后代们没机会上告申冤，蔡京又忽悠，于是他们的儿女得到了还不堪的待遇：驱逐出城，不得在京城做官，不得与朝中官员子女结亲，不得随意参加科举考试！

3

蔡京的目的

　　接着蔡京又上奏："陛下欲继承父兄之志，臣恳请按照熙宁制度，设立部省讲议司，以完成陛下心愿。"皇帝点头后，蔡京放开手脚，将心腹吴居厚、王汉之等人安插进中枢，彻底把持了朝政。从此，新党亡了，旧党死了，蔡党风头正劲。从此，官吏任免、财政收支及宗室事务都由蔡京一手操办。

　　蔡京轰轰烈烈地折腾人：打击对手政敌，摧毁国家人才；赵佶则大张旗鼓地折腾事：寻宝猎奇，耗费国家钱财。他搞收藏，办书画院，主持书法绘画大赛，全是大动作。不管动用多少民力，花费多少银子，凡是皇帝要干的事蔡京一律鼎力支持。一个是投机者，没什么政治修养和道德底线的老油条，一个是三分钟热血、没常性、做事凭感觉的书生帝，共同的爱好、相似的才艺将两人捆绑到了一起，啃噬着帝国的躯体。

　　徽宗对艺术一触即通，对政事却是愚钝不灵。他百分百地信任这个知己，完全看不出蔡京的真实意图，摸不清他的出牌方向，被蔡京玩弄于股掌浑然不知。还沾沾自喜地庆幸：帝国得蔡京幸矣。君臣二人互为粉丝，天天见时时见也不腻歪。

　　蔡京是聪明人，皇帝倾慕自己、喜欢自己，这就是资源。他那么痴迷笔墨纸砚，那么喜欢沉醉于"天青色等烟雨"这样的浪漫意境，真好！他越文艺、爱好越多，自己就越有前途。天下是赵家的天下。自己和皇帝再亲再铁也逃不过君臣框架。高兴了请你喝一杯，不高兴没收乌纱、索取小命儿都易如反掌。要让这些极具破坏力的结果不在自己身上发生，就只有让皇帝在享乐中迷失，在迷失中沉沦，在沉沦中不能自拔。蔡京开始全方位多角度地介入皇帝生活：

吃穿用度、感情走向、舌尖幸福、装修等级、文化追求、特长爱好，这些都是皇帝最爱，更是蔡京眼里的"国事"。既然这些资源能通向辉煌，为什么不好好利用呢？卑鄙者从来不会只把卑鄙作为自己的通行证，他们总是要将锦袍下掩藏的那些卑鄙慢慢转移，悄悄渗透，继而把卑鄙洗白。蔡京爱权、恋权、贪权，对他来讲，没有官帽的脑袋简直不是完整的脑袋，不穿官服的身体简直比朽木还要不堪。费尽心机重回京城，亲近皇帝，就是要做帝国老二，把皇帝拥有的一切尽可能多地转移到自己手里。他狡猾现实，精明能干，是务实者。而赵佶轻浮软弱，耽于享受，是典型的务虚者。务实对务虚，攻无不克。对于蔡京这样的弄权高手，要让皇帝放手放权，办法很简单：那就是把这只纸老虎关进金笼子，让他在耀眼的光芒中晕头转向，只有亮瞎他的眼，他才能安于萎靡。到时候自己出手，岂不是囊中取物，任意取舍？

不过，皇帝虽然政治无知，但有文化，不是随随便便就能打倒的。他要找一种依据，让皇帝心安理得地玩儿。

4

用"高尚理念"打动皇帝

蔡京根据《易经》炮制出一个"丰亨豫大"的理论：意思是太平盛世，君子就要有"君子气概"，敢花钱敢享乐，不敢玩不会花就会失去上天眷顾。他还援引《周礼》的说法叫"惟王不会"：作为君王，所有花费都不必算计，过分节俭苦自己对君主来讲是可耻的。这样荒唐的话宋徽宗听了居然喜笑颜开，不，简直是心花怒放："亲，还是你懂我。"他打心里喜欢蔡京，这厮不仅能干，最重要的是可以谈诗论道、品茗听曲，可以一起赋诗对唱，研习书法。这样的宝贝哪里找去？既是下属又是心腹，既是理论家又是实干家。最重要的是，他可以作为知音解决心灵饥渴。世间千般情意万般恋，最初的由头仅仅是能玩到一块儿。

在蔡京不动声色地引导下，一个拥有无上权力的大艺术家领着一群文艺爱好者开始了肆无忌惮的品位之旅，在极乐世界里忘我飞翔："悦声色，起土木，运花石。" 蔡京从思想到心灵，从皮肉到灵魂，无微不至，关怀备至。他告诉皇帝：国宴规格要大手笔，把瓷碗瓷盘全部换成玉碟玉碗。起初皇帝有顾虑：

"先帝曾修了一个数尺高的小台，上书者便接踵而至。朕畏人言，若人言一兴，朕就是有一百张嘴也说不清。"蔡京劝道："事若合于礼，人言不足畏也。再者，天下者陛下之天下，陛下就是拿天下所有东西来享用，有何不可？区区玉器，何足道哉！"他又纠正皇帝：住小别墅没品位，住"主题别墅"才有国际范儿。徽宗的羞耻心本来就少，一经鼓励索性全抛。蔡京从当上宰相那天起，就一刻不停地怂恿皇帝大兴土木，君臣二人高度默契，珠联璧合。

赵佶信奉道教，在蔡京推荐下，那些能吹敢吹的神汉巫婆地痞流氓都轻轻松松混进了中枢。这些人是蔡京的得力助手，他们哄皇帝烧香拜佛，烧钱镀金，盖庙筑堂。皇帝大嘴一张，授予他们仙号、官职，成为朝廷命官。又置道官二十六等，有诸殿待宸、校籍、授经等等，相当于朝廷中的待制、修撰、直阁。在京城汴梁以及全国各地大修道院宫观，还规定了"道场仪范"，令不同门派的道士各派十名代表到京城参观学习。蔡京借此良机，指使那些道士故弄玄虚讨徽宗喜欢。"通真达灵元妙先生"林灵素说徽宗是玉皇大帝的长子神霄玉清王降临尘世，说他的宠妃是九华玉真安妃降世。徽宗喜不自禁。蔡京又建议集今古道教事为纪志，全国上下被此搞得昏天暗地。

蔡京当宰相第三年，就怂恿皇帝在苏州设立应奉局，由蔡京心腹朱勔负责，专门搜集奇花异石。宋徽宗则视东西好坏对淘宝者委以不同官职。只要你长了一双发现的眼睛，就会和官运撞个满怀。操作简单回报丰厚，哪个不使出全部恶行来害民以谋官？无数家庭妻离子散，家破人亡！持续20年，让国人深恶痛绝的"花石纲"，直接酿成方腊起义。农民们风风火火起义之际，蔡京又为赵佶设计了一个美好的蓝图：修建艮岳，前后达6年之久。

所有这些都离不开蔡京过人的能力、精密的心思和缜密的思维。他将所有才华都幻化成了只为服务皇帝一人的独特技能。

5

专心研究皇帝

蔡京是成功的投机分子，谁有用巴结谁，出尔反尔，投机善变。表面看他很"幸运"，似乎是学得了"实用主义"的真谛……其实不是这样，杀人者必被杀，算计者必被算计，他只不过是做好一条奸狗。

蔡京认为：在君权社会，尊君就是爱国，为国理财，就是要把其中的一部分供给皇帝挥霍。蔡京执政20余年，3次罢相，每次都是时间不长就被起用。原因不仅仅像历史记载的那样：蔡京门生故吏盘根错节，牢不可破，更主要的是蔡京用浑身解数取得了徽宗非同一般的好感。徽宗曾经7次到蔡京府上登门拜访，并将女儿延庆公主嫁给蔡京的儿子。蔡京依据徽宗对自己的艺术才干赏识这一点，不断地深化演绎，层层渗透，牢牢把握住了皇帝的心，从而逐步发迹。蔡京执政后对皇帝百依百顺，处处维护，千方百计地满足皇帝的各种欲望，较好地保持了"国家的稳定"。徽宗满意之余，更加委以重任。蔡京从来都没有忘记：虽然皇帝拿自己当知音，但那种与生俱来的帝王意识是深入他骨子里的，皇帝也无时无刻不在提防着自己。虽然自己小心加小心，在各方面都避免让皇帝觉得自己锋芒太过、势头过猛。徽宗还是将他贬了用，用了再贬，反反复复，以此提醒他："你虽然很能干，但别忘了，我永远都是你的皇帝。"贬的次数多了，蔡京学精了：他只专一样儿，怎么才能让皇帝远离政事，不问民生。他所有的功课就是研究皇帝雅兴、了解他的嗜好，处处迎合，支持鼓励他。皇帝也有懒政这个潜质：他根本不在乎什么天下，只在乎天下好玩的东西；他也不在乎什么百姓，只在乎百姓能给他创造多大价值。蔡京看准这一点，剩下的就很简单了，最大限度让皇帝放权让权，不问政事。

6

实现"理想"

"当官不发财，打死也不来"，蔡京用"政绩"发财。

当引诱收到奇效，把皇帝关成功关进享乐的笼子后，蔡京开始收网。他相继掌握了行政、军事、财政大权，开始了窃取之旅：对百姓横征暴敛，贪污受贿；对同僚排除异己，打击报复。为了爬上去，莫须有地弹劾曾布贪赃枉法，将曾布父子抓进大牢刑讯逼供，然后贬往外地。把曾布折磨死后，空出的相位成了他的安乐椅。

蔡京的人生进入巅峰之际，帝国的前程也开始跌入黑洞。

蔡京敛财的诀窍是"搞发明创造"。公元1103年，蔡京实行更盐钞法，设置买钞所在榷货务。商人们先存钱到榷货务，然后换新钞去产盐州取盐。旧钞全部作废，新钞价值只有原来的三分之一。这让很多人一夜破产，辛劳几十年存下的钱全部作废。早晨还是大富，晚上就成了乞丐。自杀者不计其数。

蔡京又出增价折纳法和和籴之法。折纳就是把钱和物反复折变，"既以绢折钱，又以钱折麦。以绢较钱，钱倍于绢；以钱较麦，麦倍于钱。辗转增加，民无所诉"。和籴是以备边积粮为名推行的一项聚敛措施。蔡京下令坊郭、乡村以民户等第先给钱，收成之后，以时价折粟入边郡。到后来又行均籴，即不论家里是否有存粮，都要摊一份官粮，许多食不果腹之家也要交纳官粮。

蔡京虽有一些政绩，但他的种种努力实干只是邀宠固位、投上所好的手段。他独创的"丰亨豫大"更是影响力空前，上自徽宗，下至各级官吏纷纷仿效，竞相奢靡，将"熙宁变法"积聚起来的财富消耗得一干二净。在极度疯狂地榨取民间资本和残酷剥削的境地中，蔡京得到了百姓为他写的第二首歌："打破筒（童贯），泼了菜（蔡京），便是人间好世界。"

蔡京所有的辛苦机心、心血和付出为了什么？做苦行僧、悟道者？不，只有享受才看得见摸得着，蔡京开始步皇帝后尘。住大宅子：府第由数百户百姓的房基地扩建而成，院中古木参天，奇花绚烂，花园之大，几天都逛不完。吃顶尖美味：蔡府厨房单打下手的婢女就有几十人。某人买了蔡府家厨房婢女做小妾，很期待地让小妾做包子。小妾万般推辞，原来她只是个会切葱丝的小角色。蔡府的厨子都有细致分工，切葱丝的绝不切姜丝，揉面的不能炒菜。可见蔡府大厨之范儿。蔡京爱吃鹌鹑，做一碗羹汤需要杀数百只鹌鹑。每到蔡京生日，各地官府全部紧急行动，准备礼金、名优特产、奇巧物件。再把土特产打包封好，派千里马快递到蔡府，时称"生辰纲"。正是梁中书为蔡京生日而送的"生辰纲"，让晁盖等好汉拥有了在水泊梁山安营扎寨的物质基础。无法想象，那是多大一笔银子！江西有种特产叫黄雀脘，是用黄雀的胃加工而成的美味，因黄雀稀少，胃也小，所以每年只能生产数百瓶。这其中除了上贡朝廷，其余便作为"生辰纲"送到蔡府。蔡府库房往往存放有百瓶之多，每次蔡家宴客，一次都能拿出十多瓶。蔡京吃一顿蟹黄馒头的花销是一千三百贯钱。

宋徽宗到蔡京家听戏，蔡京准备的食谱是"扁食""干焖羊肉""兴化米粉""鸡卷""九仙狗肉""九仙斋"等。宋徽宗吃得大快朵颐，临走前留言，明天还来！第二天蔡京父子大做准备静等皇帝光临。中午时分，宦官匆匆来报：

昨天晚上皇帝和皇太后在您家吃得太饱，正躺在床上闹肚子呢。蔡京当即叫蔡攸拿出九仙茶和咸柑，亲自进宫为皇帝、皇太后熬药。母子俩喝了老蔡熬的汤水肚子立马舒服，之后"九仙茶"便被列为贡茶。

混得有头脸，老婆自然以群计。蔡京姬妾成群，奴婢无数，仆人如云。私生活这么"高端"，蔡京的事业经营得也很"成功"。几个儿子全都身居要职，兄弟姐妹都跟着鸡犬升天，是正宗靠升官发财而起的豪门望族。

7

皇帝的保护

宋徽宗有一幅传世画作《听琴图》：静谧的画面，悠远的意境，一位俊朗书生双手抚琴，神情专注；旁边穿红袍者面露浅笑，听得投入而痴迷。这二人一个是贵为天子的宋徽宗，一个是位极人臣的蔡京。他们是君臣，是朋友，更是知音。琴瑟和鸣，心心相印。这一对艺术才华造诣皆非凡的知己，一个用浪漫轻佻的态度，一个用居心叵测的手腕，将北宋帝国变成了他们的钱袋子，任意支取挥霍，直到它被金觊觎后颓然倒塌。

作为知音，宋徽宗对蔡京相当够意思。

蔡京引诱皇帝一点点掏空国库，民生凋敝。各地对蔡京的弹劾信件雪片一样飞进皇宫，宋徽宗全都压了下来。蔡京当宰相20多年，四次遭贬。但每一次被贬都不是宋徽宗本意，而是屈从于民意。等风声一过，徽宗总是不顾众人反对，迫不及待地将蔡京从谷底捞出来，再送上顶峰。蔡京每一次被贬对百姓们来讲都是一个重大节日，鸣鞭庆贺，奔走相告。蔡京从不气馁，想尽一切办法曲折回京。等到再掌权力，他就将心里的仇恨重温一遍，然后列出名单，对当初弹劾他的人进行激烈的打击报复。被他打击的大臣官员有一千多名，被连累的更是无数。在这些事件中，宋徽宗睁只眼闭只眼，持默许态度。他曾七次到蔡京府第拜访，赏赐不计其数，甚至将他家的媵妾封为夫人。蔡京年老时，皇帝特许他在家办公，使他靠卖官帽发了大财。

文艺女神她老人家并不根据人品来赐予技艺，做事太随意！像蔡京这样骨灰级的反面角色，却赋予一身天赋。这个智力超人的人"身为国相，志在逢君"。赵佶君临天下！蔡京飞黄腾达！这对知音，生时"辉煌无度"，死时七零八落。宋徽宗和他的儿子宋钦宗被金人掳为俘虏，死在冰天雪地。蔡京一生荣华富贵，最后却栽在亲儿子手中。他的儿子为取代老爹位置，跑到皇宫求皇帝让老爹下岗。蔡京愤恨之余，竟然用子侄对祖父辈最尊敬的称呼"公"来称呼自己的儿子。能哭能笑，能神能鬼，能抬头也能弯腰，可惜天命已到，78变也无济于事。

也许是心有所觉，晚年的蔡京深感当官有风险，他想找一个好老师教孙子们走正道。请来的张先生却跟蔡京的孙子们说："别的不用学，只要学会逃跑就行了。你们的爹爹爷爷坏事做绝，不久天下将大乱，到时你们只有跑出马儿的速度才有可能幸免一死！学其他有什么用？"这话传到蔡京耳朵里，这个精明人沉默不语。

8

致命一击

惺惺相惜的知音未必是帝国的福音。徽宗皇帝是一流艺术家，末流政治家。无论在经济、外交、军事还是私生活上，这位皇帝都表现得一塌糊涂。北宋在他手里本也是没有什么令人欣喜的走向。但如果赵佶不对蔡京言听计从，不纵容他打击异己、排斥忠良、卖官窃权、任意谋利，北宋也许还可以苟延残喘。如果说北宋已是不可救药的毒瘤，是蔡京让这个毒瘤提前溃烂。

人生若只如初见，不过是几个字而已，赵佶用江山做画布，由着性子让蔡京在上面任意挥笔，用炫目的色彩搞了场华丽的破坏。

相识很美好，相知却掺杂了太多功利。蔡京是皇帝的迷魂药，皇帝是蔡京的提款机。谁也放不下谁，谁也离不开谁。一个需要权力来保驾护航，为套取最大利益提供安全保证；一个需要心思机敏来安排一切，满足自己的随心所欲。

蔡京集奸诈与能力于一身，行政才能突出。他的一切努力、才智、缜密的心思都成了满足徽宗无限欲望的苛政。惑乱人主，结党营私，倡导"丰亨豫大"，搞得天下民不聊生。管它帝国摇摇欲坠，个人利益就是万岁！贪污是有动力的！当贪污积累到一定程度，物质对蔡京已经构不成刺激了，之所以停不下手是因为惯性。这时候贪已不是为了生活本身，而是那些巧妙、机密、狡猾或者奸诈的手段带来的强大快感像毒品一样刺激着神经！并形成强大的动力：不贪就不会工作，不贪就不快乐。这种动力很可怕，也很滋润。蔡京的腰包胀，权力扩大数倍，爪牙也越来越多，他终于有能力把自己包装成皇帝第二了。

山高人为峰，危险接踵而来。

公元 1126 年，金兵来攻，徽宗逃跑，宋钦宗即位。太学生陈东等人上书，认为将国家弄到现在这般地步的是以蔡京为首的"六贼"，不杀蔡京不足以平民愤。刚上任的钦宗顺应民意，将蔡京及其子孙共 23 人流放岭南。临行前，蔡京写下一首《寄子攸》："老懒身心不自由，封书寄与泪横流。百年信誓当深念，三伏征途曷少休。日送旌旗如昨梦，心存关塞起新愁。缁衣堂下清风满，早早归来醉一瓯。"就在他的愁绪未平时，又接到了令人心碎的消息。《挥麈录》后录卷之八记载："蔡元长既南迁，中路有旨取所宠姬慕容、邢、武者三人，以金人指名来索也。"被贬路上，皇帝竟以金人之名索取蔡京三位宠姬。蔡京不禁老泪纵横，只能作诗疗伤："为爱桃花三树红，年年岁岁惹东风。如今去逐他人手，谁复尊前念老翁。"

靠着逢迎取悦，站在帝国肩膀崛起的蔡京遭遇致命一击，再没有了往日的耀武扬威。

9

死在钱堆里

蔡京将金银珠宝装了满满一船，思谋着有钱保驾护航，虽路途遥遥也不至于吃太多苦。万没想到这一船钱财害了他。蔡京得意时，百姓恨意汹涌却无可奈何。如今天赐良机哪能错过？从开封到岭南三千里，天南海北的百姓创造了一个奇迹：没有一人将食物、衣物、住处提供给他。

百姓，你对他哪怕只有一点点好，他也会回报以千万倍的好；当不能忍受时，他们会万众一心众志成城。在百姓眼里，靠当官发财的人身上都有着深深的原罪。百姓仇的不是钱和能力，仇的是无所顾忌、无所忌惮、无所畏惧的贪婪掠夺，仇的是敢践踏一切人间法律、铤而走险草菅人命的极端榨取！这种心情，当遇到合适机会，便会像火山岩浆一样汹涌喷发！蔡京一辈子苦心孤诣，绞尽脑汁，终于在垂老之年遭遇岩浆！

　　吃尽人间美味、喝尽人间琼浆、住尽人间别墅的蔡京想不到，这世界居然也有钱办不到的事！也有钱买不来的人心！他寄身潭州破庙，饥寒交迫，举目陌生，痛悟人把钱带进坟墓的速度真真不及钱把人带进坟墓的速度。他呐喊："京失人心，何至于此？"凄凉回声撞击着苍老的胸膛！从昔日如日中天到如今形影相吊，曾经不可一世的霸气归于何处？无限伤感中，蔡京为自己写下了墓志铭："八十一年往事，三千里外无家。孤身骨肉各天涯，遥望神州泪下。金殿五回拜相，玉堂十度宣麻。追思往日谩繁华，到此翻成梦话。"最后，他腹背相贴饿极而死，没有棺木，以布裹尸，被埋进乱坟岗。迷信了一辈子钱，临了，让钱送进坟墓！

1

为皇帝淘宝

作为太监，童贯长得太对不起编剧的想象力了。高大伟岸、棱角分明的脸膛上一双炯炯有神的大眼，宽阔的下巴生着胡须。这不由得让人怀疑那些助纣为虐、欺诈百姓、打击对手的事真是他干的吗？

先忽略一下他的阴暗面儿，事实上，童贯有时相当具有正人君子的品性和作风，做人做事讲义气、敢作敢当。

太监通常是打小净身入宫，童贯净身时已经20多岁了，比那些打小就被送进来的小宦官更懂得人情世故。进宫时他曾拜在同乡李宪门下。李宪是神宗时期著名宦官，曾在西北边境上担任监军多年，战功赫赫。童贯读过四年私塾，有点文学根底，又跟随李宪出入前线，学到不少军事常识。这就让他和平常的宦官有了天壤之别。不能说文武兼备，但也绝对不是粗人，加上豪爽的性格、缜密的心思，又会来事儿，好的基本条件他占了好几条。不过青年时期，童贯一直默默无闻。徽宗上任时，童贯已经48岁，到了男人事业黄金点的年龄。无论处世经验、阅历、精力都臻于巅峰。就在这一年，童贯的命运出现了转机，他被宋徽宗委任为内廷供奉官，专门为皇帝寻找各种珍奇古玩、宝贝藏品。供奉官这个职位相当于皇宫的采购长官，起源于唐朝，如翰林供奉等，发展到宋朝时只表示品级，并不是一个多高的职位，但却是一个隐性与灰色收入的平台。童贯的工作简单点说，可以定位为职业淘宝人。什么好吃的好玩的好看的好听的，只要是皇宫里没有的，统统淘来。往来于全国各地，捎带着把游山玩水、品尝美食的活儿一块儿干了，是"美差加肥差"。

　　童贯十分珍惜自己的工作，干得有声有色。如果 48 岁前是养精蓄锐，那么 48 岁后就是重拳出击了，一直到飞黄腾达。童贯在为皇帝寻宝的过程中，最大的收获就是结识了在杭州的蔡京。当被贬杭州的蔡京得知童贯是朝廷供奉官，即使出浑身解数来巴结童贯：请吃请喝，陪游陪逛，还把自己 16 岁的亲侄女送给童贯。童贯凭着细致入微的观察和敏锐精准的预测，断定蔡京前途不可限量，只要和此人搞好关系，将来肯定不吃亏。于是乐得享受蔡京的照顾，并倾尽全力地把赌注押在蔡京身上，为他重回朝廷出钱出力。

2

投资蔡京

　　做无名太监时，童贯就很注意打造关系网，童贯早就认识到了这一点。他虽然出身平民，却按高标准来行事：待人接物随和亲切，不自大不摆架子。他最招人待见的特点就是会来事儿，会笼络人，而且目的性非常强。他很好仗义疏财，却又并不像及时雨宋江那样不分对象不图回报，逮谁向谁撒钱。童贯的散财对象只限于后宫妃嫔、宦官、宫女、能够接近皇室的道士、天子近臣等。后宫那些宫女们闲得五脊六兽，精力多得无处消遣，有大把大把的时间可以传播新闻散布谣言扩大小道消息，是最优质的发声途径。童贯决心让这个小群体动起来，隔三岔五就出宫买些首饰香粉之类的小玩意儿，哄那些"大喇叭小广播"们高兴。拿人家的手短，时间长了，不用暗示，这些女人就主动为童贯说起好话来了。很快他就成了大侠、义士的形象代言人。女人们的感恩很长久，自己好不容易某年某月某天有幸见到了皇上，除了撒娇放电俘房皇帝，总不忘刻画一下童贯的高大形象。这就是童贯放长线钓的大鱼，还有比被皇帝夸更好的奖励吗？众口铄金，积毁销骨。万众一声的力量胜过山呼海啸！所以童贯从来不瞧不起人，什么倒尿桶、扫卫生、买菜、洗衣服的，宫里所有配角儿、次角儿、差角儿，在他眼里都是潜藏的贵人！指不定哪天，这些人就会或直接或间接地为自己带来机会。对于那些新新人类小字辈、地位能力都不如自己的人，他也从来不拿白眼球对待。

作为供奉官，童贯随便动一下心思都会有可观的进项。但他并没有把眼光停留在捞油水的肤浅层面，他要用这个难得的机会来换取收益最大化。这就需要强大的靠山。

他看好蔡京。

徽宗喜欢江南的一切，这让童贯能够有效驾驭皇帝。他全心全意地为皇帝提供江南的书画宝物及古董，同时也全心全意地为蔡京回京全力周旋。两人用计谋、圈套把杭州城内富商大贾的古玩字画骗得一干二净，在徽宗面前很是露脸。外形阳刚威猛并不妨碍童贯心细如发，他发现，虽然徽宗很喜欢江南名画，但他似乎更喜欢蔡京的书法，经常对着蔡京的字痴迷陶醉。于是他就按照直觉，让蔡京创作了很多字画献给皇帝。这举动比投怀送抱的效果还要好！皇帝很满意，脸上成天挂着爽歪歪的笑，对童贯更亲近了。童贯对蔡京的美言也更多了。这让他身边的心腹小太监们很不理解：顶蔡京这样的倒霉鬼不等于肉包子打狗吗？童贯捋着胡须说："错！以我们的身份，现任宰相哪个能瞧得起我们？巴结起来不下血本是撼不动的。还不如我们自己扶植一个靠山，你们想啊，蔡京被贬，戴罪之身，这种人给点阳光就灿烂，投资少，见效快。以蔡京为人，他绝不会久居人下。他一上去，我们还不都跟着坐飞机吗？相信我没错，他不仅是一只潜力股，还是一只绩优股！"

童贯一直以宦官之身深藏功名之心，梦想有朝一日能在军事上有所作为！因此处处留心经营。不得不佩服童贯的火眼金睛，他的眼力和预测水平都超过了算命先生。果然，不到一年，蔡京就像坐飞船，三步便窜到了宰相位置。

3

获得军权

童贯对蔡京喋喋不休的推荐，自然勾起了皇帝对蔡京的想念。再加上曾布想用蔡京对付韩忠彦，也极力推荐，终于尚书左丞的职位顺利光顾了蔡京。

蔡京上任的第一件事就是向皇帝推荐童贯做官。在蔡京的持续努力下，童贯圆了军人梦：任西北监军。这是钦差大臣，代表皇帝监督在外打仗的将军，虽没有指挥权，但可以与"统帅分庭抗礼"。

很让人纳闷儿，堂堂北宋难道没人了吗？怎么派一个太监去安塞守边保家卫国？这事儿要是追根溯源，问题出在宋太祖身上。当年他在陈桥驿一袭黄袍加身抢了柴氏江山，总担心手下人走他的老路，就千方百计削弱武将权力，"杯酒释兵权"后又制定"重文抑武"国策。兵部不管打仗只管仪仗、武举和招兵等事。势力越来越大的文官渐渐把手伸到了军事领域。文官武将水火不容，频繁内乱。为了避免内耗，皇帝想到了第三方：太监。你想，太监不能生子，没后代自然就不会有贪功篡位的可能，这不就是"万能险"吗？所以，宦官带兵是募兵制下的畸形产物。

童贯更多的是沾了光儿。

其实从为皇帝征集古玩开始，童贯就已经走进了皇帝内心，踏进了权力核心。童贯很会把握机会，每次为皇帝服务都没有玩虚的。干好干得漂亮是他的原则，得到肯定褒奖直到离不开才是目的。因此他从不懈怠偷懒，分内事做得滴水不漏，身边事做得圆滑周到，未来事更是舍得下本。成为朝中干将，凭的是精明。他粗活儿细活儿都做得，搜古董时专业又内行；上战场总是战功赫赫；宫中开山建庭又承担了大部分工程。文武相佐，样样出色。宋徽宗很是喜欢，赐给他一座超大宅子。太监身并不妨碍妻妾成群、儿孙满堂，童贯过着呼风唤雨的生活。可到了宫里，童贯依然一身窄袖宫服给皇帝跑前跑后，勤勤恳恳、小心翼翼，和刚入宫的小太监没什么两样。

4

统兵打仗

西夏的频繁骚扰搅得宋徽宗吃不好玩儿不好，童贯上任正是恰逢其时。公元 1103 年，皇帝接到西北驻军发生叛乱的消息，立即授命童贯率 10 万大军前去收复青海甘肃被抢的地方。

作为太监，领兵打仗是无上的光荣，童贯豪情万丈、志在必得。他率大军一路急行军，到湟川时，命大军就地歇息，然后杀牲畜祭军旗饮血酒举行宣誓仪式。就在众人手忙脚乱之际，小兵飞马来报："大事不好！皇宫失火啦！皇帝说这是不祥之兆，急令大军班师回朝。"童贯心理素质超好，他平静地看完手谕，一声不响塞进了靴子里。主将问："信上怎么写的？"他答："皇帝预祝我们凯旋！"说完把小兵打发走，率领军队继续挺进。

到了战场，童贯从容不迫，周密布局。将士们挥动长戟，冲锋陷阵，奋力拼杀。经过残酷肉搏，战乱很快平息。童贯是懂军事的，小试牛刀就大获全胜。庆功宴上，大伙喝得东倒西歪，童贯很随意地拿出皇帝的手谕让大家传看，众人看到"速归"二字大吃一惊："你竟敢违抗皇帝的命令？难道就不怕这一仗打败丢了脑袋吗？"童贯的回答非常纯爷们儿："所以我当时怕影响军心，没敢告诉你们。如果打败了，反正我无妻无子，大不了我一个人扛着。"将士们是真感动，简直佩服得五体投地，呼啦啦跪了一大圈儿，为童贯的有情有义有担当而心悦诚服。童贯这一招儿，虽然不排除树威树形象的作秀成分，但他的秀作得恰到好处，让人感动，让人温暖。童贯深谙人性，对待弱者的态度是赢得口碑的绝好契机。在庆功宴上，他又做了件锦上添花的事：此次叛乱，一位将领不幸战死，留下年幼儿子流落市井，成了小乞丐。童贯暗地里派人找到这个孤儿，当着将全体将士的面儿收他为义子，承诺让他受教育，将他抚养成人。这件事为他赢得了超高分儿，太感人了，士兵们又呼啦啦全体跪倒。童贯用情义征服了士兵，大伙纷纷表示一辈子跟着他干；又用战功征服了宋徽宗，受到了高规格礼遇。帝国军事是弱项，已经许久不曾体验军事上的辉煌与荣耀的滋味，从朝廷到百官，都非常迫切地需要一场欢欣鼓舞的胜利来驱散死气沉沉的沉闷。童贯的小胜刺激了众人期待已久的兴奋点，他理所当然地成为帝国上空冉冉升起的耀眼新星。皇帝也不计较他抗旨不遵一事，亲自为他接风洗尘。童贯那份从容果断和大气担当征服了宋徽宗，破例提拔他为景福殿使、襄州观察使。接着宋徽宗又很放心地把整个西北都交给了他，让他全权主持该地区的军事。

别小看西北那块地方，北宋时，西北将帅是很特殊的一个群体，好多大将都是传承自五代，居住的府第就是实际上的藩镇。因为北宋执行的是重文抑武政策，大将再能打在朝廷眼里也是作为可能的"反臣"千般防备。因此西北大将们各有想法，对朝廷也并非死心塌地，这就使得西北将帅很难管理。童贯曾师从李宪，军事素质上比较合格。他先后十次深入西北各地，对当地的山川形势相当了解。又运用自己最擅长的煽情笼络人，就势用皇帝赋予的权力为杠杆，玩儿了很多手腕把戏，把众多将领整合在自己麾下。这使他在西北稳稳地站住了脚，在朝廷宦官甚至百官中都显得极有分量。

童贯在西北期间曾数次赶跑入侵者，相继收复了积石军和洮州等地，有力撑住了西北摇摇欲坠的天空，成了西北的保护神、主心骨和名副其实的帝国擎天柱。

公元 1104 年，童贯因功迁武康军节度使。徽宗为了示爱，亲自书写瘦金体《千字文》赐予童贯。这部书法作品如今珍藏于上海博物馆，曾拍得 1.4 亿巨款。恩宠到此，童贯自然荣升为宦官界牛人。

人在得意时却容易出事。

5

与蔡京闹翻

就在童贯一帆风顺之际，他和老搭档蔡京发生了不愉快。

此事由升官引起。童贯连干好多漂亮事，皇帝喜欢得不得了，非要授予他"开府仪同三司"之职。这个职位无论待遇地位还是薪酬都远远领先于宰相，相当尊贵。徽宗皇帝的父辈们还没有给任何一个宦官颁过这个"大奖"。消息一经爆料，第一个站出来反对的人就是蔡京。蔡京心里恨哪！自己苦苦奋斗了这么多年都没有混上这个头衔儿，却被一个宦官抢了先，他无论如何咽不下这口气。再说童贯那厮随着地位高升，越来越目中无人，很多事都直接找皇帝接洽，完全把自己当成了摆设。这让蔡京很恼火，早就想找机会压压童贯的嚣张气焰。因此一听说皇帝要给他升这么大的官儿，马上激烈反对。理由是此举会助长宦官气焰，于皇帝统治不利，并十分强硬地拒绝为童贯升任"开府仪同三司"起草委任书。宋徽宗一看蔡京的态度，琢磨着不能为这点事得罪他，从此也就绝口不再提给童贯升官的事儿。童贯眼线遍地，知道蔡京在背后将了自己一军，默默隐忍，伺机而动。凭着他多年积累的人缘，他再次拿出一大笔钱，挨个送给后宫妃嫔。先前他让这些女人说蔡京的好话，如今他让这些女人抹黑蔡京，散布种种对蔡京不利的言论。光有女人嚼舌头还不行，童贯又暗中联系那些跟蔡京有过节的人，让殿中侍御史弹劾蔡京。接着又使出了最厉害的一招儿：他利用皇帝宠信的道士散布谣言，说最近太阳出现黑子，如果不黜退大臣，朝廷必将有难。宋徽宗处事从来都以感性为主，迷信得要命，还喜欢偏听偏信。就这样，童贯三管齐下把宋徽宗哄傻。蔡京从来就没有得过人心，在舆论一边倒的情况下，皇帝采纳了童贯的意见，很配合地拒绝了蔡京的数次求见，罢去其相位。

童贯的手段果然不同凡响，玩儿似的就将蔡京拉下了马。

6

燕云之战

童贯有能力有手段，又有皇帝罩着。皇帝对其言听计从，甚至连对外战争这样的事都听信于他。好事成双，喜事成串儿，排队等他受用。

公元 1111 年是童贯的幸运年。他晋升为检校太尉，领枢密院事，获得了大将终其一生都难混上的武官最高职位。从此，童贯位列三公，手握重兵转战于西北边陲，与西夏、辽、金周旋十多年。徽宗是个才情浪漫帝，总喜欢锦上添花。给童贯的已经不少了，他又给了童贯一个无上光荣的任务：让他以副大使身份，代表自己与国家出使辽。童贯只要是一路顺利就算功德圆满。但偏偏命运在这次旅行中给他安排了一段奇遇：此番出境，童贯遇到了一个人，一个改变了他的命运并且也改变了帝国命运的人。

马植原本是地地道道的汉人，祖居燕京。契丹占据燕云十六州后，他被迫改姓穿契丹服、睡毡房喝羊奶。后来他担任了辽的三品官光禄卿，专门负责皇宫里的祭祀、朝会和皇帝的日常生活用品。虽然拿着辽的薪水，但他始终融入不了。他开始疯狂怀念故土，梦想叶落归根。他心里怀着恨，把自己想了千万遍的灭辽计划改了一遍又一遍，希望在有生之年能把这个计划献给北宋官员，亲眼看到辽的灭亡。因此一听说宋使童贯访辽，他顿时觉得老天开眼。他早早起身，穿戴整齐，在半道专候。童贯一来，立即恭敬求见，把自己心中隐藏多时的联金灭辽计划和盘托出：辽东北的女真人正准备起兵反抗辽，宋只要暗中派使者渡海，与女真人联合，对辽南北夹击，燕云十六州肯定会物归原主。

童贯这时已经纵横战场多年，听了马植的计划不由得吃了一惊。自从被封为太尉，童贯就对神宗遗诏"能复燕山者，虽异姓亦可封王"念念不忘。

他觉得自己真正的人生理想是封王。这马植不仅有灭辽之心，还有灭辽计策，这不等于是为自己的理想添砖加瓦么？童贯眉开眼笑：好运来，好运来！哈哈！立功的机会又来了！这是个好方案，只是时间有点不对头。兴奋的童贯当即与马植达成口头约定：时时与驻扎在边境的宋朝知州保持密切联系，等待时机，随时起事，切记切记！童贯访辽归来，立即在徽宗面前引见了马植。徽宗一听能收复失地很高兴："如果能夺回燕云十六州，一来可完成祖先遗愿，二来我搞连锁画院也有地方啦！"他接见了马植，并任命其为秘书丞，赐国姓为赵。不知道马植是不是乐得蹦起来：苦熬苦盼的梦想实现了，自己又变成了汉人，名字很好听：赵良嗣。

公元 1120 年，宋徽宗派赵良嗣以购买战马的名义出使金，商谈联手攻辽计划。完颜阿骨打大喜，辽亡自己就少一个对手，再说北宋还许诺好处大大。干，为什么不干？金有硬实力，北宋有软实力：吹嘘忽悠煽风点火狡辩抵赖。宋徽宗根本不务实，没有金刚钻儿就敢揽瓷器活儿！他对国家的军事实力并没有多少清醒的认识，整天在象牙塔里吃喝玩乐，哪里知道战场的残酷血腥？不想国家有多少可堪重用的大将？多少强兵？多少战马？有多少经济支撑？他甚至都没弄明白过去的燕云十六州和如今的燕云十六州的划分界定已经有了很大的改变，就贸然与金正式签订"海上之盟"，约好在下一年联手攻辽。

这个光荣而艰巨的任务自然又落到了童贯头上。

7

征讨方腊

浙江睦州青溪县盛产漆楮、杉材，富商很多。虽然此地偏僻，可朱勔的"花石纲"之害还是大面积波及这里。差官们敲诈勒索打劫，逼死了很多人。农民方腊暗中组织，于公元 1120 年 10 月率众起义，不到 10 天聚众数万。这些被朝廷压迫的穷人把所有仇恨都转化成了战斗力，他们相继攻占青溪和睦、歙二州，很快就挺进杭州。杭州郡守弃城而逃，义军杀掉剩余官兵，放火烧了六天六夜，把杭州城变成了人间地狱。

这一切发生在童贯率大军攻辽走后四个月内。这场起义把东南江浙一带的百姓全都调动了起来，前后数百万人参与。这样的突发事件实在出乎皇帝意料，他只顾让手下人到全国各地淘宝，不知道人民的需求和心声，更不知道为了他的一己享受全国多少百姓挣扎在死亡线上！就是这样一个连自己国内情况都不了解，国外情况更是一无所知的宅男型皇帝，居然有胆量将国家军队悉数派往边境去搞侵略？真不知智商为何物！当徽宗听到起义的消息，惊慌失措中发出诏令：让童贯率掉头平息内乱。十几万大军就这样从北进的半路上掉头南下，镇压国内起义。

不得不说，在一些重大问题的处理上，童贯显然比皇帝更理性，看得更明白，也更果断。他在南下途中了解到是由于"花石纲"而造成无数家庭流离失所、无以为生而导致起义时，立即以皇帝口吻下令苏杭两地所有涉及征集宝物的部门立即解散。童贯以宣抚制置使身份率兵15万，与起义军作战450余日，杀起义军7万多人。他又放出狠话："凡能得到方腊首级者，授为两镇节度使。"童贯手下大将韩世忠进入方腊藏身的帮源洞，将方腊及其妻邵氏、二儿子方亳、丞相方肥等三十多人全部俘虏，解往汴京杀害。

这场轰轰烈烈的农民起义被童贯镇压下去。但由于北宋忙着处理国内的乱摊子，从而错过了与金约定的出兵时间，给金人留下了背信弃义不守约定的恶劣印象。金人不满的后果相当严重。

8

两打燕云

公元1122年，金再次派使者到宋朝商议攻辽时间，徽宗任命童贯为河东宣抚使，率15万大军北上伐辽。

童贯对这次出征信心百倍，梦想着凯旋的热烈场面。就像上次打胜仗一样，君臣对饮，百官唱和，鼓乐齐鸣，一派祥和喜庆。当童贯大军挺进辽境内时，很快发现自己得意得太早了。辽兵以一当十，将北宋军队打得"死尸枕藉，不可胜计"。如果不是辽主动收兵，北宋恐怕全军覆没也不好说。童贯输得那叫体无完肤！朝廷把大军从西北拉到燕云，又从燕云拉到江南平方腊，最后又拉回燕云。这样折腾，大军早没体力了，这也不能怪童贯。但认不清形势，不能正确对待辽的使者则怎么说都赚不了同情分儿。

不久辽发生内讧，徽宗不由得发出了冷笑：嘿嘿，机会就像韭菜，割一茬长一茬！趁火打劫再好不过。于是再一次派大军攻打辽。辽后萧氏急忙派使者面见童贯，表示愿意放下武器永远做北宋朝的藩属，上税纳贡，以臣子自居。这时候的童贯内心被一种虚妄的胜利占据，早已失去了往日的理性。也许是被徽宗临行前的酒灌迷糊了，也许是近墨者黑，他的智商变得和徽宗一样短路。童贯听了辽人使者声泪俱下的请求后认为很可笑："我堂堂北宋，泱泱大国，取你等辽人还不是囊中取物，易如反掌？别说了，这仗打定了。"如果童贯稍有一点远见，有一点政治家情怀，接受辽这个诱人的建议是多么正确的选择！可惜童贯玩政治和宋徽宗是半斤八两，对自家实力没有正确认识，盲目自信，总觉得北宋是雄狮巨龙，是东方不败。

萧后没办法，硬着头皮硬凑了不到两万人。没有像样的武器，辽兵拿着各种木棍刀棒种田家伙就上了战场。这些辽人却像天外来客一样，比先前那一拨还要生猛，没一会儿就将宋朝大军打得抱头鼠窜，以至于"陈尸数百里"。这一仗将宋神宗时代积累起来的所有军用物资消耗殆尽。

9

花钱搬救兵

不经重创不知忏悔，童贯猛然醒悟：辽人这群猛兽真不是白给的。也让第三者金看明白了：原来富足丰饶的土地上住着这样一群厚颜无耻不知天高地厚狂妄自大的货色。两次大败给金扩张注入了最强大的动力。一直潜伏在童贯身边的徽宗的卧底早把童贯的狼狈相详细报告了徽宗。徽宗纸条传书，把童贯训得体无完肤。为了挽回面子，打了败仗的童贯、蔡攸秘密派人到金营求见金太祖完颜阿骨打，约请金兵进攻燕京。

公元 1122 年 11 月，完颜阿骨打率金军顺利打下燕京，不久辽灭亡。金军占领燕京后，因看透宋朝的腐败无能，迟迟不肯按原来的协议把燕京交还宋朝。经过讨价还价，金只答应把燕京及其所属的六州二十四县交给宋朝，又额外提出：宋朝必须把原来给辽的岁币转交金，另外还得每年另交一百万缗作为燕京六州的代税钱。宋朝全部答应后，金才从燕京撤军。走时把燕京的金帛、百姓等尽数席卷而去，只给宋朝留下几座空城。金军一撤，童贯、蔡攸便厚颜无耻地把宋军的惨败虚报成胜仗。一夜间，他成了收复燕云的英雄。

宋徽宗本来就好大喜功，感情用事，一听说打了胜仗，着急忙慌稀里糊涂地就陶醉在收复燕云的祝贺声中了。他不仅给童贯、蔡攸加官晋爵，还立"复燕云碑"以示纪念。金的密探一看北宋这些人从上到下都是一个德行，愚蠢透顶、无耻无畏，底牌如此，连鄙视都多余。从此吞并北宋的野心更加坚定。不怪让人家看轻，帝国的处事方式思维逻辑总是很混乱：明明没有实力却偏向虎山行，明明打了败仗却将领全获封官赏赐。童贯终于如愿以偿。宋徽宗遵照神宗"谁收复燕云十六州可以异姓封王"的遗诏，封他做了广阳郡王。这是宋朝除皇亲国戚外第一个获封如此高位的人。

从此童贯开始独断专行，恣意妄为。童贯本来就被那些咬文嚼字的朝臣看不惯，如此张狂，提前招来了倒霉。

10

替朝廷背黑锅

公元 1125 年，童贯因收复燕京被朝廷封为广阳郡王后，统率大军重镇边疆，驻扎在太原。那时野心勃勃的金已将辽灭掉，旺盛的精力和野心让他们将刀剑对准了中原大地。完颜晟下令大举进攻北宋。北宋东路大将郭药师投降。西路童贯率大军迎战，结果十几万兵全军覆没。大势已去，童贯由太原逃回开封。徽宗听说金兵逼近京城又惊又怕，下令传位给儿子赵桓，他自己则准备出逃。继位的钦宗并不喜欢童贯，令他留守都城。童贯拒不执行，自作主张随徽宗南逃。途中，徽宗的卫士跑得太慢，为了赶时间，童贯竟命亲兵射杀，结果授人以柄，

那些恨他的人早就磨刀霍霍了。大学士陈东联络众人，上书弹劾童贯、蔡京等人为误国六贼。童贯的罪名是"结怨辽金，创开边隙"。其实这有点冤，辽金之怨和他有什么关系？边境是非也非童贯造成。没办法，一到生死之际，各方就开始祸祸别人，洗清自己。

公元 1126 年，童贯被一连三贬。接着朝廷又颁布他十大罪名，钦宗将半路斩杀童贯的任务交给了监察御史张澄。《宋史·列传二百二十七》记载：童贯，"状魁梧，伟观视，颐下生须十数，皮骨劲如铁，不类阉人"。如此彪悍外形，一般人轻易不敢近身。童贯就在眼前，张澄虽手握皇帝手谕，愣是不敢下手，

而是一路跟着童贯追到了南雄州。即使跟踪成功，张澄也不敢轻举妄动。他先派人上门"拜谒"童贯，谎称圣旨马上就来，皇帝将赐给他茶叶、药物，并要童贯回京担任河北宣抚。童贯信以为真，拈须而笑："我掐指一算，朝廷离不开我！"虽一路疲惫，但他心情大好，将张澄的使者热情招待了一番，满怀期待地等待着张澄前来宣读圣旨。张澄来到后，童贯喜滋滋地身着盛装，虔诚跪接圣旨。张澄面色庄严地将童贯的十大罪状一一念出。等着谢恩的童贯傻了，意识到被骗抬头就要大骂，却被张澄派来的人手起刀落，小命休矣。这个史上最牛宦官，曾经叱咤风云的"英雄"，这个身材魁梧、心细如发、大起大落的传奇人物，死在一个并不高明的谎言中！

随着他的死，帝国大厦也黯然倒塌。这年秋天，金组织了三十多万大军进攻北宋。1127 年，都城沦陷，北宋灭亡。从屌丝到高富帅，童贯一路奋斗。但他没有公心，一心只为自己打算。虽然他参与了不少帝国的重大军事事件，但依然赢得滚滚骂名。

高俅、蔡京、童贯这三人分别用球技、画艺和武功悦上，靠邀宠手段与皇帝建立密切关系，然后玩儿自己那一套。他们作得太狠了，连画家都看不下去。

第十二章

张择端：让《清明上河图》开口说话

1

进入翰林图画院

张择端出生于山东一个书香之家，后赴京求学以求科举仕进。那时科举乱象重重，考场形势有如时令菜价起起落落没个准数。新派掌权用新考题，旧派掌权用旧考题，变幻莫测的原因只有一个：利益作怪。张择端为人中规中矩，不会使钱跑路，也不会见风使舵，因此很不能适应考场上阳奉阴违那一套，结果是考一次哭一次。好在泪干后他果断改变方向：专攻绘画。经过考察，张择端发现世人多攻写意和工笔，界画少有人问津。于是他缩小范围，专攻界画。数年后，张择端对车船、桥梁、城郭和街肆的描摹已经驾轻就熟，成为界画家中的佼佼者。

开封相国寺始建于南北朝，到宋太宗时，已经发展到占地 540 亩、僧院64 座的规模。庞大的寺院建筑风格华贵唯美：雕梁画栋，廊柱回转，精美的绘画作品无处不在，时人皆赞"金碧辉映、云霞失容"。大量绘画作品自然需要画师为其维护和修缮。一些没有门路的民间画师、高手汇聚相国寺，以此为生。张择端就是其中之一。青年时期，张择端一直靠在相国寺绘画过活。如果不是宋徽宗的出现，也许张择端将一直这样过下去，行走民间卖画为生，直到终老。

一次，宋徽宗到相国寺进香，听说寺里住着好多绘画高手，其中有一人甚至能将整座开封城搬到纸上。宋徽宗很兴奋，令蔡京调查。蔡京将张择端的底细摸得门儿清，徽宗对这个年轻人存下了极好的印象。

对于普通绘画者，生在哪个朝代基本都一样，画儿画得再好，也不过是个谋生的工作。但生在北宋就大不一样了，因为北宋不仅优待官员，更优待画家。宋徽宗当的是艺术皇帝，他不喜政事，专好建画院、开画展，频繁在全国搞美术海选。那些能描善画者均被网罗到皇家门下。张择端的好运就这样说来就来：他被皇家直招进入翰林图画院，当了专职画家，专攻中国画，用界笔、直尺来表现规模宏大的宫室、楼台、屋宇等题材。他最擅长的是画车船、市景、桥梁、街道和城郭。张择端能够把工程图的枯燥与工笔画的细致结合得完美无瑕，很得宋徽宗欢心。

2

皇帝命题作画

张择端生活的年代是 12 世纪，正是北宋末年及南宋与金对峙的阶段。国内国外形势均一片衰落，到处是剑拔弩张、水深火热的场景。国内起义不断，边境频受骚扰。宋徽宗在这样紧张的局势下，依然追求极致的吃喝玩乐。为了一己享受，大兴土木，疯狂盖楼；大搞"花石纲"，搜罗奇花异石。经手之人乱征赋税，强闯民宅，草菅人命。在皇帝的带动下，各级官员比着赛地腐化，肆意贪污，百姓苦不堪言。虽然表面歌舞升平，繁荣昌盛，但暗流涌动，衰落已现的社会是危机一触即发。宋徽宗是读书人，知道这样下去必将引发动乱，可是他死心塌地地要让今生过得活色生香，要用有限的生命享受无限的富贵。他在腐化享乐的道路上已经越滑越远，根深蒂固的生活方式再也不能回归最初的清心寡欲。他不肯也不愿停下来。宋徽宗没有执政能力，越没有越在意。他格外注重周围的肯定、民众的评价。这形成了他好大喜功、轻浮浪荡的特点。培养一大批文人、画家留着干什么用？不就是来歌功颂德、粉饰太平吗？有张择端这样的绘画高手，还愁没有"政绩"吗？为了求得内心安宁，换取一种虚幻的繁华错觉，他让张择端，这个能将开封城搬到纸上的一流画师，用画笔为自己的懒政进行粉饰，为己增光，为国贴金。虽然这并不能掩盖他低下的执政水平和穷奢极欲的颓废生活，但起码可以封住大臣的嘴，封住百姓的嘴。哪怕这种幻象只有一刻钟，也要倾力去做。

宋徽宗亲自给即将诞生的美图奠定了基调：经济发达，政治清明，盛世太平，百姓安居。画面一定要超热闹、超繁华。徽宗相信这个年轻人能够完成他的心愿，将他的帝国表现得欣欣向荣。有了这个标签，自己就可以心安理得地沉浸在极乐世界了。

张择端在长期的卖画生涯中，广泛接触到各层人民，对民间生活深有了解。当宋徽宗给出作画梗概，他即明白这是要让自己用画作掩盖苛政乱象。机会难得，太好了，那些积聚的苦难镜头，那些久积的深沉情感，那些无以为生的挣扎在死亡线的穷苦人，他们的生活需要被了解，被放大，被拯救。那些堕落的官人、凶恶的小吏，还有这个国家松松垮垮稀里糊涂的管理方式，他们的所作所为需要被重视，被提醒，被矫正。那么，就让这幅画开口说话吧！

3

定下画作基调

对皇帝的口授，张择端全部答应，唯一的要求是自主选择绘画地点。皇帝自然满足他。张择端在郊外寻了一间小屋，远离一切干扰，酝酿斟酌、苦苦构思。多年历练全面迸发，很快，《清明上河图》的场景、人物、建筑、植被便一一在脑海中铺陈开来。他用了约一年的时间，运筹帷幄，精心布局，定下了创作基调：和乐吉顺、欢乐美好的画风背后，暗藏复杂的社会矛盾和社会危机。张择端把视野拓展到高空，以居高临下的俯瞰方式，将开封的世俗人情、万千物象尽收眼底。画作长度定格为528.7厘米，宽24.8厘米。画面涵盖人物、屋宇、舟桥、船舶、树石等诸多方面。囊括了士、农、工、商、道、释、巫、医、学、兵、丐等行业共814人，牲畜60多头，船只28艘，房屋楼宇30多栋，车20辆，轿8顶，树木170多棵。张择端站在高处，面露忧戚，手握铁笔，将所有景象汇聚一处，开封城的繁华与衰落，开封城的今天和明天，在长卷上赫然呈现。

画面构思、构图妙绝至极，以故事的形式徐徐推开情节、内涵和思想。画面确是表现出了百姓安居乐业、商业兴旺发达的景象。仔细往下看：首先映入眼帘的却是"惊马闯郊市"。受惊的马即将闯入市场，毛驴在跳，老人在逃，画面传递出极度的不安。依次往下是望火亭。望火亭是开封城的标配，每个小区都有，设有专人值班站岗，如果发现某处着火可以迅速扑救。这样重要的岗位当然应该重兵把守，可画面上的望火亭中却空无一人。望火亭下面消防兵住的两排宿舍直接开了饭馆，消防用房变成了营利之地，这不是暗示消防形同虚设吗？再往下，负责传递朝廷文件和上报下情的投递站里，吏员全都睡着了，公文箱随意散放在地。这不是官府工作效率低下，吏员渎职严重的真实写照吗？画面中央，张择端将这种不安与危险推向了高潮。一座拱桥下面，即将过桥的大船眼看就要撞到大桥，却还没有放下桅杆。桥上人紧急呼叫，要船工赶紧放下桅杆，并扔下两根绳子。桥面上更不太平，占道经营者将桥面挤得满满当当，坐轿的文官遇上骑马的武官后各不相让，气得两方保镖相互指着鼻子大骂。远处，高高的城门威严耸立，如此咽喉之地却并无一人把守。士兵们都站在高处看热闹，城楼里可以看见席子、枕头。原来值班者的任务就是白天看戏晚上做梦。这样的管理，可以看出执政者根本没有武备意识。难道不怕一直惦记北宋的金人乘虚而入？当后来金人铁骑不费吹灰之力轻而易举地拿下汴京，你能说金的间谍是从空中飞进来的么？如果北宋管理严谨，严于防范，金人能轻易拿下北宋吗？

4

用情节展开画面

御林军们在酒铺里忙得不亦乐乎，他们都在热火朝天地搬酒桶。画中还有一家诊所，即"赵太丞家"。广告牌子上写着"治酒所伤真方集香丸""太医出丸医肠胃药"，还有治疗"五劳七伤"的本领。这是想说明什么？开封城是座酒城吗？

"清明时节雨纷纷，路上行人欲断魂。"虽说清明是祭奠亲人的节日，但开封城是一座时尚之城、魅力之城，什么日子都不缺热闹。比如御林军的仪仗队出城、斗鸡、荡秋千、踢球、赛龙舟等娱乐都会在这个时节一一上演。可张择端的笔下找不到这些喧闹场景，而那些最不可能入画的细节却被搬上了画面。前面说过，张择端在混画场前受过很好的儒家教育，饱读诗书，长期混迹于民间，并且品性良善、思想正统，科举路上也走过。有思想、有观点、有悲天悯人的情怀，这样一个满腹经纶的学子，难道不懂得怎样才能表达繁荣昌盛吗？特别是中国画，尤其是皇家画师，从来都擅长描绘烈火烹油与繁花似锦，谁会主动去表现阴沟后巷的黑暗与凄惨？张择端却不迎合、不媚俗，把最可能得到升职和赏赐的露脸机会白白地浪费掉，俯身关注起这个国家的阴暗面来。忧国忧民的士大夫理想并不因为当了宫廷画家而改变。内心依然忧虑，夜里时常思索：北宋经济发达、人口众多、幅员辽阔，可它的主人只知玩儿乐，对外一味软弱，于内拼命腐化，又不知悔悟警醒，泱泱大国将会走向何方？帝国的百姓将何以为继？张择端每思于此，难以成眠。

虽然《清明上河图》从头至尾似乎都在歌颂政绩，但表象背后是张择端全部的责任流露、情怀表达。他在用这张画向徽宗委婉劝谏，期待能够以此唤起这位"娱乐大帝"心中沉睡的麻木。

比较一下明代和清代的《清明上河图》，就不难明白张择端的良苦用心。

5

明清版《清明上河图》

明末仇英版的图简称明本。清代初期陈枚等五个宫廷画家合作的本子简称清院本。这三幅《清明上河图》各不相同，各有特点。张择端以开封城的全貌徐徐铺开画卷。后二者以苏州的生活为创作素材。张择端用色素净淡雅；明清本子的基调是青绿色，画幅都比张择端的本子长，无论色彩气氛都浓烈数倍。从卷首看：宋本开头人物是运送取暖用炭的送炭驴队。几个落寞老者似去扫墓，画面荒疏寒寂、灰暗忧郁。明清两本为了营造热闹气氛，开卷竟安排了结婚。面中人个个着红挂绿，吹吹打打。可见为了迎合皇家主旨，竟然抛弃世俗风情！

宋本处处有矛盾：惊马闯闹市、船桥险情、官员争道、岗哨城吏喝酒聊天、占道经营、消防城防缺失。明本的矛盾小得有点鸡毛蒜皮：醉汉打架、为打翻鸡蛋而争吵，还没走出家长里短的路数；清院本的矛盾表现的是两人为争水而大打出手。

城防问题就更明显，宋本里没有任何城防，也没有军队习武。明清则不然。

宋本充满生活气息，张择端将下层百姓们各种艰苦的劳动生活表现得很全面，比如河道里摇橹的船工、修车的工匠等。将宋都城防缺失、消防无备、军心涣散、文武相争等弊病都表达了出来，并艺术性地概括了开封城内外的河流、桥梁、城门、街市。将全卷分成三个部分：一、进城前后：通过一系列如送炭驴队、踏青回归等徐徐展开；　二、拱桥上下：通过大船抢险、车轿相争表现全卷的矛盾高峰；三、城门内外：通过欢楼美阁、客家登船杀羊祭道、太丞医铺、门房指路等，将喧闹的商肆充分展现。图中街市忙碌、人群喧哗、北宋的建筑、自然景物一一呈现。这一切都在写实，张择端是界画专家，也是细节专家，正是细节传达出了北宋表象后的衰落如摧枯拉朽。央视《文明之旅》的专家这样解说其中的不和谐：1. 由水路运输粮食为"漕运"，船应该用官船才对，但图中的船皆为民船。根据时间推算，那正是官船被调派各地给宋徽宗运"花石纲"的时期。2. 城门洞开，无人值守，城墙上都长出了树。这意味着城门年久失修，无人维护，可见防务松懈。3. 街市第一间屋子是税务所，税官正在清点商人的布包，并报了个税款的数字。商人脸上，一张大嘴巴夸张地开着，非常惊讶。这说明税赋很高，生意快做不下去了。4. 桥面上小贩在占道经营，文武官员互相抢道。这说明政府无论对官员还是市政均疏于管理。5. 街市上的望火亭上空无一人。官兵们正在卸酒，可见纪律涣散已经很严重。

6

张择端用心良苦

再看明清两图。

明朝《清明上河图》的创作背景是明末。万历皇帝不理朝政，忙于玩乐。明代后期整个社会从上层官僚到百姓全都沉浸在颓废中。画面上看不到百姓生活的艰辛。明本中有文人在看当时著名的歌舞伎武陵春表演，还画有一座妓院，对面是一家药店，实行配套服务。

清本创作背景是乾隆登基后过的第一个年，也就是 1736 年，不能画任何不吉事物。清代乾隆朝完全禁妓，所以清院本里没有妓馆。整个街上很干净，画家没有描绘百姓生活，而是宣扬了社会富足，真正是歌功颂德之作。这些不同之处，足以说明张择端明是作画实为劝谏！

古有"文死谏，武死战"之说，作为画家，既没有话语权，也不能在战场上驰骋，如果强行向皇帝劝谏，那属于多管闲事，弄不好还要定罪。张择端看到弊端，强烈地有话要说，怎么办？自己只有一支画笔，只能用画作委婉地向皇帝表达，以期引起他对社会问题的重视。宋徽宗是具有敏感特质的艺术家，他岂能看不懂这幅画的真意？接到画后，他先是为这样的巨作惊诧，但很快就品出了不对。这宫廷画师拿着朝廷俸禄，吃香喝辣，要你就是用来唱赞美歌、美化朝廷的，如果不用画笔来歌颂"盛世繁华"，白养着你干吗？当他看到张择端画的民船、城门，那些阴暗角落里的人物场景，很不高兴，但又实在爱惜张择端的才华，舍不得他的脑袋搬家。他看完后画后沉默了半天，没撕没扔，也没有降罪于画家，而是把这千古杰作卷卷，赏给了向太后的弟弟向宗回。

画家和画匠是不同的。

画家的作品里面有感情，有喜怒哀乐，有寓意寄托；画匠的作品则机械照搬，一味模仿。张择端之所以称得上是一流画家，是因为他将思想感情、愤怒忧虑、他的职业操守和一颗爱国心，全都浓缩在了不朽长卷《清明上河图》里！

如果宋徽宗肯在画前反省改进，也许就没有南宋什么事啦。

第十三章

宋高宗：
软弱是唯一的『战斗力』

1

无知者无畏

公元 1126 年，金兵包围了宋朝首都汴京后，向宋徽宗宋钦宗父子提出了一系列退兵条件：归还燕京七州，割让太原、河间、中山三处，赔款黄金五百万两、白银五千万两、绸缎一百万匹，牛马一万头。此外还要派一名亲王、一名宰相作为人质。宋钦宗赵桓赶紧把皇弟们找来，征召人质候选人。谁都知道到金做人质意味着什么？在龙潭虎穴里，能死个全尸那都是造化！众人默不作声之际，忽然赵构站起来大声宣布："为了北宋江山的完整和天下百姓的安宁，我愿意去会会他们。"此言一出，所有目光都聚集到了这个十九岁的青年身上。他的勇敢和担当让众人钦佩不已，又足以令他们热烈地庆幸！有人去，那就意味着有了替死鬼，意味着自己暂时是安全的。

虽然第一次远离国土，而且是作为人质深入敌国内部，但在重兵把守的金营，年轻的赵构就像来做客一样，谈笑风生，轻松愉悦。他吃得下，睡得着，闲暇时还到处参观。从后来赵构建立南宋，他对金人卑躬屈膝天天吵着要议和的怂样儿来看，你无论如何也想不明白，赵构当初究竟有什么金刚钻儿，能以铁骨铮铮的形象出现在金人面前？那种大义凛然的态度让金人百思不得其解，也让读史者生出疑惑。赵构生在深宫，长于妇人之手，过着养尊处优的生活，没有经历过残酷暴虐的政治斗争，也不曾领略人与人之间的迫害打杀。他那种无知者无畏的优越感，还有几分死猪不怕开水烫的勇气到底来自哪里？作为皇帝的第九子，他并不招父皇喜欢，因为他的母亲仅是一个小妃子，所出无名。他身上又实在没有什么特别才能，日日醇酒妇人的宋徽宗怎可能高看他一眼？

在金的时光并不平静，突发事件说来就来。虽然事件本身没把金怎么样，但赵构的表现却让金高层震惊不已！起因是某个夜晚，北宋大将张平仲率 7000 士兵突袭金营，被当场抓住。和赵构一起做人质的宋臣张邦昌听到这个消息，当场吓尿。本来就是身在狼窝如履薄冰地跟人家周旋！出了这种事，脑袋去留就不用想了。张邦昌越想越害怕，赵构却像没事人一样，一点也不担心受牵连。他镇静得出奇，镇静得让金兵把大腿都掐肿了。这样严重的突发事件，又是如此敏感时期，这个皇子却临危不惧，太不可思议了。这可不像北宋皇室的后代！那些王公大臣见了金人个个都像玄孙似的，逮谁都叫太爷爷。而这个赵构却淡定得夸张。这态度彻底把金人镇住了，看他那样儿，也不像到了"心里越是澎湃，脸上越是平静"的境界。那只有一个可能，这小子来路不正，是个冒牌货。金人迅速召集官员临时开会，研究这个人质的出身问题。最后得出了一致结论，这个叫赵构的人是假皇子，是北宋找了个替身来忽悠我们。赵构就这样用一种并不真实的镇定和冷静让金人产生了错觉，狡诈多疑的金人旋即做出决定，换掉赵构，让北宋另外送一个人。赵构成了从虎穴里逃出来的幸运儿。这一逃，阴差阳错，他竟当上皇帝。作为个体，赵构够幸运。要知道，宋徽宗光儿子就有 30 多个，他又是离皇位八竿子打不着的老九，皇位怎么着也轮不到他头上。可人算不如天算，他的父亲宋徽宗和哥哥宋钦宗都被金抓了俘虏，剩下偌大个烂摊子无人主持。于是这个皇九子在国破家亡中，跑到南方成立了新政权——南宋。

就是这位镇静哥，在面临另一次重大抉择时，用皇帝身份，自欺欺人，掩耳盗铃，又出了一次彩儿。不过这回他导演的可不是让人疑窦丛生的悬疑剧，而是令人啼笑皆非的闹剧。

2

宁可跪着生，绝不站着死

从鬼门关回来后的赵构虽说当上了皇帝，但心理上起了很大的变化。他感叹世事无情，大难来临之际，大哥钦宗竟把自己送进金营谈判。虽然是自己主动，可那毕竟是狼窝啊。即使自己贵为皇子，也仍是别人任意支配的棋子。如今自己当了皇帝，如果不想重蹈覆辙，必须搞妥协外交，与金交好。于是宋高宗确立了对金人甘当儿孙，以小臣自居，以议和为国政的信条。此举遭到朝中很多大臣的反对。关键时刻，秦桧替皇帝解了围。他这样密授赵构，让他这样说："我之所以忍辱含垢急于议和，是为了接回父亲（宋徽宗）的遗体。生母（韦太后）和哥哥（宋钦宗）都在寒冷之地受苦，我做强硬派，就等于把亲人送上死路啊！"稍微有点人伦之心的人在这样的理由面前都得乖乖闭嘴！大臣也是人，也有父母兄弟，他们设身处地地替皇帝想：皇帝承受的是奇耻大辱！亲人都被当作人质掠往北地，别说对金称臣，如果能换回亲人的命，就是给金当牛做马，那也是作为人子的孝义之心！你再叽叽喳喳还是人吗？所以此言一出，朝中立马恢复了平静。众人不但不好意思反对，还对赵构冠以"孝、悌、仁、慈"四德之名。随即，由赵构授意，秦桧主持的与金议和便开始进入实质阶段。

1139 年，南宋与金正式签订议和条约：宋向金称臣纳贡，金则答应归还抢掠的河南陕西两地，并交还被扣人质。昔日泱泱大国，一转身成了北方铁骑前卑躬屈膝的小配角，在苟延残喘里自得其乐。议和成功，协议也顺利签订，可赵构的心马上又揪紧了，一个棘手问题摆在面前：按照北宋规矩，接受诏书者必须跪在地上俯首听命。这就意味着尊贵的赵构必须在金人面前下跪。在金人面前，自己可以没有地位没有尊严没有脸面，可在宋人面前，自己还是堂堂一国之君。从来都是天下给自己下跪，自己怎么能在众生的注视之下弯下高贵的膝盖呢？

3

扭曲的灵魂

赵构堪称历史上经历最为曲折的皇帝。金入侵北宋时，他去金做人质；金军攻进都城之际，这个长在深宫的皇子又成为统领大军的将领；即位后，又荣升史上著名的逃难帝，被金人追得东躲西藏……潮鸣寺就是被吓出来的。

赵构在扬州做了一年的安乐帝后，金兵马蹄声再次逼近。慌乱中，赵构带领亲信仓皇出逃。第二天，金兵火烧扬州城，无数百姓葬身火海。高宗一行经过六天六夜的奔波，逃到了杭州城郊，宿于归德禅院。半夜时分，钱塘江巨大的涨潮声将赵构吓醒，他以为是金兵追来，吓得大呼"救驾"！当得知原委后，为掩饰自己的窘态，写下"潮鸣寺"三字赐予此院。杭州"潮鸣寺"由此得名。

这样的惊吓说来就来，常击得赵构晕头转向。他没时间思索，来不及琢磨，甚至没工夫调整情绪，就不得不硬着头皮一次次接受命运的撞击。每一次都惊心动魄，每一次都不堪重负。他艰难地挺了过来，但筋骨被砸软了。面对血海深仇的金人，这个年轻人没有变成斗士，却真心实意地拿出了一套详细的求和方案。苦难可以让一个人变得强大，也可以让一个人变得卑微。赵构的心思是现实的，也是自私的。他不想失去来之不易的帝位，不能忍受连年战争骚扰，即使是天大屈辱他也能够忍受。他担心的事情不是没有道理，如果一味地抗金，真打了胜仗，真的迎回二帝，那帝位还会是自己的吗？他已经受了太多的惊吓，自从生育能力被吓出毛病，他就变得懦弱消极。他不再为未来考虑，不再为子孙考虑——他根本就不可能再有子孙。他心里只有自己。自己必须变得铁石心肠，必须变得可以承受一切不能承受的压力，过没有战争杀戮、没有担惊受怕的安稳日子。为了这个目标，屈辱是可以作为交换条件的。迎回父母兄弟那都是冠冕堂皇的理由而已。虽然心里渴求的那一天——谈判成功终于来到了，但让他在仇人面前跪下，心里还是有障碍。此刻，就像钦宗征集人质一样，赵构坐在大殿上，把怎样接受诏书这个棘手问题抛给了大臣，也该让他们为国家分担一点屈辱了。

究竟用何种方式接受大金的册封诏书？这个问题难不住宋朝那些惯会后退的大臣们。

这些吃着民脂民膏的人贡献出的计策就像搞笑的小品：有的主张把祖宗的画像挂出来，这样，金使节手持诏书站在北宋统治者祖宗的画像前，赵构跪着接受诏书就不丢人，跪的是自己的祖宗嘛。有人反对，这岂不是把敌人也当成祖宗了吗？不妥不妥。马上又有人献出另一套方案，也因为过于轻佻而遭到否定。七嘴八舌之际，有人出了这样一个主意：由宰相代替皇帝接受诏书，根据是《尚书》中说："谅阴，三年不言，百官总己以听于冢宰三年。"就是说：逢帝王国丧，后继者可以三年不问政事，官员们听命于宰相。何其经典！先自欺欺人掩耳盗铃，然后再来个自圆其说自我粉饰。这样，什么面子尊严都在阿Q式的幸福想象中烟消云散了，所有屈辱都扯平了。

4

上演闹剧

商讨结束，南宋都城最壮观的一幕上演了：宰相秦桧跪在金使者面前接受诏书，后面是庄严有序的皇家队伍。这支队伍里全是冒牌货：凡是吃皇家饭的统统都被拉来充数，什么太监门卫士兵倒马桶的此刻都穿上了文武百官的朝服，整整齐齐地排在宰相身后。这支由做工者组成的"官员"队伍令金使者相当满意。他们训练有素，百依百顺，一会儿站一会儿跪，一会儿喊口号一会儿表决心，配合北宋帝国完成了接受诏书这一高难度动作。

之后赵构心情大好。按照官员级别、职务，所有人全部给予奖赏，算是给这出不伦不类的丑剧来了个圆满结尾！宋高宗这个大导演带领他的臣民，齐着心把悲剧演出了喜剧效果。两年后，金翻脸不认账，举兵南下，抢回了刚刚归还的河南和陕西两地。

明明是逗你玩儿，南宋这群"智慧"人物总爱相信：强盗也有诚信。可惜现实很无情！不是没料到，根本是不愿料到。金人来犯，他们又干了一件令金人高兴的事，捏造了一个莫须有的罪名，把抗金名将岳飞冤杀。

软骨症分两种，一种是身体上的，一种是心理上的。心理上的基本上就是绝症，你就是给阿基米德一根金杆，他也撬不动缺少支点的生命。赵构行事只以自我为前提，把忍让当成唯一的战斗力，对金百般忍耐。他没有公心，没有国家概念，所以南宋是史上最黑暗、最腐败、最畸形的王朝一点也不奇怪。他任用投降派，奸臣小人全都得宠；打击抗战派，公正名士一律倒霉。尤其密授秦桧以"莫须有"罪名害死岳飞父子这件事，干得叫人那个痛恨！

朝廷拼命打压主战武将，然后又拼命发展贸易。他们认为有钱不仅可以维持和平、享受生活，还可以收服百姓，使他们对政府心怀感恩。在大环境影响下，劳动妇女纷纷走出家门，再艰难也要创造属于自己的幸福生活。

第十四章

女人为何敢做『河东狮』

1

女演员身价不菲

现如今的女子，如果没有高学历加上好长相，找工作基本上较困难。如果再过了 35 岁，那更是求职表都难送出去。可是一千多年前的宋朝，女子在人才市场上可是相当抢手。一个成熟的女艺人简直能为家里带来万贯家财。

说起女子就业的宽松，还得感谢北宋开国皇帝赵匡胤。赵匡胤深知"马上可以得天下，但不能治天下"，因此对子孙留下"不得杀士大夫、文人及上书言事之人"的嘱咐。由此文化人高度受宠，导致文化消费盛况空前，直接带动了女子地位的提高，使她们在职场上占有了一席之地。

那时皇家不管逢年过节还是喜庆祝寿，都喜欢请戏班子助兴。这些戏班子成员都是年轻的女性。她们演奏乐器、唱念做打、舞枪弄棍、填词作赋无一样不精。细活儿做得，粗活儿也很在行。女演员们还能当众表演骑驴击球、下棋、演说历史、打鼓击乐、射箭、表演杂剧、作词写赋，是百样技艺集于一身的表演家。搁到现在，保准让《舞出我人生》《中国好声音》都黯然失色。叶绍翁在《四朝闻见录》中记载了这么一件事：慈圣太后未进宫时经常玩一种掷钱游戏。她掷出的铜钱可在地面上旋转多时而侧立不倒。此事传开后，她被特招入宫。那以后，有无才艺就成了皇家选秀的硬标准。

从汴梁和临安两大城市的"御前应制"看，皇家召集最多的就是女艺人。小唱、嘌唱、叫果子、杂剧等都由女艺人领衔担纲。元宵节的傀儡表演也由女子完成。一名才艺俱佳的女艺人的身价是官券千缗。仅会唱歌的歌女，一天的工资也可轻轻松松拿到数百券。小费更是名目繁多，只要表演精彩，有钱人竞相赏赐，有的富人干脆直接给女演员赏赐金钗。这种花钱如流水的随意作风把女艺人的身价越抬越高。

没有显赫地位和社会关系的小户人家，都视女孩儿为掌上明珠。生下丫头，全家欢天喜地，只盼女孩快快长大，拜师学艺，好成为家里的顶梁柱。如果生下男孩则呼天抢地，感叹命苦。

那时王孙公子们都喜欢追星，一位叫延寿马的发烧友对散乐女伎王金榜十分崇拜。王金榜也确有偶像范儿，她长得"犹如三十三天天上女，七十二洞洞神仙，有沉鱼落雁之容，闭月羞花之貌。鹊飞顶上，尤如仙子下瑶池；兔走身边，不若姮娥离月殿"。延寿马甚至要抛家舍业与王金榜一起去私奔，并发誓不恋富贵，不求当官儿，只要能和心中偶像在一起，吃糠咽菜也心甘。

2

会手艺挣大钱

除了歌舞艺人，还有一些分散在各行业的手艺者，比如供过人、身边人、拆洗人、堂前人、针线人。这其中数针线人手艺最精，针线细密，构图逼真。明代书法家董其昌曾评价："设色精妙，光彩射目。山水分远近之趣，楼阁得深邃之体。人物具瞻眺生动之情，花鸟极绰约馋唼之态。"可以想见绣品有多么生动。一个叫李英的女子就是个靠缝补刺绣过活的专业针线人。她可以在衣服暗处缝纫，面儿上分毫不差，看不出一点针脚痕迹。

一位郡王看见一年轻女子腰间挂了条手绣腰带，大为欣赏。一打听，原来是临安桥下"璩家装裱古今书画店"店主18岁的女儿璩秀秀。怪不得，此女绣艺了得，名声在外。如此，一条腰带结下姻缘，她被郡王接进了府中。

厨子虽然不太有地位，但女人们用纤纤玉手变幻出万千美味，在餐饮界大放异彩。女大厨宋五嫂的鲜鱼羹就是一绝。那种精烹细作代表了行业水平，也折射出经济的兴盛带来的美食多样化。此款鱼羹是将主料鳜鱼蒸熟，剔去皮骨，加上火腿丝、香菇、竹笋末及鸡汤等佐料烹制而成。鱼羹色泽油亮，鲜嫩润滑。赵构最喜欢逛西湖，有一次逛着逛着突觉饥肠辘辘，随从便买来一碗鲜鱼羹。赵构吃后大加赞美，赏了宋五嫂10枚金钱、100枚银钱、10匹锦绢。这高端大气上档次的赏赐有着隐形的含金量。由皇帝做形象代言，那影响力还不顷刻扩散？果然，市民对她的鱼羹无不趋之若鹜。没多久，宋五嫂就成了当地富婆。

临安一位退休太守让人为他物色家庭厨娘，开出的条件是模样上乘，能书会算。厨娘人未露面，先派脚夫送来书信一封：做饭可以，但要车接车送。如果不是确实有两下子，一个厨娘怎敢这样要大牌？

当时无论贫富，女子都要钻研庖厨，练习刀俎。如果擅长煎炒烹炸那更是身价百倍，成为豪门的绝佳对象。当时家长都以女儿厨艺为荣，夸起女儿花枝乱颤："我家闺女不善裁袍补袄，若修理个小蛇黄鳝，一条胜一条。"女子厨艺成为宋代市民择偶的基本标准。以女子命名的名牌食品和饮食店层出不穷：如李婆婆杂菜羹、王小姑酒店、王妈妈家茶肆、汴河岸卖粥妪、金明池酒肆卖酒女。引得食客们交口称赞，根本不用额外花钱做广告。

任何朝代，百姓生活的幸福度都取决于决策者的施政方针。宋朝初年，由于阶级矛盾和民族矛盾错综复杂，加上受唐代社会风俗影响，人们对女性十分宽厚，儒学大师更是如此。在宽容和谐的环境中，部分女性活得恣肆而潇洒。她们用自己的勤劳和聪明才智，掌控着自己的生活。虽然没有撑起半边天，但宋代劳动妇女在就业上是十分自由的，没有歧视，也不限制年龄。一些十四五岁的穷人家姑娘早早就步入社会，干活赚钱挣嫁妆。中年妇女也可以顺利工作实现自己的剩余价值，比如陈确之母"经理产业，不避寒暑"。举凡有影响力的行业都有女子身影，就连老太太都不肯在家闲着，跑到大街上随便做点什么小买卖都能赚不少。《梦粱录》记载：临安商肆遍及全城，"自和宁门权子外至观桥下，无一家不买卖者"。一把岁数的婆婆头上戴着两朵花，敲着拍板卖茶水。

3

富姐们的多彩生活

经济基础决定上层建筑。女人们有了钱，生活有什么变化呢？

首先是仪容仪表方面："白头老媪簪红花，黑头女郎三髻丫。"白发老太头戴红花，年轻女人则梳着三个像羊角样的朝天髻。"花艳艳，玉英英。罗衣金缕明。闹蛾儿簇小蜻蜓。相呼看试灯。" 苏东坡在《于潜女》中对农村女子有过这样的描写："青裙缟袂于潜女，两足如霜不穿屦。鬋沙鬓发丝穿柠，蓬沓障前走风雨。"她们和男人一样，风风火火下地干活："大妇腰镰出，小妇具筐逐。"泥腿子也自有别样的美："插花野妇抱儿至，曳杖老翁扶背行。淋漓醉饱不知夜，裸股掔肘时欢争。"即使生了孩子也不能不顾形象邋里邋遢。她们能挣钱，当然舍得花钱把自己捯饬得漂亮些。无论怎样，戴上红花绿朵，和男人们一样痛痛快快吃喝玩乐，这才叫生活！

二是精神生活方面：三五穿着时尚前卫的女子，头戴娇艳的花朵，嘻嘻哈哈相约出门看灯展。穷人家的女孩儿又是另一种情态："岸边两两三三，浣沙游女，避行客，含羞笑相语。"在河边洗衣服的年轻女人对过路的男人丝毫不避讳，指指点点肆意评论。她们才不管什么笑不露齿的礼教呢。约会游玩，女人们都很主动："郎意浓，妾意浓。油壁车轻郎马骢，相逢九里松。"或者"月上柳枝头，人约黄昏后"享受浪漫。她们喜欢自由恋爱，拉着心上人四处游玩。李铨在《点绛唇》中说："花知否？故人消瘦。长忆同携手。"如果有幸找到知音，彼此倾慕，则花前月下，卿卿我我，好不着迷："自作新词韵最娇，小红低唱我吹箫。"就连铁血大汉辛弃疾也变得柔情似水："宝马雕车香满路，凤箫声动，玉壶光转，一夜鱼龙舞。蛾儿雪柳黄金缕，笑语盈盈暗香去。众里寻他千百度。蓦然回首，那人却在灯火阑珊处。"这大概是辛弃疾年轻时最快乐的时光吧！那么全身心地投入到抗金斗争，不就是为了留住这美好的花样年华么？

"胭脂虎""河东吼"是男人怕老婆发明的词汇。正因为女人聪慧能干，有手艺有魅力，能挣钱会挣钱，所以无论在家里还是在社会上地位都很高。她们用勤劳的双手实现着自己的梦想，眷顾着家庭，极大地丰富着宋代社会的城市风貌。而知识阶层的女子，比如李清照，过的则是另一种生活。

第十五章

李清照：幸福就是有对手

1

斗词

　　李清照出生于山东一个书香世家。父亲李格非官居礼部员外郎，是"后四学士"之一。母亲王氏是状元孙女，擅长写文章。优秀的遗传基因给了李清照极高的文学悟性和艺术才华。她在书法、绘画、琴艺方面都有非凡造诣。像所有官家小姐一样，少女时代的李清照每天的事情就是玩儿。她喜欢帅哥："和羞走，倚门回首，却把青梅嗅。"喜欢喝酒："常记溪亭日暮，沉醉不知归路。兴尽晚回舟，误入藕花深处。争渡！争渡！惊起一滩鸥鹭。"

　　18 岁时，李清照与在朝廷为官的赵挺之的儿子赵明诚结为夫妇。他们的婚姻是真正的门当户对，是少有的浪漫多情的学者型夫妻，志同道合的极致组合。双方才学人品相当，性格爱好都比较接近。赵明诚的仕途也不错，在朝中授鸿胪少卿。如果说青年时代李清照无忧无虑，纵情徜徉于艺术殿堂，那婚后她更是将精神自由与才华迸发、发展到了极致。这是因为她遇到了一个可心的对手。这个对手的作词水平与她不可同日而语，偏偏又有一副不服输的性格，于是较量诗词就成了李清照婚姻生活中乐此不疲的智力游戏，更是精神契合点，情感升温器。这使他们的婚姻充满了未知的新奇与期待！

　　赵明诚饱读诗书，酷爱金石书画，又喜欢诗词歌赋。他对妻子的文学才华又羡慕又妒忌，每每技痒，就用文字率先向妻子发起挑战。

　　公元 1107 年，依附于蔡京的赵挺之被蔡京迫害死于汴京，赵明诚痛恨不已。可蔡京权倾朝野，自己人微言轻，根本无力为父报仇。为躲祸，夫妇二人黯然离开家乡到青州隐居。这一隐就是 12 年。在这里，这对学者夫妻忘却人间伤痛，专心致志地做学问，搞收藏。李清照把居室改成了"归来堂""易安室"。在这里，她更是将专属于两人的秘密游戏玩出了水平。一次，赵明诚看到妻子放在案几上的词作，很是不服。李清照就提出互考，赢者品茶，输者只能闻味儿。结果，赵明诚一口茶也没喝着。

虽技不如妻，但赵明诚与李清照经常比试文字功夫，为南宋文坛增添了许多佳话。

这年重阳节，赵明诚出差在外，独自在家的李清照很是寂寞，于是研墨写词，然后把写好的《醉花阴》寄给了赵明诚。赵明诚收到妻子来信喜出望外，迫不及待地打开，那别有意境的句子让他既欢喜又敬佩，挑战的劲头儿又上来了。他写了一张"闭门谢客"的告示张贴于门上，然后把自己关进书房苦思冥想，一口气憋出了50多首词。他把这些词和妻子的《醉花阴》放在一起，请好朋友陆德夫品评鉴赏。陆德夫一首首看过去。忽然一拍大腿，兴奋地指着"莫道不消魂，帘卷西风，人比黄花瘦"说："这些词里面只这三句最好。"赵明诚大失所望，连日来的激情一扫而光。看来，自己的文采是追不上妻子了。但心魔并不因失败而消失，只要一有机会，比试的念头仍会激情澎湃地冒出来。

2

夫妻炫技

夫妻二人受邀参加青州有名的乌老寿星寿宴。席间有人提议让李清照夫妇现场合写一副对联，作为150岁的老寿星的寿礼。赵明诚志在必得，一定要抓住机会赢妻子一把。他客套了一下，挥笔而就："花甲重逢，又增而立年岁。"一甲子重逢是两个60，加上一个而立30，正好等于150岁。上联一出，客厅里一片叫好。众人都停了筷子，饶有兴趣地等待着李清照续下联。李清照笔锋一转："古稀双庆，复添幼学青春。"古稀双庆便是140岁，加上一个幼学10岁，恰是乌老寿龄。这副对联对仗工整，珠联璧合，老寿星乐得眉开眼笑。他亲自铺开宣纸，对李清照夫妻说："二位文采斐然，还请再为老夫赐联一副。"李清照含笑不语。赵明诚略一思索，写下五个大字："三多福寿子。"李清照看了看乌老的书架，然后写道："四诗风雅颂。"赵明诚本想在来宾面前博个满堂彩，不料又被妻子压了风头。他低头向乌老施了一个大礼说："刚才的拙联既得老人家错爱，我二人能否再献一联，为大家助兴？"宾客们都想看夫妻二人斗法，齐声起哄。只见赵明诚唰唰几个大字："乌龟方姓乌，老鼠亦称老。"这是藏头联，里面藏着乌老二字，字面极具贬义，要想续上它很难。此联一出，宾客们当即就变了脸色。乌老凑前一看，这不骂我吗？登时脸上晴转多云。赵明诚有意这样写，如果妻子对不出，他就自己续出柳暗花明的下一句。没想到李清照看了这刁蛮的上联，没有丝毫为难。她在"乌龟方姓乌"后面写：龟寿比日月，年高德亮；"老鼠亦称老"后续：鼠姑兆宝贵，国色天香（鼠姑代表牡丹花）。众人一见，掌声雷动。老寿星喜笑颜开！赵明诚放下笔，心悦诚服地敬了妻子一杯。

夫妻二人不仅喜欢炫技，还喜欢在深夜切磋学问。烛光摇曳，蜡烛不灭不结束。二人还经常玩猜猜游戏。某事写在何书几卷几页几行，谁猜中谁先喝茶。二人都痴迷古董，到了如醉如痴的地步，曾合作编写了一本《金石录》。一次两人在集市上看到一件心仪文物，可所带银两不足，回去取又怕给人抢了先，李清照竟然当众脱下外衣作为抵押，那种痴迷可谓疯狂。

在青州隐居的 12 年是李清照一生最幸福的时光，这时期她的笔调轻松快乐。

这世上令人难以自拔的除了牙齿还有爱情。李清照庆幸自己找了个好老公，可以玩文字游戏，玩情感互动。可贵的是他还有一颗童心，爱比试不服输。这就是婚姻的保鲜秘籍：或是共同的追求，或是一致的思想，交汇出情感共鸣和思想交集。

如果国家能够一如既往地和平下去，李清照的一生就太完美了。可天不遂人愿，公元 1127 年发生了"靖康之难"。赵明诚被朝廷复官，后因病死于上任途中。

在金人的铁蹄之下，女词人经历了亡国之恨、丧夫之痛、离乱之忧。她的笔一改往日的浪漫优雅，变得凌厉凄苦。

生活中没有了互相切磋分享互相鼓励又互相折磨的对手和伴侣，活着不过是和往事干杯而已，内中苦楚，李清照全部记在了笔端。不知道李清照有没有裹脚，比起裹脚的痛苦，她的苦只是来自精神层面，而裹脚却是精神和肉体的双重折磨。

第十六章

裹脚：上层妇女的『终身职业』

特权阶层的变态爱好

宋朝上层妇女哪里会有职业？错，她们不仅有"职业"，而且从业时间超早，几乎从一生下就开始从事这项"职业"。从业方式极其残酷，过程和自虐并无二致，收获的结果却只有一个：残疾。

有学者说裹脚兴于南唐。内蒙古师范大学图书馆研究员邱瑞中在《中国妇女缠足考》中指出，缠足之风始于宋，"'三寸金莲'成于明，盛于清"。不管起于何时，宋代缠足之风已相当盛行。在男人看来，极品女人的唯一标志就是有一双三寸金莲，有身份的男人都娶这样的妻子。大脚、天足的妇女被视为粗人，可以为婢，或勉强做妾，但绝不能为妻。所以那些有钱有势人家的女孩子都争着裹脚。为了不使双足放弛，年幼的女孩儿在睡觉时要穿"睡鞋"来巩固脚形。"睡鞋"式样上与弓鞋唯一不同的是鞋底柔软，虽然软，但穿着鞋睡觉，舒不舒服只有自己明白了。

裹了脚的女人为了显示高贵，一出门必是严严实实地把自己捂住，然后再塞进四面封闭的轿子里，这样可以显得神秘。如果不得不走在大街上，一定要笑不露齿、坐不露脚。那些三五成群嘻嘻哈哈无所顾忌游荡在大街的女人，都是下层劳动妇女。

北宋太平老人所著《袖中锦》说："近世有古所不及三事：洛花、建茶、妇人脚。"把女人裹脚与洛阳牡丹、建州香茗并指为天下之奇！南宋赵令的《浣溪沙》对小脚提出了严苛的标准："稳小弓鞋三寸罗。"从此，3厘米宽10厘米长就是裹脚的最高境界！大于四寸叫"铁莲"；四寸之内叫"银莲"；

只有三寸者才能称为"金莲"。

封建时代女人没工作没地位没影响，默默老死闺房已经是很无奈了，为什么还要自找苦吃去裹脚呢？原因有二：一是统治者强大的意志力影响；二是文化人的欣赏与推崇。古人把福禄寿喜财作为圆满人生的基本态势。为了这个目标，男孩儿要受十年寒窗苦。女孩儿怎么办？唯一的出路就是依附男孩儿。怎样才能嫁得好？除了长相，才华是不值钱的。女孩儿注定要以男人的爱好为爱好，以男人的追求为追求。一切围着男人转的基本条件就是要有一双精致小巧的小脚才会有前途。生命来自于母亲的脐带，富贵则来自于裹脚的布带。这根布带如果运用得好，可以为女孩子带来一生的好运，嫁进好人家，如果运用得不好，女孩有可能变成"齐天大剩"老死闺中。女子的幸福全在一双小脚上，如果哪个女孩儿有一双三寸金莲，她家的媒人就会踏破门槛。

《孝经·开宗明义章》说："身体发肤，受之父母。"若胆敢毁坏自残，那就是不孝。说得多么斩钉截铁！似乎动根儿汗毛能遭天打五雷轰。可令人奇怪的是，这样严肃的事到了权力者那里就变了。他们可不管这是老祖宗规定还是民间流传，既然它外面没有钢盔罩着金锁锁着，那就可以打破。于是，拥有三寸金莲才是女人极品的调调风行一时。这样的脚在男人那里变得好看了，可是却不能正常走路了，只能一步步向前移动；不能长途跋涉了，只能常年在灶台和闺房中转来转去。

一个女子要经得起别人的"品头论足"，这是文化人评判女性美的一个标准。头部是女人第一美，各种饰物层出不穷。脚是女人第二美，那它有什么标准呢？有点墨水的男人开始蠢蠢欲动，用那点仅有的聪明为"小脚事业"推波助澜。他们从外形上给小脚定了七个标准：瘦、小、尖、弯、香、软、正。从神韵上又炮制出七美：形、质、资、神、肥、软、秀。这样的审美霸权，在父权制度"男尊女卑"的变态中，使小脚受到了前所未有的崇拜与关注。它的形状和大小成了评判女子美丑的重要标准，而作为外交名片的脸却并未参与其中，这实在是一个偏门儿。国人的"创新精神"可见一斑。作为一个女人，是否缠足，缠得如何，将会直接影响到她个人的终身大事。当时，社会各阶层的男人娶妻都以小脚为美，将"三寸金莲"之说贯彻得妇孺皆知，深入人心。没有人去关心女子行动是否方便？能不能劳动？痛不痛苦？他们乐意看到走路如春风摆柳的"娇"小姐，乐意看到女人受了欺侮却跑不快的无奈，乐意看到跟在自己身边亦步亦趋的小女人那楚楚可怜的模样。那种征服的满足感驱散了男人心头一切失意和愧疚。甚至，他们心甘情愿地抱着行动不便的小脚女人，还以家有"抱小姐"为荣。这样弱势的女子很受欢迎。因为女人的脚残了以后，就可以使她从才华到思想，从见识到行动一辈子都只能屈服于男人，依附于男人，使男人更强势更有身份。

2

从惨烈自虐到浴火重生

女孩子一落地，母亲便开始为她准备裹脚布。那是一种宽约 3 寸，长约八尺的布带，颜色分为蓝色和白色两种。蓝色裹脚布由靛青染成，有一种特殊的功效，能治疗肌肉溃烂。凡是生了女孩儿家庭，母亲都必须变成狠毒的"后妈"。为了女儿后半生的幸福，母亲首先要具备母老虎的残酷，给女儿上一堂血淋淋的现实课。女孩儿 5 岁左右，便要接受此生最残酷的摧残：缠足。在母亲或女仆的指点下，女孩子的脚除大拇指外，其余四指要全部向下屈伸。怎样才能把脚趾弄到脚底下呢？要使劲把脚趾给掰到脚底下。为使脚停止生长，脚弓底下要垫一块儿弓形小木块儿，让小女孩儿反复跳跃。女孩儿发出凄厉的惨叫，母亲则眼含泪水，用鞭子不断抽打，直到那块脚弓骨生生轧断为止。更变态的是，为使小脚白细嫩软，把脚上的肉都弄破弄伤后，放入蛆虫紧紧裹上，为的是使伤口腐烂化脓重新长出新肉！这一切都弄好之后，用长布紧紧包裹，用针线密密缝住。怕孩子受不了疼把裹脚布解开，母亲就会在针线上下功夫，把那针脚缝得密密实实。这样的酷刑需要进行两次。两年以后，肉烂骨折，小脚基本定型。定型后，因为脚弓折断，脚中间留下一道可以像纸一样对折起来的大缝儿，整个小脚呈弓状弯曲。在这生不如死的两年里，母亲要担负起打骂看管的责任，还要像复读机一样反反复复在女儿耳边告诫：不裹脚你就嫁不出去，嫁不出去你就活不下去。就这样，在精神和肉体的惨烈自虐中，女孩儿经历着"小脚一双，眼泪一缸"的成长历练。

3

裹脚起源及文人的推崇

裹脚的创始人是五代唐后主李煜。李煜是个变态小资，爱好超于常人。他狂恋小脚女人。她的妃嫔窅娘为了像杨贵妃那样将三千宠爱集于一身，不惜做史上"整脚第一人"，带头自残，当起了裹脚鼻祖，好让脚下生辉，脚底生莲，把李煜的感情和人世的富贵全部私藏。陶宗仪《辍耕录·缠足》引《道山新闻》："李后主宫嫔窅娘，纤丽善舞。后主作金莲，高六尺，令窅娘以帛绕脚，令纤小，屈上作新月状，素袜舞云中，回旋有凌云之态。"这就是一个女人为了取悦于人所付出的代价！这就是一个皇帝的特殊追求和享受！他的爱好逼出了"勇士"，后世皇帝也都以些为基点，认为女人只有脚小才值钱。窅娘的勇敢带动了"整脚界"的兴旺。于是上自贵妃，下至有钱人家，没有一家父母胆敢不负责任地放任女孩儿长成大脚。一双小脚就能通往富贵！不用苦心费力地学技术，不用卖房卖地念书，遭点罪忍点疼就能嫁入豪门，多么划算的投资！

苏东坡曾专门做《菩萨蛮》描写小脚："涂香莫惜莲承步，长愁罗袜凌波去；只见舞回风，都无行处踪。偷穿宫样稳，并立双趺困；纤妙说应难，须从掌上看。"这也可称之为中国诗词史上专咏缠足的第一首词。

大约在宋室南迁时，缠足的风俗由北方传到了南方。加之程朱理学的影响，文人开始疯狂推崇小脚，缠足妇女更多了。至南宋末年，"小脚"已成为妇女的通称，完成了继美色消费之后的常态需求。这种从身体到心灵，从精神到灵魂的寄生状态错不在女人，实在是男人太小气！这种小气由来已久。四大美人的遭遇最能说明问题。

4

缠脚是需要

西施和貂蝉被作为性贿赂的载体，分别蚀灭了越王夫差和董卓。事成之后，西施被沉湖底，貂蝉被杀。王昭君主动到边塞和亲，透露出皇宫里的女人闲置到了惊人的程度。只有一个杨玉环俘虏了他的四郎，总算享受了一点正常的爱情。可在马嵬坡生死存亡之际，还不照样被垫背，背黑锅？这些拯救了国家的女人付出了身体甚至性命，最后却被作为祸水警示后人！只要统治者需要，她们可以伟岸如山峰，也可以卑微如蚁。正是这种一切服务于权力的可怕思维，才有了小脚消费的无限需求。权力可以操控一切，并且最终的解释权都掌权者手里。正因为对女色肆无忌惮的消费，才导致拜金女盛行。在金钱和权力中没有真情，有的只是需要与压制。当年王昭君出塞，让后人美化成事关民族大义和平外交的层面，如果不是因为美女成灾，哪有什么昭君出塞？出嫁只是一个寂寞小女人向往一种正常情感的需要，与其老死深宫，不如走向大漠，就这么简单。那些光环和高尚都是揣测和美化。什么东西一多就无足轻重，消费起来自然随心所欲。宫女是皇帝的备用品，为了防止她们因思乡怀春而出墙，女人都要变成小脚才好。这样虽不能完全控制穷人家娃儿的思想骚动，最起码在她们有出格举动时抓起来方便些。当男人发现可以靠征服世界征服女人时，美女就成片地失去灵魂。当失去灵魂的女人发现靠外貌不再能征服男人之后，举报、痛诉、揭露就开始盛行。可是多少小脚女人连这点反抗也不能如愿以偿！一双小脚，还没等出门就被囚禁了。

第十七章

战争中的夫妻档

1

参军

韩世忠 18 岁就参了军。他骁勇善战，对内平息各地叛乱，对外抗击西夏和金。他为官正派，不依附奸相秦桧，数次为岳飞遭诬陷而鸣不平，是南宋一员颇有影响的虎将。

韩世忠出生在陕西绥德一个叫南川的窑洞里，天生大个子，孔武有力，勇猛过人，颇有大将之风。性格也豪爽，敢想敢干，敢闯敢拼，喝起酒来晨昏颠倒，吃起饭来没饥没饱。损点说，就是个不折不扣的"酒囊饭袋"。别人一顿饭吃两个馒头，他能吃八个。不白吃，力大无穷，可负千斤。吃饱了撑得难受，精力无处发泄，只好把一身气力都消耗在与狐朋狗友舞枪弄棒中，每天打打杀杀弄得鸡飞狗跳。时间长了玩儿够了，韩世忠又管起了闲事，专门修理地主。谁被抢被揍，受地主欺侮了，他都要跳出来管一管。遇到横的就甩老拳，遇到熊的就偷袭，为穷人出气，他舍得皮肉。草根们对他爱得不行，将他奉为领袖。地主们对他恨得牙根痒痒，恨不能抽其筋，啖其肉，背地里骂他"泼皮韩五"。

某日，一个算命先生和他偶遇，立刻兴奋大呼："这位老兄，看你方头大耳，红光满面，有'位至三公'之相。"韩世忠气不打一处来："去，我家祖宗八代辈辈农民，大字不识一个，穷得叮当乱响，你吃饱找乐子找到老子头上来了！"说完伸出蒲扇似的大手，将算命先生胖揍一顿。日后韩世忠封太傅时，忽然想起当年算命先生说过的话，觉得有点对不住老人家。于是差人请出老先生，好酒好肉招待一番，临了毕恭毕敬赠送三万缗大钱。

韩世忠就这么瞎混混到了十八岁。尝尽贫穷滋味，整日浑浑噩噩无趣无聊。他不想再这么混下去了。正好朝廷招兵，韩世忠一脚踏进军营，当了一头大军。

满身武艺终于有了用武之地，他以胆大勇敢和力挽 300 斤强弓飞马射箭等特长，勇冠三军。

2

调整心态

公元 1105 年，西夏骚扰边境，延安郡调兵抵抗。韩世忠随军队抵达陕西米脂西北马湖峪，与西夏兵在战场上展开正面交锋。韩世忠生来就属于战场，他铆足劲儿，挥舞大刀，左冲右突，所过之处，敌皆摔落马下。这一仗，他一个人就连杀数贼。众人被其英武之姿感染，纷纷超能发挥，最后西夏军惨败，韩世忠立下大功。经略很觉得脸上有光，喜滋滋地向上司报功请赏。无名小辈，初出茅庐，军中又无靠山，受挤压是肯定的。出师之前，谁不是在做垫脚石的过程中被踩得有皮没毛？老太监童贯一看经略报上来个陌生名字——韩世忠，大加怀疑，一脸不屑。一个小破兵能有什么本事，想当官想疯了吧？童贯很随意地大笔一划，只给韩世忠象征性提了一级工资，后面紧接着来了句"众弗平"。意思是别看给你提了一级，但大家都不服。

韩世忠年轻气盛，自己一心一意为朝廷出力，却受如此羞辱，当时就想撂挑子，找那个老阉狗理论一番，经好友死死相劝才压了下来。愤怒归愤怒，冷静下来也想明白了：人在屋檐下，焉得不低头？再说初入江湖，哪有不交学费的道理。委屈是第一块敲门砖，生气不如努力，要想出人头地，只能做证明题。韩世忠虽是武将，但绝不是四肢精壮头脑萎缩的粗放型男。他懂得发挥特长，适时进退，该忍则忍，收放自如。心里想着手上做着，韩世忠知道自己没后台，一切衣食荣华都在一双拳头里。因此无论大仗小仗，统统玩儿命，结果屡立战功。童贯一看这小子还真有两把刷子，提拔吧，再不提拔谁肯卖命！这才把他补了进义副尉，又转进武副尉。韩世忠终于用自己的拳头扭转了世俗的冷漠与偏见，他不断刷新着自己，官也越做越大。

3

遇到心中的她

公元 1120 年，江南方腊因不满朝廷征用"花石纲"的强盗行径，遂聚众起义。朝廷派童贯率 15 万大军征剿方腊。

韩世忠以偏将身份随王渊出兵镇压，当时朝廷有诏：凡能得到方腊首级者，授为两镇节度使。韩世忠觉得真正建功立业的机会来了！机会从来都是升迁的起点。他横跨马背，挥舞大刀，与起义军贴身肉搏！看得王渊连连感叹："这小子能以一敌万。"遂将自己携带的白金器具全部赏给韩世忠。得到鼓励，韩世忠更觉有如神助，武器挥处，死伤一片！方腊抵挡不过，趁乱逃进了山峦层叠的帮源洞中。洞内崎岖蜿蜒，无路无识，植物繁茂，遮掩密实，根本找不到入口。韩世忠追上来后，耐着性子在溪谷中细细搜寻。所过之处，血迹点点，全是被植被划伤的痕迹。韩世忠弯腰弓背，累得眼冒金星，猛然听见由远而近传来脚步声，抬头一看，一村妇肩扛一捆木柴迎面走来。韩世忠赶紧上前询问，经过村妇指点，他心里有了谱儿。人多易暴露，他遣走随从，独自持剑径直深入，直捣虎穴。然后大喊一声，守候的士兵纷纷涌入，将方腊、方腊的老婆儿子和军师们一起生擒活捉。正当他心花怒放时，天降横祸，韩世忠的顶头上司辛兴宗见他找到了方腊，慌忙带兵赶来，不仅将韩世忠擒获的那些俘虏都抢过去，还将"活捉方腊"战功归到自己名下。"辛兴宗领兵截峒口，掠其俘为己功，故赏不及世忠。"就这样，韩世忠眼看就要坐实的节度使的位子又飞了。随后，主帅童贯班师回朝，在京口大宴有功之臣，唯独"赏不及世忠"。功劳被抢，官职也黄了，韩世忠愤怒得要死，要命的是这愤怒还无处发泄。他只能一个人躲在角落里狂饮烂醉。所有人都在放纵自己的情绪，没有谁会因"一人向隅，满座不欢"。

都说福祸相依。正当韩世为丢功丢官气恼不已时。在他头顶，月老正面露微笑，暗中牵着红绳，把一桩上好姻缘悄悄地抛给了他。谁说不是"失之东隅，收之桑榆"？宴会中，一个叫梁红玉的营妓听到韩世忠的传奇故事后，倾慕之情油然而生，看他一个人喝闷酒便主动过来相陪。郁郁不得志的大军，沦落风尘的营妓，冥冥之中，姻缘注定。梁红玉由此和韩世忠开始交往，并修成正果，结为夫妇。日后，正是这个风尘女子的鼎力相助，让韩世忠名垂千古！

4

伴虎更要防虎

宴会散后，将领杨惟忠为韩世忠鸣不平。他从中斡旋，向朝廷直言申诉，终使方腊被擒的真相得以还原，韩世忠得了个"承节郎"的小官职，心里总算能平衡一点。

作为武将，韩世忠几乎终生未离战场。他的履历全是赫赫战功堆起来的。不管辅佐哪任皇帝，他一直在升官儿，从少保一直升到武官的最高头衔——节度使。这期间，金军弃盟南犯，韩世忠以区区三万兵力固守十余年，犹如老熊当道，淮东得以平安。但这种局面很快就被一个人打破，自从秦桧从金逃回，就一直忽悠高宗加紧议和。

韩世忠一贯刚正亢直、疾恶如仇，在战场上驰骋了一辈子，一向是脑袋别在腰带上无惧生死。如今秦桧权倾朝野，满朝文武都心怀畏惧，仰其鼻息，听其训诲，一副巴结之态。可韩世忠从来都没有在秦桧面前低声下气过，甚至从来都不与秦桧打招呼。史说他"性憨直，事关庙社，必流涕极言"。他和岳飞是好朋友，两人都力主抗金，反对与金议和。韩世忠多次上疏皇帝请求攻打金，收复失地，每一次都被秦桧从中搅黄。韩世忠报国无门，干脆上疏抨击秦桧专权误国。秦桧唆使言官弹劾韩世忠，欲置他于死地，还好高宗悄悄把奏折压下。否则以秦桧的人品，韩世忠不死也要掉层皮。

同是抗金，同是眼里不容沙子，为什么岳飞死了，而韩世忠得以晚年终老？这不能不说韩世忠对官场暗箭还是有所提防的。

韩世忠是赵构的救命恩人。

他还是康王时，金兵率数万人马进犯赵构所在的济州，韩世忠仅率一千人突入敌营，将头目结果；公元1129年，苗傅、刘正彦反叛逼高宗退位，韩世忠神兵天降般平定内乱，使社稷转危为安；次年黄天荡之战，韩世忠又率水师8000人大败兀术十万之众。这一件件战功，赵构再没心没肺也不敢轻易抹去。

韩世忠的第二个优势是出身西北军，当时南宋名将张俊、韩世忠、吴阶、吴璘、杨沂中、刘延庆全都出自西北军。如果说还有第三条，那就是韩世忠的为官风范和防范功课做得好。他"嗜义轻财，悉分将士，所赐田输租与偏户等"。韩世忠不贪，历年所得赏赐都分给了部下，田产则分给封邑的百姓。不知什么时候起，这种受人爱戴的清廉作风忽然发生了180度大转变。没有任何征兆，韩世忠突然开始搞腐化：购进大批田地，到处寻觅珍宝奇物，生活上花天酒地，整日陷于酒池肉林。这就是韩世忠与岳飞不一样的地方。打仗时实心实意，护驾时全心全意，无所事事时行的是醉翁之意。自己无意觊觎权位，得个富贵就满足了。他知道赵构对他时刻在心里布着防。那么能打善战，又深受部下拥护，如果想干点什么太容易了，任何人都会这么想。即使如此高调地委曲求全，赵构还是没放过他。

公元1141年，赵构让人准备了陷害韩世忠的材料，被岳飞获知后及时密告。韩世忠外衣都没顾得上套，连夜赶往皇宫，跪在赵构面前苦苦哀求，并伸出只有四个手指的手，诉说这么多年来战场上的生死劫难。赵构看着他残废的手，总算恢复了人性，免他一死。韩世忠当然深记岳飞的功劳！当岳飞被秦桧连发12道金牌从战场追回下狱，朝中右阶诸将自王德以下都形似木偶，沉默不语。"岳飞冤狱，举朝无敢出一语，世忠独撄桧怒。"韩世忠高声质疑："岳飞所犯何罪，叛他死罪有什么证据？"秦桧奸笑着："这个不好说，罪过吗，莫须有！"韩世忠大声质问："莫须有何以服天下？"好友见韩世忠如此与秦桧作对，都劝他要小心。韩世忠回答："畏祸苟同，他日有何面目见先帝于地下。"秦桧是个睚眦必报的人，后来找机会怂恿皇帝罢韩世忠为醴泉观使、奉朝请，封福国公，解除了他的兵权。

5

荒村野老也自在

退居二线之后，韩世忠索性当了乡村野老。"自此杜门谢客，绝口不言兵，时跨驴携酒，从一二奚童，纵游西湖以自乐，平日将佐罕得见其面。"
韩世忠四肢发达，头脑也发达，这是很高明的保身之道。不宴客，不论时政，
没事领着小屁孩儿骑着匹瘦驴游游西湖逛逛山林，与过去一刀两断。叱咤风
云的韩世忠消失了，仨饱俩倒的韩世忠出世了。他远离政治，与同僚断绝来往，
彻底当起了隐者。"国仇未报壮士老，匣中宝剑夜有声。"无论内心怎样失落，
韩世忠都决意当默派高人，只有这样才能苟且偷生，保全性命。

公元 1151 年，一代名将逝去，时年六十八岁。

比起岳飞，韩世忠的生命结局还是不错的。岳飞在做人方面太刚硬，在
得知皇帝要处死自己后，既不妥协也不认错。如果他也能像韩世忠这样，低
下头来向皇帝表忠心，做隐者。也许命运会改写，可那不可能是岳飞。

韩世忠的升迁之路相当坎坷，从一个普通士兵步入武官行列，完全是靠着
一双拳头和非凡的军事才华闯出血路，成为独当一面的军事统帅。 在"中兴
四将"刘光世、韩世忠、张俊、岳飞中，只有韩世忠和岳飞是意志最坚决的主
战派。岳飞激进，他比岳飞更激进。听说金使者来议和，随即伏兵于洪泽镇，
"将杀金使，不克"。赵构和秦桧一直把岳飞和韩世忠看作议和的最大障碍和
绊脚石！韩世忠虽受过秦桧迫害，还是用妥协保全了性命，终老于山川秀景中。
虽被剥夺兵权，但毕竟还能与家人享受天伦之乐，还能自由地漫步于溪流小径，
发发呆，抒抒情。这是他的聪明，既然进一步山穷水尽，为什么不选择海阔天
空呢？虽说在繁华里退去既伤面子又伤里子，但比起失去生命和自由，还是值
得一退吧。韩世忠的明智在于他清楚地认识了自己所处的官场是什么成色。他
那么委曲求全，很大程度上也得益于有一个心心相印的贤内助。

1

流落风尘

作为女流之辈，梁红玉在男人书写的历史占有着举足轻重的地位。"仗义每多屠狗辈，自古侠女出风尘。"作为官妓，梁红玉身上的民族大义一直为后人津津乐道，那英气浩荡、雄风漫卷的一生，是作家们孜孜不倦创作的源泉，光是以她为原型改编的小说戏曲就有二十多种。

梁红玉的爷爷和父亲均系朝廷武将，父子俩对这个聪明倔强的小女孩宠爱得不得了。他们不提倡她习女红弹小曲，却教她挥刀舞剑，吟诗练字。殷实的家境让梁红玉受到了很好的教育。可惜幸福总是经不起时间拉扯，一场变故，将少年梁红玉摔向了命运谷底。

北宋末年，宋徽宗实行苛政，赋役繁重，"人不堪命，遂皆去而为盗"。终于酿成了方腊起义。梁红玉的祖父和父亲作为朝廷大将，自然要身先士卒，率兵镇压。二人在突如其来的战争面前准备不足，导致战机贻误，获罪被杀。

对于一个绝对的男权社会，顶梁柱倒掉就意味着大厦全倾。爷爷和父亲的死给梁家带来了灭顶之灾。昔日荣华富贵，如今家徒四壁，这种落差对人的打击是致命的。生逢乱世，生存是第一要务。小小年纪的梁红玉随着母亲编织蒲席卖钱度日。尽管一分钟也不肯浪费，手编不停，家中还是常常断炊。百姓太穷，年轻人都去打仗了，剩下的老弱病残手里根本没有银子。他们总是厚着脸皮将梁氏母女的席子价儿压了又压，有时一天卖十多张席子也不够吃一餐饱饭。在这样的凄惨境地中，女孩子才华太盛又格外加重了生活的艰辛。梁红玉人长得漂亮，又能写会画，加上武功超群，名声自是随风飘扬！早有人打起了她的主意，那些捎客频频到她家游说，最终，梁红玉还是没能逃脱被卖到官衙做官妓的命运。

官妓名声不好听，但待遇还是不错的。她们有工资保障，有福利待遇，有正式乐籍。《西湖游览志余》载：每当有新太守上任，杭州营妓都倾巢出去，举行盛大的迎接仪式。苏东坡就曾派营妓迎接新太守。他在《菩萨蛮》的序中写道："杭妓往苏，迎新守杨元素，寄苏守王规甫。"营妓担任着国家礼仪工作，服务范围仅限于政府官员和军人。纪律规定，官妓不得与官员发生关系，违者以重罪论处。这也就是为什么朱熹能够成功诬陷政敌台州知府唐仲友与官妓严蕊的原因。

一个人到了欢场中多半会认命，在花天酒地中没心没肺得过且过！不知道明天在哪里的人没心情谈理想。学学唱歌跳舞，不管怎样，总得有取悦于人的技艺，也好进点小钱。管它那时是追忆伤世的哀伤倾诉，还是自艾自怜的青春感叹！梁红玉不这样，虽为妓身，但人很有骨气。别的姐妹一看来了阔主都拼命巴结，梁红玉则对公子哥们从来都不屑一顾。别人弹曲她练剑，别人唱歌她吟诗，这不仅是爱好，也是一种不甘。公子哥一向喜欢猎艳，更愿意猎奇。他们一看这姑娘长得好有个性，能文能武，于是合掌力推，愣是把梁红玉捧成了"大腕儿"。梁红玉不屑一顾，这更增加了她的知名度。

2

邂逅真命天子

方腊战败后，二百多万百姓死于非命，五十二个县跟着遭殃。一幕幕人间惨剧连腐败的朝廷看了也大动肝火！朝廷派枢密使童贯、谭稹统率 15 万大军镇压方腊余流。陕西人韩世忠将潜藏于山洞中的方腊生擒活捉。童贯一行班师回朝，大肆庆祝。美食云集，艳曲缥缈，香粉流转，舞步金莲。战场上的野兽和温室里的蝴蝶激情相遇，演绎着人间的醉生梦死。

韩世忠没有心思喝酒，明明是自己生擒了方腊，怎奈自己一个下级军官人微言轻，功劳竟被守在洞口的辛兴宗抢了去，并得到了朝廷的大肆封赏，自己倒成了局外人。唉，这世道，下面的人就是强权者升迁的肉梯啊！

梁红玉看着众姐妹狂饮乱舞。这群无根无基的乱世浮萍竭尽全力地展示着自己的才艺，把谄媚逢迎的功夫全部拿了出来，"拼却一生怨，与君尽情欢"！在这空前的繁华喧闹中，韩世忠郁郁寡欢，梁红玉怅然若失。有句话说：人群中最安静的人往往最有实力。"动如火掠，不动如山。"这句话也可以这样理解：人群中最特别的那个人往往最有实力。小兵韩世忠，官妓梁红玉，这两个人在宴席中都很特别，似乎冥冥之中有股神秘力量注定让他们彼此关照。对视的一刻，四只眼睛都发出没有声响的叹息！瞬间，这叹息燃起爱的火焰。眼神与眼神，心灵与心灵在激荡中汹涌澎湃。仿佛早已情定终身，仿佛早已相识相知！热烈的一瞥掀开交往的序幕：他们喝酒交谈，话题逐渐深入。随着交往加深，两人很自然地进入了"月上柳梢头，人约黄昏后"的美妙时光。相恋的日子只愿时光停留，让情意慢慢流转。梁红玉阅人无数，她同情韩世忠的遭遇，认定这个郁郁寡欢的青年是可以终身依靠的港湾。当心里有了牵挂的对象，人会变得空前慷慨！梁红玉心甘情愿地拿出自己不多的积蓄，装点韩世忠。受宠若惊的韩世忠发誓要让梁红玉脱离乐籍。

怎奈自己官职卑微，薪俸甚少，整整苦熬了五年，他才凑够为梁红玉赎身的银子。随后两人结为夫妇，走进围城！梁红玉找到了一生的归宿！

3

千里传书平战乱

"靖康之难"中，21岁的赵构几乎所有的亲人都被金人掳去。他本该激起对金人的万千仇恨。可他偏偏全无心肝，雄性细胞里没有一点要报仇雪恨的念头。超强的遗忘能力、胆小如鼠的性格，配合骨子里的奴颜婢膝还有那么一丝丝私心，让他不但不恨金人，反而认贼作父，对金人卑躬屈膝，极尽巴结。外交上始终奉行妥协忍让，求和投降之策。

赵构在莺飞草长的柔情江南，过着乐不思蜀的神仙日子。说什么国难家仇？人生苦短，世事无常，极尽享乐才是当务之急！

金人把北宋朝廷的软弱心理研究得很透，他们一而再再而三地频繁骚扰。公元1129年，金兵在粘罕带领下由彭城直抵楚州。宋高宗逃往浙江。同年3月，威州刺史刘正彦与御营统制苗傅发动了军事政变，先是执掌枢密的王渊被杀死，接着多名宦官被结果。苗傅和刘正彦逼高宗退位，禅位给他三岁的儿子，让孟太后垂帘听政，改年号为"明受元年"。他们扣押了包括韩世忠的妻子和儿子在内的很多人质，给赵构施压。事变发生之后，被软禁的宋高宗与近臣朱胜非想出了一个万全之策：派梁红玉秘密出城，到驻守秀州的韩世忠处搬救兵。

自从韩世忠离家后，梁红玉每日教儿子习武学文，期望他长大后成为一个威风虎胆的男子汉。她盼望着丈夫平安归来，一家人也好早日团圆，过几年安稳日子。世事难料，人没盼来，自己倒成了叛军俘虏。她神情忧郁，思谋着如何能早日脱身。这日，忽有差役将她拽到一旁，把高宗的计划和盘托出。梁红玉意识到此事非同小可。如果金人再在这个节骨眼儿上捣乱，北宋江山必将全线崩溃。梁红玉没有半点犹豫，于半夜时分悄悄给儿子穿戴停当，又找来绳子将小家伙绑到自己后腰上，然后纵身上马，在乱兵埋伏中冲进苍茫夜色。她快马加鞭，挥汗如雨，竟一夜千里赶到丈夫驻守的秀州。韩世忠听了事情经过大吃一惊，他立刻同刘浚调拨军队，向叛军驻地开进。这一仗打得苗傅等人措手不及，溃不成形，正是梁红玉的飞马传诏及时挽救了朝廷。

凯旋归来，宋高宗亲自到宫门口迎接夫妇二人。梁红玉在国难当头之际，不顾安危千里传书的举动，获得了朝廷上下交口称赞，赵构称她"智略之优，无愧前史，给内中俸以示报正"。给她发了一笔丰厚的奖金，梁红玉成为宋朝第一个在军事上领取皇家赏钱的女子。她也给丈夫带来了好运：赵构亲书"忠勇"二字赐给韩世忠，拜江浙制置使，并擢升为检校少保、武胜昭庆军节度使。

4

战争中的指挥官

梁红玉渴望过上平静生活的理想从未消失，从虚假繁荣的欢场走向温馨和谐的围城，她深深地满足，无数次感谢命运对自己的厚爱。只是周围民不聊生，金兵频频骚扰令她忧虑。大环境动荡，小家庭岂能安稳？梁红玉没有心情享受个人安宁，骨子里生就的大局意识让她挺身而出，毅然抛弃优越生活，走上从军之路，跟着丈夫韩世忠转战大江南北。

金人早有吞并北宋野心，无奈蛇吞象力不从心，只好采用逐步蚕食手段慢慢瓦解。公元1129年10月，金兀术又率大军挺进中原，烧杀抢掠，满载而归。打道回府行至长江时，遭到镇守京口的韩世忠和梁红玉堵截。两军在位于南京东北的黄天荡各占一边，形成对峙局面。这里左有长江阻隔，右有悬崖相望。当时金兀术有十万兵，不仅人多，还有现成的战舰供水战。对比起来，梁红玉和韩世忠只有区区八千水军。双方兵力悬殊，武器也没有可比性。

史上以少胜多的战役多是靠智慧取胜。梁红玉在这场败局已定的激战中大显身手，军事才能得以充分发挥。她在地图上精确标注出黄天荡地形，做了多种推断与假设，经过一昼夜思考分析，她决定借地形之利诱敌深入，然后关门打狗。梁红玉果断地让韩世忠率领小股宋军驾船引诱金兵深入芦苇荡，大军队趁机埋伏，以鼓为令，火把为引，用火箭焚烧敌船。

一切安排妥当，梁红玉身先士卒，冒着密集的箭雨左突右闪。登上十几丈高的楼橹，在金山之巅的妙高台跨步走向最险要的位置，用全身力量"亲执桴鼓"现场指挥。声震四野的鼓点让宋军爆发出惊人的力量，无数利箭射向金兵。金兵叫嚷着冲过来又呼啦啦倒下，接连十多次全被宋军击退。剩下小股金兵被韩世忠引入芦苇深处，这时埋伏多时的宋军万箭齐发，毒箭带着火种射向敌船，金兵纷纷落水。梁红玉又把火把点亮，指挥宋军乘胜追击。残余的金军被迫退到江边，整整被围困了四十八天。这场以八千对十万的战争使梁红玉名震天下！获封"杨国夫人"。

经此一役，金兵大失元气。

5

古来征战几人回

公元1136年，韩世忠被任命为武宁和安化军节度使，驻扎楚州。梁红玉随韩世忠率领将士以淮水为界，在旧城之外再筑新城，抗击金兵。

楚州历经战乱，几乎成了废城：遍地荆棘，民不聊生。梁红玉率领的军队面临食无粮、居无屋的尴尬境地。她决定自力更生，自给自足。说起来容易，到处都是断壁残垣，怎么打开局面？梁红玉脱下军装，亲自用芦苇"织蒲为屋"。她带领众人挖野菜充饥。在文通塔下的勺湖边发现了马吃蒲茎，为了确定是否有毒，她亲自尝食。相传淮人食用"蒲儿菜"就是从梁红玉开始的，因此蒲儿菜也被称作"抗金菜"。"披荆棘以立军府，与士卒同力役，亲织蒲以为屋。"梁红玉与士兵同吃同住，挖野菜，编草席，赢得了上上下下大小官兵的普遍尊敬，士兵们打心眼里愿意为这样的统帅司冲锋陷阵！

夫妇二人共同守卫楚州十余年，仅仅靠着三万兵力，愣是使金敬而远之，不敢冒犯。

平静的日子没过几年，一直惦记北宋的金人休养生息后，卷土重来。金人这次是势在必得，统帅金兀术带了数十万大军，妄想摧垮南宋，一统中国。独领一军的梁红玉亲率水陆精兵抗击金兀术。几场恶战下来，金兀术损兵折将。他恼羞成怒，调几万军将梁红玉所在的淮安县包围，城内百姓感于梁红玉的大义，纷纷出钱出粮支援战争。但这只能解决眼前吃饭问题，山高皇帝远，军粮奇缺。等待不如行动！梁红玉率兵偷袭金人粮道，不料遭遇埋伏的金军疯狂围攻。交战之际她腹部受到重创，肠子流出了体外。在长期的战争生涯中，梁红玉早就练就了钢铁般的坚强意志。她掏出汗巾裹好腹部继续作战，最后血透盔甲，时年33岁的梁红玉耗尽力气落马而死。金人被这个铁女人感动了，将她的遗体示众后又送回北宋，朝廷闻讯大加吊唁。

面对"人生自古谁无死，留取丹心照汗青"这样豪迈的诗句，梁红玉，应该笑傲天下吧！

官妓、妻子、军人、英雄，到底哪一个才是真实的梁红玉？繁华富裕的大宋王朝湮没于滚滚尘埃，留给我们的是"男人江山，女人来保"这样的命题！更可悲的是帝国不知珍惜砥柱之才，致使英雄蒙冤，人心尽失！

第十八章

千古之冤悼岳飞

1

性格塑成

岳飞是卓越的军事家。武略兵法无人匹敌，文采也相当出众。他为人坦荡，一心救国。千古难寻的忠臣君子以 39 岁生命的代价，为后世揭开了扭曲的南宋那幅真实的嘴脸。

岳飞生于农民家庭，是无疑的草根。他很早就失去了父亲，母亲望子成龙心切，给予岳飞的全是忠君报国的正统教育。日复一日的强化和灌输，正是性格塑成期的岳飞脑袋里再也装不下别的信仰，他牢牢地树立起了一生事君、国家为大的思想。还是十多岁时，岳飞就主动抛弃了童年，过着严苛自律的苦日子。每天天不亮就从被窝里爬出来，身着单薄衣衫，在黑咕隆咚的院子里苦练武功。夏三伏冬三九，在时间的磨炼下，以自我奋斗将毕生献给国家的那种单纯的价值观越来越清晰。岳飞为人，无不是处处践行着这种一厢情愿式的自我约束。

公元 1126 年冬，金兵的铁蹄踏破开封城，所过之处，百姓死如蝼蚁。19 岁的岳飞目睹百姓被金人杀戮奴役的情形，愤慨不已。一向疾恶如仇，一心报国的梦想就在那一刻冲破脑海，他告别母亲姚氏和妻子刘氏，撇下 3 岁的儿子正式参军。靠着不凡武艺和卓越军功从下级军官一路荣升为列校、宣抚使、枢密副使、太子少保，一直到封列侯。这种干干净净的过程，使岳飞未沾染任何官场习气，内心也没受到任何污染。虽是武将，岳飞读书、写文章、书法样样在行，堪称文武双全的学者型大将。这样的出身背景和学识品格，注定他追求的是清澈开明的官场，信仰的是奋斗拼搏靠实力赢取成功的那一套硬路子。那些龌龊阴暗的桌面以下的东西他是不屑一顾的。如果岳飞所在的是一个健康有序简单纯粹的环境当然好，偏偏岳飞所处的是一个阴谋密布、关系第一、波云诡谲的大染缸。岳飞的人格太纯粹，有精神洁癖的人，眼里容不得沙子。他一直用真诚率真的处世方式来应对官场，而不是用改变和适应去顺从和融入，这就和宋高宗的稀泥规则相背。这是岳飞的第一个短板：自己内心无菌，认为周围也是一个纯净世界。

2

作风任性

岳飞才华出众，做人短路。他不屑搞关系，拉帮结派，组建自己的势力集团。岳飞的头脑里，似乎从来就没有考虑过人的因素，自认为凭真功夫就能搞定一切。

都督张浚很欣赏岳飞，在一些重大的人事安排上经常征求他的意见。岳飞耿直忠贞，胸无城府，对张浚提拔的将领死活看不上，动辄挑一堆毛病。其实张浚也是为岳飞着想，一来彼此可以走得近些，二来岳飞也能迅速成长，在人员管理方面积累点经验。可岳飞对张浚的好意不感冒。时间一长，张浚开始不爽，便时不时地找点岳飞的小麻烦。这让不擅长搞关系的岳飞穷于应付，只好向皇帝请假进行休假式疗养。皇帝不批，岳飞是直性子，等得不耐烦干脆直接回家。朝廷多次催促他回去都置之不理，部下跪下来相求也不好使。直到六天后，火气稀释的岳飞才极不情愿地回到军营。

撂挑子不是什么好事，无疑是引祸上身的愚蠢举动。岳飞的人际关系处理能力不及格，情绪控制能力也太差。岳飞讨厌新贵秦桧，曾公开表示秦桧执政只能丧权辱国。秦桧代表朝廷与金人签订了"和约"后，趋炎附势的大臣们纷纷向秦桧祝贺。岳飞做不来见风使舵、随机应变这一套。他将任性进行到底，写得触目惊心："莫守金石之约，难充沟壑之欲。"差点没把秦桧气死，跑到皇帝面前乱扣屎盆子。岳飞得知秦桧的态度，索性交了军权到翠微山养伤去了。岳飞的一系列光荣事迹让高宗心里极不舒坦，更夸张的是，岳飞居然还把小性儿使到了高宗头上。

岳飞一直想收编刘家军，以壮大队伍，保卫中原。他向皇帝提出申请，皇帝答应后又反悔。这不难理解，岳家军已经让他的危机意识加重了，再收编刘家军，那不等于是养虎为患吗？岳飞没想到这层，只是气恼皇帝反复无常，气急之下向皇帝提出辞职。皇帝觉得自己理亏，三番五次派人请岳飞回来，岳飞一概无动于衷，这让皇帝很没面子。岳飞以为凭自己的卓越军功就可以和皇帝抗衡。皇帝是谁？掌握天下生杀大权，一言九鼎，嘴巴张合之间就能使民间翻天覆地。岳飞有什么资本同皇帝赌气？他曾先后五次辞职，擅自离开。这在赵构看来，纯粹就是"要君"。虽然他最后认了错，但皇帝心里从此对岳飞有了忌惮。

张浚对岳飞变得冷淡，秦桧也咬牙切齿地在心里把岳飞恨上，这都无关紧要。但连皇帝都得罪了，哪还能有退路？这是岳飞的第二个短板：朝中没有"硬"朋友。

3

屡次驳皇帝面子

岳飞为之服务的是一个心胸狭窄、疑心重重的皇帝。赵构因不舍到手的宝座而对被关押在塞外的亲人漠视冷血。一个心理扭曲、被战争吓破胆的鼠型领导人，外加一个如狼似虎做梦都想当权的投机者秦桧。朝政在这样的人手里，你死心塌地、忠心耿耿地奉献，他倒怀疑你的动机，担心你的强大；你推三阻四不去冲锋，闹点小病大养的情绪，他又挑剔你目无皇帝为人狂妄。这些事儿岳飞都没有很好地规避，他的心和上司的心没有合拍，没有共鸣互动。只有秦桧摸透了高宗心思，他们的心才是真正贴在一起的，一个要做永远的皇帝，一个要做永远的老二。而岳飞始终沉浸在大丈夫建功立业、事君事国的理想里，做一切事都是围绕着国家利益、大局利益。所以他才会口无遮拦，在朝堂之上，当着文武百官的面儿，郑重其事地向皇帝提出了立储的问题，而这恰恰是皇帝的"伤疤"。

公元1127年，赵构在金兵的追击下逃难至扬州。一日"偷得浮生半日闲"，刚准备与美女放松一下，忽然小兵传报金兵已追来，赵构受了惊吓，从此再也不能生育。此前他唯一的3岁小儿子已在战乱中夭折。不孝有三，无后为大。儿子对于一个封建皇帝来说那就是天，没儿子等于是天塌了一半儿。所有的心机劳累，所有的谋略算计，还不都是为了天下能千秋万代地传下去吗？赵构失去了儿子，也失去了拥有儿子的机会。在继承人问题上他只能另想他辙。赵构曾秘密从太祖赵匡胤的后代中选了两个年幼的孩子作为接班人选，但他一直没有敲定到底用谁。据王铚《默记》记载：1135年正月，忠心耿耿的岳飞又一次不请自来，密谒赵构速立太子，以断金人欲立钦宗儿子为傀儡皇帝的阴谋。堂堂皇帝被一个武将干预家事，太伤自尊了。他怒斥岳飞："卿虽忠，然握重兵于外，此事非卿所当预也。"这样私密的问题也许连秦桧这样的心腹都不敢提，岳飞也不想想，自己连宠臣都不是，管那么宽？岳飞在最不恰当的场合，提了赵构最反感的话题，这纯粹是打高宗脸，逆龙鳞之举。这种事岳飞干得太多。他曾对赵构的和议大加反对，言辞激烈地表示"若不举兵，当纳节请闲"。在战场冲锋陷阵时也只一门心思地重复着"收复失地，迎回二圣"。岳飞只替国家想，却不替皇帝想，不替自己想。他没弄明白，封建王朝，国就是君，君就是国。忠君就是爱国，爱国就是忠君。

岳飞的精神世界太洁净，纯粹得如同一片白雪。换句话说，他是一个战火狼烟中的铁血英雄，却不是一个现实世界的明白者。他的棱角、才华和忠心是属于明君那类人物的，比如李世民，比如汉武帝。而他面对的是宋高宗赵构！一个有特殊经历、心理不够健康的人。如果赵构足够刚硬，够大度，对岳飞这样上天赐予的天才是不会弃之不用的。岳飞简直就是南宋的福将，是统一中原力挽狂澜的希望所在！可是赵构对这个人却亲近不起来，宁愿将国家拖向深渊，做金人儿孙，也不给岳飞打退金人的机会！如下面所讲，岳飞在朱仙镇将金兵驱赶得节节败退之际皇帝却连发十二道金牌，将岳飞从战场上急调召回。从岳飞毫无反抗的遵命来看，他的悲剧也毫无悬念地出来了：他太忠诚了，忠诚得让人心疼。这是他的第三个短板：强迫式忠诚！

4

十二道金牌的杀伤力

公元1139年，岳飞在鄂州听说宋金和议即将达成，马上上书反对："金人不可信，和好不可恃"，并抨击了秦桧出谋划策、用心不良的投降活动，使"秦桧衔之抱恨"。和议达成后，高宗赵构颁下大赦诏书，对文武大臣大加爵赏。

对岳飞也有表示，赐他开府仪同三司的爵赏和三千五百户食邑的封赐。诏书下达了三次，岳飞坚辞不受，猛泼冷水："今日之事，可危而不可安，可忧而不可贺。"并再次表示收复中原的决心，"愿定谋于全胜，期收地于两河，唾手燕云，终欲复仇而报国"。赵构、秦桧恨得牙根痒痒。

事情果如岳飞所料，这一年还没有过完，金兀术就撕毁绍兴和议，于公元1140年，再度对宋发动了大规模战争。在东、西两线军取得对金大捷的形势下，岳飞奉命从长江中游挺进，实施反击。他一直准备着收复中原的时机到来了。岳飞以势不可挡之势相继收复郑州、洛阳等地，淮河、黄河义军纷起响应。"岳家军"威名远扬，所向披靡。在郾城大破金军精锐骑兵铁浮图和拐子马，乘胜逼近距开封仅四十五里的朱仙镇。金军士气低落，发出"撼山易，撼岳家军难"哀叹，根本不敢出战。金兵10万兵马一触即溃。岳飞斗志昂扬，对诸将发出"直捣黄龙府，与诸君痛饮耳"的豪言壮语！

前方形势一片大好之际，后方的高宗和秦桧却放出大招：连发十二道金字牌班师诏，命令岳飞退兵，以促成和议。岳飞抑制不住内心悲愤，仰天长叹！

赵构日夜恐惧的有两件事：一是哥哥赵桓突然被释放回国；二是民间崛起的将领再来个"陈桥"式兵变。这些沉重的心理负担无法说出口，只有从金逃回的总监察官秦桧洞察他的心思。当岳飞率岳家军一路挺进朱仙镇时，南宋与金的谈判也进入重要阶段。赵构唯恐岳飞坏了议和大事，和秦桧连夜密谋后连发十二道命令，每道命令都用最高规格"金字牌"送达。驿马每天狂奔二百公里，疾速前进。岳飞接到金牌时，对拦在马前恳求不要撤退的民众垂泪："十年之功，毁于一旦！所得州郡，一朝全休！社稷江山，难以中兴，乾坤世界，无由再复！"就算此刻，岳飞也没有生出反心，以他所拥有的强大岳家军，如果做一下反抗，高宗肯定要哭死。

公元1140年7月，岳飞怀着悲愤心情奉诏从前线班师，北伐宣告结束，岳家军撤军南归。

5

秦桧离间

岳飞总觉得靠本事升官，根本无需看别人脸色，因此对吹拍之徒极度反感。

他对秦桧发出的各种号召根本不屑一顾，更别说响应。这就让善于挑拨离间的秦桧找到了构陷机会。

岳飞、张俊、刘光世、韩世忠这四员大将是南宋的中流砥柱。如果没有他们，赵构还不定要逃难到哪一天？可他伤疤一好就忘了疼，总觉得这四头虎狼随便哪个造反都能要了他的命。赵构宣布解除四大将领兵权。旨意一下，张俊、刘光世、韩世忠都乖乖地认命。唯独岳飞叫出："不收复中原誓不罢休。"这太让赵构害怕了。岳家军那是什么军队？包括岳飞弟弟岳翻，儿子岳云，舅舅姚某，外甥女婿高泽民，这样一支约有10万人的私人武装常年占据鄂州，高度团结，忠于岳飞，这能不让赵构感到恐惧吗？这头犟牛惹急了会造反，于是密授秦桧务必解除岳飞兵权。

秦桧之所以遗臭万年，那是因为有黑实力，千古奸臣之名一点都不冤。大奸似忠，他奸得忠心耿耿，于不动声色轻松无意中蜻蜓点水般只露一点点，就能将一个人的生死定格。他用他那漂亮的宋体字给诸将们写了一封热情洋溢的信，通知朝廷邀他们到杭州西湖赴宴，以资犒劳。他早算准了，岳飞肯定"耍大牌"，最后一个到。岳飞啊岳飞，为什么就不能违心一回呢？

宴席开始后，秦桧就在饭局上唉声叹气："唉，大功臣怎么还不来，还不来！"如果只说一天没人会在意，絮絮叨叨啰嗦了六天肯定让人心里不舒服。大家面面相觑，问谁是大功臣，秦桧故作亲昵状："岳少保以一当十，力退金兵，他的功劳无人能比。待岳少保来，益令堂厨丰其燕具！"听听，岳飞来了，务必提升筵席规格。众人一听，敢情金兵都是岳飞一个人赶走的，你岳飞背后也太会下功夫了，太会邀功，太不厚道了！七天后，岳飞来了。同僚恨他恨得要死，谁也不理他，岳飞也不知道发生了什么事，尴尬地待在一边闷闷不乐。秦桧一看这情形，心里乐开了花儿，挑拨离间这活儿不是谁都能干的。如此，赵构以影响安定团结为由，顺利拿下了岳飞的兵权。

秦桧吃透了岳飞，岳飞一向最烦那蝇营狗苟吃吃喝喝之事，每次朝廷宴请他都不积极。这就是岳飞的软肋，不会装傻。

6

成为和议棋子

其实这一切早有预谋。早在公元 1131 年，被金人俘虏的朱皇后和郑皇后先后被折磨致死。5 年后徽宗也死在了五国城。后来身在临安的赵构得知这一切，放声痛哭，心里更加担忧生母宣和皇后的安全。从这时起，他的心里就坚定了议和基调。所以他对于岳飞打胜仗是心怀恐惧的，那对他的议和将是莫大的麻烦。

在秦桧的运作下，宋高宗顺利解除了岳飞枢密副使的职务，只保留少保虚衔，岳云也和父亲一起被免职。不久岳飞告假，回到江州私邸。赋闲的岳飞不仅对南宋朝廷的降金乞和活动无权干预，而且脱离军队，对皇帝的宝座也没有任何威胁。但高宗不肯放过他。公元 1141 年 10 月 13 日，岳飞被以"谋反"之名逮捕。之后，高宗马上派魏良臣赴金议和。公元 1142 年 11 月，金派萧毅、邢具瞻为审议使，随魏良臣回南宋。赵构对金使说："朕有天下，而养不及亲，徽宗无及矣。今立誓信，明言归我太后，朕不耻和。"金使回国之后，赵构又派遣何铸、曹勋二人再次求和。金提出四个条件，第二次绍兴和约达成：一、南宋向金称臣；二、南宋每年向金进贡银二十五万两、绢二十五万匹；三、重新划定宋金疆界，秦岭淮河一线以北的原北宋地方全部归金所有。南宋与金东以淮河中流为界，西以大散关为界，以南属宋，以北属金。宋割唐、邓二州及商、秦二州之大半予金；四、金放回宋高宗生母韦太后，归还宋徽宗和郑皇后的梓棺。

而身在牢中的岳飞却陷入秦桧、张俊等人阴谋布置的地狱。

张俊畏惧抗金勇于内斗，处心积虑想独揽军权。他善于揣摩上意，曾秉承高宗和秦桧旨意谋害韩世忠，不成又转而谋陷岳飞。正如岳珂所言："先臣之祸，造端乎张俊。"岳飞的几位下属在这场冤案中也充当了打手和帮凶。岳家军前军副统制王俊第一个拉开了冤案大幕。他诬告张宪受岳飞、岳云指使谋反，并与张宪当面对证。第二个跳出来的是岳飞离任后总管岳家军的鄂州驻扎御前诸军都统制王贵。他接受王俊诬告信，并转交上级官员，岳飞的大将傅选作证，这些势利之徒信口雌黄地为朝廷炮制了岳飞的四条罪状，将岳飞"逮系诏狱"，公开张榜。御史中丞何铸和大理寺卿周三畏被特命为正、副主审官。主审官何铸良心发现，竭力替岳飞辩解，力证其无罪。理屈词穷的秦桧遂上奏宋高宗，高宗改任阴险歹毒的万俟卨为御史中丞，任主审官。

万俟卨本是湖北提点刑狱，看岳飞频频在战场上取得辉煌，觉得此人前途不可限量，于是拼命巴结时任定国节度使的岳飞。他知道岳飞是个君子，俗世的美女金钱撼动不了他。只有为他的前途着想，他才有可能对自己亲近。万俟卨搜肠刮肚之后向岳飞提出了四点建议：足兵、足财、树威、树人。岳飞听了这番话将万俟卨训了个狗血喷头："你这不是纵容挑唆我'拥兵自重，割据称雄'吗？"气急败坏的万俟卨跑到秦桧处好一顿喷粪。

这个曾经溜须不成的家伙此刻在内心狂笑。性本禽兽之人，害起人来从来就不会有压力！他对岳飞酷刑毒打，无所不用其极。在这场旷世冤案中，不少正直之士看不下去，纷纷为岳飞鸣冤申辩，可无济于事。他们被贬的贬，撤的撤。

宋金虽然已签订和约，执掌金军政大权的金军统帅金兀术并不满足，因为岳飞还活着。他深知岳飞能征善战、德高望重，不仅坚决抗金，而且具有非凡的军事才能，有他在金就永无宁日。宋高宗、秦桧害怕金以此作为翻脸变卦的借口来破坏和约。双方都视岳飞为眼中钉。金兀术完全掌握高宗心里想念生母、议和到底的心理，所以他凶相毕露地暗示必须杀掉岳飞。"必杀飞，始可和。"兀术的密信就像给高宗下了圣旨一样，这个堂堂一国之君居然毫无反抗地一口答应。

公元1142年农历除夕夜，一代英雄岳飞被害于大理寺内，年仅三十九岁。部将张宪、儿子岳云亦被腰斩于市门。岳飞被杀后，当时出使金被扣留在金的宋朝使臣洪皓向朝廷写密信报告：金人听说岳飞被杀，"酌酒相贺"。

7

终是个性惹祸

岳飞太有个性，犯了主弱臣强的大忌。

他一次次得罪高宗却浑然不觉；屡次建议高宗兴师北伐收复中原都被拒绝；高宗和秦桧与金议和称臣纳贡的举动使岳飞不胜愤懑，弃官而走，犯了大不敬之罪；亲手杀死舅父犯了不孝之罪；两次要给自己的军队增兵，两次抗拒命令不出兵犯下不忠之罪；他无视万俟卨的马屁；为了保持"冻杀不拆屋，饿杀不掳掠"的严明军纪批评下属王贵；和曾经的老上司王彦、刘光世、张浚、秦桧乃至皇帝宋高宗的关系都很紧张；身为手握兵权的大将竟然胆大到干预无后的高宗立储。皇帝及皇帝身边的人，甚至比金人更恨他。

岳飞政治低能，把忠心报国当作一生的信念和信仰来执行而从没想过其他？自己忠得到底值不值？如果皇帝一心为公，当然你即使牺牲也是圆满的。可皇帝一心为私，注定你的奉献对他构成了妨碍！

岳飞如果有贪财好色、怕死畏敌、扰民这些劣迹，皇帝绝对会睁一只眼闭一只眼任由他胡闹。这样的胡闹在皇帝看起来很安全。而岳飞很认真地"任性"，频繁给皇帝扔脸子，使性子，撂挑子。不善于揣测皇帝心意，一意孤行，悲剧不可避免。

凭着岳飞的力量和人脉，他是有机会有条件逃避这场死难的。他有一呼百应忠心耿耿的岳家军，且深受百姓爱戴。他没有利用这些优势，他用自己的精神洁癖点燃了悲剧引信。

当正直碰上邪恶、忠诚遭遇冷淡、单纯面对算计，陨落的只能是一颗火热的心！这是岳飞的性格使然。岳飞这样光明磊落的君子是不适合周旋在小人和阴谋中间的。他应该属于明君，属于盛世！他的纯粹、强迫式忠诚、反复吃亏不悔改，都是暴露在阳光下的软肋，成为被攻击的薄弱环节！

南宋皇帝亲自斩断了国之羽翼后，开始出政策给优惠，轰轰烈烈地发展贸易。帝国很快富了起来。

第十九章
南宋的福利

1

发达的海外贸易

由于赵构的金钱换和平，从公元1141到1160年宋金相安无事。公元1161年，金单方撕毁和约大举入侵南宋。尽管有大将虞允文奋力抵抗，朝廷还是破除重重干扰再走和谈老路……从1164年到1205年，宋再次用金帛买来了和平。南宋百姓在这两个短暂的和平时期，大力发展经济。

靖康之难后，赵构南渡，加上金占领中原，造成北方人口大量南迁。大量优秀的劳动力、先进的生产技术、丰富的生产经验，给南宋所在的南方带来了雄厚的建设力量：这些移民与南方百姓形成强大合力，积极生产创造，使得南方日渐富裕。南宋打仗不行，发展贸易还是有一套的。自从"澶渊之盟"订立，宋辽边境就开始设立榷场互通有无。南宋除了沿袭旧政，还积极发展海上贸易，极大地带动了商业繁荣。商业繁荣又拉动手工业与规模工业的发展。发达的冶金、采矿、陶瓷业使全国各地相继出现了世界上最早的造船厂、火器厂、造纸厂、印刷厂、织布厂、官窑等。这些工厂生产出大量宝物、布匹、药材、香料，使出口货物种类一度达到400种以上。为了把握海上贸易的主动权，他们研究别国地理人文消费水平与习惯，光记载海外情况的著作就有《海外诸善地理图》《诸蕃图》《诸蕃志》《岭外代答》……这些书对世界各地的地理环境及港口都有详细介绍。为保持运输畅通，南宋一口气开辟了20多个外贸港口，设有广州、泉州、明州、杭州、密州5个市舶司。据吴自牧《梦粱录》记述：宋代海船的规模大得惊人，一艘船往往能乘五六百人以上，而这样一艘船能运载上万件瓷器。当时三个陶瓷碗就能在印度换来一两银子，出一趟海，那利润得多惊人。

到南宋中后期，南方的经济已远远走在北方前面。出现了一批非常富裕的商人、手工工场主和熟练工人，形成了一个稳固的中产阶层，他们的日子过得比官员滋润。南宋知府年薪在 400 贯左右，而一个棉织业熟练工人的年薪能达到 600 贯。在南宋，有 50000 贯家财者属于普通中等收入。一贯钱相当于现在的 200 元，五万贯相当于现在的 1000 万人民币。要知道，几百年后在清朝吃一桌上等好菜才要 10 文钱。

中产市民阶层既得富贵，安于富贵，拥有全国 2/3 的巨额财富，是国家各种赋税徭役的主要来源。政府有钱了，多少也得安抚一下民间，这催生了福利事业的发展。

2

社会保障齐全

宋朝的福利待遇很好。北宋在首都开封设了四家福田院，供逃荒流民、破产市民、孤寡老人居住，所有费用均由政府埋单。这些官办福利院的庞大费用主要来自赋税，其次来源于"内藏钱"（皇室经费）、公田收入、常平仓的利息钱米（国营商业机构的收入），如"僦舍钱"（官设货栈的租金收入）。

到了南宋，福田院被分工更明确、服务更周到的居养院、安济坊和漏泽园取代。居养院则为无家可归的乞丐提供住房保障；安济坊负责慈善医疗，生病者可以享受免费医疗；漏泽园是福利性公墓，专门安葬无人认领的尸体。这些措施一直延续到南宋中叶。

南宋还出现了儿童福利机构，是世界上最早的官办孤儿院。

公元 1247 年，政府在临安成立了慈幼局，主要救治患病婴儿、幼童。宋人吴自牧《梦粱录》记述，慈幼局是这样运作的："官给钱典雇乳妇，养在局中，如陋巷贫穷之家，或男女幼而失母，或无力抚养，抛弃于街坊，官收归局养之，月给钱米绢布，使其饱暖，养育成人，听其自便生理，官无所拘。若民间之人，愿收养者听，官仍月给钱一贯，米三斗，以三年住支。"后来运作成熟之后，朝廷下诏要求"天下诸州建慈幼局"。次年宋理宗又下诏："朕尝令天下诸州置慈幼局……必使道路无啼饥之童。"

除了慈幼局，还出现了地方政府自行创立的其他儿童福利机构，如收养遗弃小儿的钱米所、婴儿局、慈幼庄、幼局等。名字虽有差别，但都奉行一个宗旨：关爱未成年儿童，让他们健康成长。

有的官员是自掏腰包办福利。

公元1217年，南宋理学家真德秀在建康府设立慈幼庄，收养弃婴和流浪儿，并拨1300亩官田作为慈幼庄的恒产，订立了完备的管理制度。这个慈幼庄一直经营40年，"相仍不废"。到南宋末年，官方设立的慈幼局已十分普遍。由于政府高度重视，慈幼局在收助弃婴方面收到了良好效果。

对那些失地农民，政府也没有弃之不管。太祖、太宗曾多次出台优惠减免租赋的优惠政策让农民垦荒种地，并把劝民垦田作为地方官的政绩加以考核。到了南宋，这种人性作风依然保留下来。对从淮北来的流民失业者，朝廷提供田地供其种植，并免除赋税。宋朝失业者还有一个相当容易的工作机会，那就是当兵。宋朝开国就实行募兵制，不论禁兵、厢兵还是南宋的屯驻军等，都采用常年招募的办法招募，随到随要，多多益善。

3

先进文化

南宋时，学术思想、宋词、史学及绘画都达到了巅峰。史学体裁兴起了方志学、金石学（类似考古学），史家辈出的局面让史学著作异常丰富。南宋还创造了直到今天依然在用的宋体字。中国最早的字典《说文解字》也是经宋朝的徐铉兄弟重新编纂的。

夏圭、马远、李唐极擅长山水画，他们与刘松年共称南宋四家，不知名或隐居民间的画家更是多如牛毛。平民文化也在这个时期蓬勃发展起来，如戏艺类的皮影戏、滑稽剧、杂技、傀儡戏、杂剧等。随着经济的飞跃发展，物质生活越发优越。娱乐业更是红红火火，最明显的就是繁荣昌盛的娼妓业，具体有商妓、艺妓、声妓、官妓四类。这些人虽为妓身，但她们卖艺不卖身。这些人琴棋书画歌诗样样精通，普遍具有较高的艺术修养，其中官妓地位最高。

茶文化也悄然兴起。喝茶的人非常讲究，出现了各式各样的花茶，连茶盏都分为黑釉、酱釉、青釉、青白釉四种。他们喝茶品茶甚至还斗茶。至于雕刻行业更是取得了长足发展，玉雕、木雕、竹刻、漆器、碑帖、印章、铜器、金银器、牙角器，及笔、墨、纸、砚等都有极高造诣。

市民娱乐也很方便，心情不爽了，抬腿就去了剧院。不过那时的剧院叫"勾栏瓦舍"，专门用来演出戏剧小品之类的舞台剧。据史籍记载，南宋临安的瓦舍数量共有 24 座，这还不包括"独勾栏瓦市"，即在瓦舍中只有一个勾栏的娱乐场所。大多数瓦舍都由多个勾栏组成。每个勾栏大小不一，容纳人数不等。勾栏里只要一有演出，往往从早到晚，从春到冬，全年不歇。正如南宋《西湖老人繁胜录》中称：临安市民"深冬冷月无社火看，却于瓦市中消遣"。《东京梦华录》中称："不以风雨寒暑，诸棚看人，日日如是。"临安二十多个瓦舍，上百个勾栏同时演出，每个勾栏里都有上千观众。那整个杭州城每天就有两万至五万人沉浸于精神、感官的双重愉悦，恣意享受着美好生活。那是多么壮观的场景。

4

贺卡的出现

送贺卡是我们过新年的习俗，南宋那帮时髦的人早就这么干了。那时贺卡的名字叫刺，又称"谒"，送贺卡叫投刺。每逢春节，士大夫们就张罗着准备大量的刺，亲友同僚之间都要互送。那些在外地做官来不及赶回来的人，则一定要赶在春节前，派仆人带上亲手制作的刺给京城官员拜年。

刺是什么做的呢？

清代学者赵翼在《陔余丛考》中说："古人通名，本用削木书字，汉初谓之谒，汉末谓之刺，汉以后虽用纸，而仍沿用刺。"最早是用竹木削成条，在上面写上自己的姓名、籍贯、身份，拜会他人时递一张，有点像名片。自从发明了纸，"刺"的原料与功能就与时俱进了。文人雅士在纸片上绘制象征吉祥的花鸟人物等各种图案，写上自己的姓名送给亲朋好友贺岁。构思精美用心制作的小小卡片，往往就是一幅精美绝伦的书画作品。

南宋送贺卡已然成为时尚，并出现了合页、连页等新式样。南宋文学家周密在《癸辛杂识》中记载："节序交贺之礼，不能亲至者，每以束刺签名于上，使一仆遍投之，俗以为常。"士大夫朋友多，若四处拜访，既耗时间也费精力。

就像我们打电话发短信一样，他们将梅花笺纸裁成两寸宽、三寸长，将受贺人姓名、住址和祝福语写好，让仆人前往代为拜年。

"投刺"由人步行或乘车马送达，这活儿一般不自己干。当官的有公差，商贾望族有仆人，文人学士呢就遣书童，就连普通老百姓也不自己去，而是打发家中小辈后生去送。投刺的人到了对方门外高声招呼，主人循声而出，当然架子大的主人大都充耳不闻。宋人周辉的《清波杂志》有载："正至交贺，多不亲往。有一士人令人持名衔，每至一门撼数声，而留刺字以表到。"

大户人家因投刺的实在太多，迎来送往应接不暇。为省事，就在门外挂个箱子接受各方投刺，称之为"接福"。也有的在家门口挂个红纸袋接受投刺，名曰"门簿"。投刺人因为任务繁重、时间紧迫往往在门口高喊一声，将刺投入箱内就匆匆离去，待得主人应声出门时，已不见了投刺人踪影。真是送帖的比兔子跑得还快，所以投刺得了个"飞帖"之名。此习俗延续下来，"吴中四才子"之一的文徵明曾在《元日书时》中感叹："不求见面惟通谒，名刺朝来满敝庐。我亦随人投数纸，世情嫌简不嫌虚。"

今天的贺卡、快递、报箱、快递小哥是不是都是由"投刺"演变而来呢？

这种种新潮时尚的玩意儿，无不传递出南宋的富有。怪不得辽皇帝耶律洪基感慨"来世愿做宋人"。金第四位皇帝海陵王也是位不折不扣的"哈宋族"。

帝国的先进文明一直都是金人奋斗的理想，当他们再次蠢蠢欲动，英雄们挺身而出，誓死捍卫脚下的土地！

第二十章

英雄与『愤青』

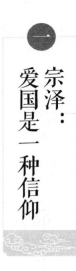

一

宗泽：爱国是一种信仰

1

优秀县令

宗泽出生在浙江义乌一户世代务农家庭。

他二十岁时就外出游学。多年历练让他看清：种种乱象都是自上而下，源自官场，只有整顿吏治才能遏制腐败。可是怎样才能尽微薄之力，一展平生报复呢？当时辽、西夏屡屡入侵。他觉得文武兼备才能立于不败之地，于是又开始研读兵书，向武进士陈宗扬学习武艺。通过努力，宗泽不仅学识渊博，还精通兵法阵图，擅长骑马射箭。为日后率军抗金驰骋沙场打下了坚实的基础。

公元 1091 年，朝廷举行省试、殿试。33 岁的宗泽通过发解试后，千里迢迢前往京城开封应省试，通过后进入殿试。殿试时，高太后传旨，每位考生都要现场陈述对国家时政的看法，但要限定字数。宗泽根据多年亲身考察，鞭挞时弊，慷慨陈词，对时事大发意见，并批评朝廷轻信吴处厚的诬陷而放逐蔡确，认为"朋党之祸自此始"。

朝廷考官们在假大空的氛围中，忽然听到一针见血的实话实说，全都被这个名不见经传的年轻人惊着了。在这样重要的场合，这个人竟然敢冲破规定，对朝廷政务说三道四？太冒失，太大胆了！考官们认为他"以其言直，恐忤旨"，竟出奇一致地将他置于"末科",给以"赐同进士出身"。也就是直接将他的面试分评了个倒数第一。宗泽虽没给考官们留下好印象,未能名登榜首,但毕竟通过了科举考试,开始步入仕途。

有理想的人干事儿都积极!初入职,宗泽的工作热情非常高。公元1093年,他被派往大名府馆陶县任县尉兼摄县令职事。不到一个月就处理完该县历年诉讼积案,出色的政务才能赢得了同僚和下属的信任和敬仰。第三年,大名知府吕惠卿命宗泽巡视御河修建工程。宗泽的儿子此时不幸患病死去。作为父亲,他理应在家料理后事,但宗泽强忍悲痛,即刻成行。当时正值天寒地冻的隆冬时节,朝廷大规模开凿皇家运河,冻饿而死的役夫民工数以千计。中使只是冷漠政治动物中极平常的一个,他可不管这些,对民工挥鞭举棍,非打即骂。宗泽在巡视中发现很多民工死在道旁,便立即向上司奏明,建议推迟工期,待明春天暖时再动工,并表示届时"当身任其责"。朝廷得知真相,也怕事态扩大引起内乱,同意延期。到第二年开春时,"河成,所活甚众"。这件事让宗泽赢得了广泛声誉。

宗泽始终秉承朴素的做人理念,一心为公,敬职敬业。他先后任大名府馆陶、衢州龙游、晋州赵城、莱州掖县等四县知县,皆是政绩卓著,有口皆碑。20多年官场生涯,他从来都是眼光向下,心系百姓,不跑官不要官。没有那些混得风生水起的官员为他牵线搭桥锦上添花推荐引路,天高皇帝远,干得再好成绩再大朝廷也不知道。因此朝廷一直把他扔在基层,从一个地方到另一个地方,从一个小官儿到另一个小官儿。无论到哪儿,宗泽始终没脱离县令身份。他从不去思索为什么总得不到高升,从踏进官场起心思就只有一个:位卑未敢忘忧国,总想着有朝一日能为国做点大事。

一个政绩卓著的人在官场始终处于低位是不正常的。官员王勇、梁子美知道宗泽办事精明能干,便邀请他入幕。后经梁子美推荐,朝廷于公元1115年升任宗泽为登州通判。

2

重获自由

公元1120年,北宋与金签订"海上之盟"联手灭辽。宗泽这时已年届六十，听到消息时，殿试时那份耿直再次爆发。他不在乎人微言轻，不在乎被冷落，对朝廷的错误掏心掏肺地建言献策。他直接指出"联金抗辽"之策是以卵击石，稍有不慎，就会招来前门进虎后门进狼的后果。徽宗对他的越位提议非常不满，直接无视。

周围发生的一切让宗泽痛心疾首：徽宗任用蔡京之流把持朝政，腐化横行，苛政乱出。在徽宗授意下，各州县广建道教宫观，道士们做官的做官，捞钱的捞钱。他们以修建道宫为名，敲诈勒索，横行乡里。登州道士高延昭打着修建"神霄宫"的名号，大肆搜刮民间钱财。宗泽明知高延昭的政治背景，仍依法予以惩办。可这样的道士太多了，年届六十的宗泽目睹国事日非，感到力不能及，自己也许再也难有作为了。他怀着绝望向朝廷递交了辞呈，乞请告老还乡。经皇帝批准，他被授予主管南京鸿庆宫的挂名差使，回到家乡邻县东阳山区。从此游走山谷，欲读书著述以终老。

就在这样清静无为的日子中，有人仍不放过他。高延昭通过林灵素向徽宗诬告宗泽蔑视道教，改建登州"神霄宫"不当，于是徽宗下令将宗泽"褫职羁置"，发送镇江监管。

公元 1122 年，徽宗举行祭祀大典实行天下大赦，宗泽重获自由，被安排在镇江掌管酒税，两年后调任巴州通判。这时，金与辽和宋之间展开了激战，宗泽待在遥远的西南边陲巴州，每天都为陷于灾难中的北宋担忧。宗泽的眼光和经验是准确的：金灭辽之后果然大举入侵中原，想吞并北宋。这正是他曾经力劝徽宗不要与金联合的忧虑所在，没想到这么快就应验。宋徽宗急忙把京城禁军交给宦官梁方平，把皇位禅让给太子赵桓，自己带着心腹宠臣逃向南方。继位的宋钦宗慌乱中想起了父皇在位时被冷落的宗泽，加上御史大夫陈过庭推荐，朝廷即召宗泽进京出任台谏。

3

一心抗金

公元1126年，宗泽不顾68岁高龄，日夜兼程驰赴京师，抵京后即向钦宗"奏对三策"：希望朝廷清除佞臣、改革弊政、坚决抗金。可是一个微弱老臣的力量怎么能抵得过握有实权的主和派？宋钦宗拗不过自己的软弱性格，最终还是倒向主和派一边。他重用主和派官员，罢免主战派首领李纲，压制开封军民的抗金要求，遣散勤王军，议割三镇以求和。宗泽目睹主和派的倒行逆施，大为愤慨，接连上书，抨击朝廷用人不当，弹劾充当和议使的刑部尚书王云："张皇敌势，动摇人心。"这些话引起了钦宗的不满和主和派的忌恨。钦宗决定试试宗泽，让他去当和议使，探探金要价几何。如果宗泽顺应皇帝旨意，跟着皇帝思路走，一定可以得到不少好处。宗泽却不想个人"荣升"，而是信誓旦旦地对老友表示："我这次出使并不打算活着回来。如果金人肯退兵当然好，要不然我就跟他们争到底。宁肯丢脑袋也不让国家蒙受耻辱。"话传到钦宗耳朵，皇帝怕了，弄这么个硬汉去和谈那还不得打起来啊？到时别说议和，就是喊爷爷人家也不会给脸了。于是急忙撤了宗泽和议使的职务，在金兵第二次大举南下时，把宗泽派往战争前沿磁州任知府。

宗泽只带了十几个老弱士兵于 9 月北上赴任。心系何处，行于何处！宗泽一心抗金的念头长在了骨子里，他在磁州发动百姓修缮城墙，疏通护城河，招募勇士，组织义兵，一时响应者云集。多年地方官经验让宗泽很务实：他一边抓练兵一边抓生产，兵民合一、边耕边战两不误。他又拿出所有库银，捐出自己的工资，然后高价购买数万斤粮食留做军粮储备。在宗泽的感召下，百姓纷纷"争献金谷"支持抗金。

4

孤军奋战

10 月，金兵再次围攻北方门户真定。钦宗仅授宗泽"河北义兵总管"的空头衔，命他前往救援。宗泽亲自登上城门指挥战斗。士兵们万箭齐发射向金兵，然后打开城门一路追击。这一仗斩敌数百，缴获大量战利品。这是宋军第一次击败金兵，极大鼓舞了各地宋军斗志。金兵不甘失败，于 11 月分东西两路再次包围宋都开封。钦宗任赵构为兵马大元帅，宗泽、汪伯彦为副元帅，命他们赴京勤王。12 月，赵构传令各地勤王军赴大名府集合。宗泽率 2000 士兵从磁州一路顶风冒雪，率先赶到大名府。他一见赵构便提出："京师受困日久，入援之策不可缓"，要求尽快确定出师日期。赵构根本不想出师救援，对宗泽的建议置若罔闻。不久开封危急，宗泽再次要求出师救援，赵构没办法，拨出一小部分军力交付宗泽。公元 1127 年 1 月，宗泽率军队从大名府向开德府进发，一路与金兵连打 13 仗，屡战屡胜。顺利进驻开德，继续向开封推进，接连攻克南华、卫南、韦城。赵构这时却后撤至东平、济州，拥兵不动，任孤军苦战就是不肯出兵相援。宗泽的军力太少了，虽取得了一连串胜利，但面对金兵强大阵容，终难打破金兵对开封的重重包围。朝中那些投降主和派不顾前线战事吃紧，整天叽叽喳喳，对宗泽的抗金斗争百般阻拦，拼命制造障碍。钦宗派宰相何㮚到金营和粘罕等和议，割两河、纳岁币、献金银财物、马匹兵器，把开封城里的物资搜刮给金军，并下令各路勤王兵停止向开封进发，镇压主动抵抗金兵的百姓，处死为首者。结果，开封成了死城，外无援兵，内无物资。城内百姓饿死、冻死的不计其数。这一系列动作等于是为金军进城开了路。即使宗泽是一头猛虎，面对内外群起攻之的局面也无力回天。"靖康之难"全面爆发。

赵构于公元 1127 年 5 月在南京成立了新政府，史称南宋，定都临安，开启了又一个软弱妥协的时代。

5

为抗金积极准备

赵构走的是父辈金钱换和平的老路。虽然他强硬主和，但百姓们不干，觉醒的家园意识让百姓们奋起抗争，强烈要求抵抗外侮。宗泽也数次提醒赵构："金挨打不会甘心，他们必会卷土重来。"赵构根本听不进去。百姓举着横幅浩浩荡荡大游街，要求皇室赶走金人。赵构迫于舆论压力，不得不启用主战派大将李纲，把他召回朝廷任宰相。李纲提出了许多具体的抗金主张，并建议宋高宗"要收复开封，非用宗泽不可"。赵构只好听从李纲建议，任命宗泽为东京留守兼开封府尹、延康殿学士，协助李纲共同抗金。心思诡异的赵构留了一手，他给李纲和宗泽的官职是外强中干的虚职。他真心信任的是黄潜善和汪伯彦两个亲信。这俩人一个中书侍郎，一个侍知枢密院事，手无缚鸡之力，却掌控国家百万兵权。两人臭味相投，处心积虑地想着投降。

宗泽面临的开封历经金兵两次洗劫，城墙残破，房屋尽毁。城内物品奇缺，物价狂涨。各路大盗巨骗纷纷出世，他们勾结金兵，无恶不作，将废都搅成了鬼都。宗泽一到开封就下了一道命令："凡是抢劫居民财物的一律按军法处置。"他从治安入手，暗中调查跟踪匪盗，抓住后处以重刑。在他的努力下，开封城渐渐恢复了人气。治安刚转好宗泽就向高宗上奏，请求皇帝整顿军队，讨伐金人。赵构无动于衷。这只"忍者神龟"忍得下父母被掳的奇耻大辱，忍得下金人一次又一次挑衅。在逃亡与妥协中，早就练成一副山雨欲来风满楼、岿然不动安如山的态度。面对宗泽一次次的泣血请求，他毫不动摇。宗泽并不气馁，他只想抗金，只想国土不能沦落敌手。他顾不了那么多，金人时刻都会卷土重来，国家随时都可能陷入万劫不复，如果没有准备只能被动挨打。他冒着欺君之罪擅自下令对开封进行严密布防。在开封城外围设立了 24 个堡垒，挖了很多深达一丈的壕沟，把开封建成了坚固的军事要塞。又在农村组织民兵，训练水师，一举改变了"欲战则无兵可凭，欲守则无粮可因"的现状。李纲很支持宗泽，把自己珍藏多年的宝物战车图转赠给了宗泽。宗泽如获至宝，废寝忘食地研读，然后让工匠依图造了一千多辆战车以备战需。

6

与王善并肩作战

宗泽的一系列动作是瞒不过朝廷的。投降派们坐不住了。如果任由宗泽这么折腾下去，哪里还有自己的好日子过？他们想出了一条毒计，让宗泽去招降驻扎在河北的抗金派王善。王善一向坚定主战，为人刚硬勇猛，对他招降必将会激怒他，到时就可以借王善之手杀掉宗泽。

宗泽明知道此去凶多吉少，但为了保国大计，他义无反顾。临行前他又就目前形势向高宗奏了一本，并让手下范讷转交皇帝。宗泽无惧生死，只带了两个随从踏上招降王善之路。他们翻山越岭，风餐露宿，刚渡过黄河就被一群大汉拦住了去路。为首一人喝问："什么人，哪里去？"宗泽随机应答姓王，此行是去串亲戚。大汉哈哈大笑："宗老将军，想必你这次来是来找我的吧？"宗泽一惊，此人必是王善无疑。当下下马，开门见山地说明此次前来是邀他到开封共商救国大计的。宗泽历数金的种种暴行，朝廷的种种错误指挥，说到激动处不禁伤心流泪。他对王善说："现在正是国家危急的时候，如果您这样的英雄再多几个，我们同心协力，金人哪还敢如此嚣张？"王善被感动得唏嘘不已，当即表示"愿听宗公指挥"。投降派们大概做梦也不会想到宗泽会招降成功。

在宗泽和王善的共同组织下，黄河一带汇聚起数万义军：包括王善、杨进、王再兴、李贵、丁进、马皋、张用、曹成、马友、李宏等。军队得到了极大扩充，人数一度达到180万，随时准备迎接金挑战。这样一来，开封城的外围防御得到了巩固，城内人心安定，存粮充足，恢复了大乱前的局面。就在宗泽准备北上恢复中原的时刻，宋高宗和黄潜善、汪伯彦却嫌临安不安全，准备继续南逃。李纲极力反对，宋高宗竟将李纲撤职，然后率人逃到扬州。

7

抗金路上悲愤而死

公元1128年，金兀术率兵进攻开封。宗泽事先派部将分别驻守洛阳和郑州。待兀术军队一到，宗泽立即派数千精兵截断对方退路，又和伏兵前后夹击，把兀术打得狼狈而逃。金兀术不死心，第二年又率兵来攻。百姓大为恐慌，宗泽贴出安民告示，派大将刘衍抵御。

宗泽依靠河北义军，聚兵积粮，认为完全有力量收复中原。他接连写了二十四道奏章，请高宗回开封号令抗金斗争，以收复失地。这就是《乞回銮疏》。这些奏章都被黄潜善他们藏了起来。宗泽急坏了，准备亲自渡过黄河，约河北各路义军将领共同抗击金兵。临行前他再次上疏宋高宗，亮出了6月出师渡河的计划，要求高宗回开封指挥北伐。宋高宗不但不予理睬，还派人监视宗泽。

日夜操劳的宗泽为渡河做着准备。毕竟年龄不饶人，70多岁的宗泽还是累倒了。从忙碌中突然进入清闲，伤感乘隙而入。想起宋高宗的态度，老人伤心透顶，积忧成疾，疽发于背。将士纷纷进营探望，宗泽忍着剧痛，鼓励士兵："汝等能歼敌，则我虽死不恨！"众将军流涕表态："敢不尽力！"宗泽哀叹着杜甫诗句"出师未捷身先死，长使英雄泪满襟"，用尽全身力气高喊："过河！过河！过河！"溘然长逝。

宗泽去世后，宋高宗派杜充做东京留守。昏庸残暴的杜充一到开封，就把宗泽的一切防守措施全部废除。没多久，中原地区又全都落在金军手里。看到这一切，青年辛弃疾义愤填膺，毅然加入义军队伍。

1

一夜成名

辛弃疾出生时，山东已被金占领。他的爷爷辛赞虽在金当差，却一心盼望南宋北伐。特殊的家庭氛围让辛弃疾的战争基因无限爆发，加上亲眼看见金的统治，他立下了惊心动魄的志向——重拾旧山河。

北地的侠义之风在辛弃疾身上表现浓烈。他性格豪迈倔强，勇猛果断。公元1161年，金主完颜亮率60万大军兵分四路，叫嚣着百天之内灭南宋，大举入侵。不堪其政的中原百姓奋起反抗。22岁的辛弃疾拉起一支2000多人的军队，投奔了耿京率领的20万义军，在起义军中任"掌书记"。有个叫义端的和尚也聚集一千人树旗反金，辛弃疾劝他归附了耿京。后来义端携义军大印投向金人，耿京气愤不已，把怨气全撒在辛弃疾身上，要对他动军法。辛弃疾表示待自己取回大印后愿凭处置。他快马加鞭追上义端，将其处决后携大印回营交差。英雄壮举提升了辛弃疾的知名度。在轰轰烈烈的战争中，辛弃疾随大军冲锋陷阵，出生入死，最后以完颜亮被刺杀而结束。

南宋高层除了怕辽怕金，最怕的还是民间武装。打跑一个金，新增一支义军，这让高宗寝食难安。他下旨所有义军归宋。辛弃疾与耿京还没等开拔就出了意外。叛将张安国阴谋杀害耿京后率大队人马投降金人。辛弃疾怒不可遏，带着 50 个步兵杀入 50000 人的敌营，生擒张安国后，狂奔千里，将叛将押至临安由朝廷就地正法。这让辛弃疾一夜成名，所有人都不敢相信，一个毛头小伙子竟如此大手笔。"壮声英概，懦士为之兴起，圣天子一见三叹息。"激动归激动，南宋高层实在安逸惯了，不愿也不想打仗。尽管辛弃疾的剑亮得如此漂亮，但朝廷还是毫不留情地剥夺了辛弃疾的军装，给他安排了一个江阴判官的职位。

别看辛弃疾长得"肤硕体胖，目光有棱，红颊青眼，壮健如虎"，他可粗中有细，能文能武。没了刀还有笔么！官员辛弃疾开始给皇帝发信件：呼吁皇帝厉兵秣马，重拾旧山河。别看南宋皇帝一直把临安称为"行在"，但这不过是一种文字游戏，人家从没动真格。杭州这个地方待久了，舒适都浸到了骨子里。尤其南方的富庶繁华，简直让人想活它个三生三世！还打什么打？就算打回去了，这多年暖风滋润的身子骨还能适应汴梁的干燥寒冷么？林升早就看清了高层心态："山外青山楼外楼，西湖歌舞几时休。暖风熏得游人醉，直把杭州作汴州。"所以高宗接到辛弃疾的信只是莞尔一笑，直当是年轻人头脑发热。辛弃疾不甘心，一遍遍写，写多了就成了集子：《美芹十论》《九议》。这些激情澎湃的建议朝廷不待见，可是民间推崇。朝廷从百姓热烈的反应中看明白了：这辛弃疾绝不是池中之物！得，不能浪费喽！于是具有浓烈英雄基因的辛弃疾就这样被朝廷当成了治乱的砖，不断地从一个地方派到另一个地方治理乱政，肃清治安。

公元 1175 年，赖文政领导茶商起义，屡败官军。三十六岁的辛弃疾临危受命，由仓部郎官升为江西提点刑狱，"节制诸军，讨捕茶寇"。他步步为营，围追堵截，将赖军逼入困境。最后赖文政只好接受招安，辛弃疾随即将赖文政押解到江州处死。

此后，辛弃疾就在频繁的调动中东奔西走，由签判到知州，由提点刑狱到安抚使，虽宦迹无常，但政绩卓著。他出任滁州知州时，颁布了"宽征薄赋，招流散，教民兵，议屯田"一系列好政策，一洗当地"荒陋之气"。

2

组建"飞虎军"

公元 1179 年，人到中年的辛弃疾到湖南任安抚使。他在这里收获了事业高峰，也为仕途埋下了深刻危机。

湖南南部居住的乡民时常武装起事。辛弃疾还有一个发现：湖南人性格热烈，勇猛剽悍，天生就是特种兵。难怪人都说"无湘不成军"。如果把湖南人组成军队，既可对付边境，又可供战时之需。他给宋孝宗写了一封奏折《论盗贼札子》，分析了当地种种弊端，然后话锋一转，建议成立一支军队，既可剿匪，又可护城。得到准许后，辛弃疾抛开政务，亲自主抓。

建造营房时，老天不给力，连绵阴雨导致烧瓦无法进行。辛弃疾贴出致全体市民书：市民送瓦 20 片者，立得 100 钱。这招新鲜，长沙百姓听说瓦片能卖钱，竞相来献。短短两天，建房需要的 20 万片瓦就全部落实。瓦有了，还缺垒石。辛弃疾把囚犯放出来，让他们到城北驼嘴山开山，然后根据各人开采的数量减刑。听说多干活可以早获自由，囚犯们很玩儿命。不长时间，垒石也全部到位。可最大的难题经费没有着落，朝廷也没有拨款，只能自己解决。辛弃疾开始改革"税酒法"。当地酒业一直由作坊酿酒送到城中买卖，官府再根据数量收税。为了筹到钱，辛弃疾下令关掉酿酒作坊，改由官府专营专卖。这一来政府收入大大增加了，酒商们却叫苦不迭。他们联合起来上访告状。这为日后辛弃疾的被贬酿下了口实。宋孝宗怕闹出乱子，下令停止建军。辛弃疾悄悄藏起令牌，日夜赶工。他左右斡旋，粉碎了地方官的阻挠，克服重重困难建好了营房。之后辛弃疾四方招募，亲自考核筛选，组建了一支 2000 步兵、500 骑兵的"飞虎军"，加请广西安抚使司每年代买 30 匹战马。一切就绪，辛弃疾把所有建军账目一一理清，上报朝廷，终于得到了宋孝宗的谅解。

"军成，雄镇一方，为江上诸军之冠。"湘江边上多了一支朝气蓬勃的拉练队伍，操演场上竖起了"兵营重地，闲人禁入"的牌子。辛弃疾亲自监督操练。他勉励将士忠君爱国，报国雪耻。来看热闹的百姓发出了疑问："咦，这是安保队还是护卫队？"辛弃疾高声回应："这是备用队，枕戈待旦，重拾旧山河。"飞虎军士气旺盛，大有"壮岁旌旗拥万夫"的气概。从此，边境地区再也不敢生事，长江沿岸的国防力量也有所巩固。金人闻风丧胆，称这支军队之为"虎儿军"。这支军队一直生存了40年，为当地的长治久安打下了坚实的基础。

辛弃疾在湖南惩治豪强，整顿乡社，杀叛将，建队伍，干得有声有色。这让朝廷很害怕，尤其那句重拾旧山河让求和派们忧心忡忡："不得了哇，'辛家军'太厉害了，日后可是威胁啊。"孝宗坐不住了："这些年你辗转各地太辛苦，经国家特批，你提前退休回家吧，一样都不少你。"辛弃疾苦笑，看来动静儿搞得有点大，把皇帝吓着了。他还没有来得及好好享受一下苦心经营的成果、过过指挥飞虎军作战的瘾，朝廷忽然于1180年底来了一纸调令，他不得不离开湖南。

3

闲居十年

辛弃疾带着遗憾来到江西，担任隆兴知府兼江西安抚使。当时江西遭受了严重旱灾，一些囤积粮食的奸商火上浇油。他们串通一气，使市场上无粮可卖，趁机发国难财，致使抢粮事件频繁发生。面对一触即发的社会动乱，辛弃疾立即叫人在隆兴府以及隆兴府所管辖的县镇要道张贴榜文："闭粜者配，强籴者斩。"囤积居奇不肯卖粮者一律流放；强行买粮、抢粮者一律处斩。此令一出，局面立马扭转。接着辛弃疾拿出府中铜钱、银器等公家财物，召集官吏、商人、读书人、市民等各个阶层代表，让他们推选精明强干的人，然后辛弃疾把公家钱借给这些人去做贩粮，不收利息，但是必须在一个月内把粮食买回来，并且只限在隆兴府内出售。听说有无息贷款做生意这样"空手套白狼"的好事，众人踊跃报名，生怕错过机会。

不久，一船船大米相继到位，当地粮价一下子降了下来，社会秩序彻底稳定，百姓顺利度过饥荒。可邻县信州百姓仍挣扎在死亡线上，辛弃疾又毫不吝啬地调拨了十分之三的米船给信州，信州的饥荒也得到了缓解。

公元1181年冬天，41岁的辛弃疾又被调任浙西路提点刑狱公事，这回还没等展开工作，就遭到谏官王蔺弹劾，说他"用钱如泥沙，杀人如草芥"，暗指他在湖南组建飞虎军时筹款及处罚犯人的事。宋孝宗痛批辛弃疾"凭陵上司，缔结同类，愤形中外之士，怨积江湖之民"。骂够了，撤去一切官职。

辛弃疾伤心透顶，卷卷铺盖，隐居江西信州（今上饶）带湖。也许是对江西情有独钟，也许是他意识到自己"刚拙自信，年来不为众人所容"。不如在此盖个庄园，把家人都接来，也有个长期的落脚点。辛弃疾根据带湖四周的地形特点，设计了"高处建舍，低处辟田"的庄园格局，取名"稼轩"，并自号"稼轩居士"。这座庄园布局精巧，规模宏大，内有集山楼、婆娑堂、植杖亭、信步亭、涤砚渚等，还有带湖、南溪、篆冈、蔗庵、雪楼。面积有170亩。

"稼轩"落成后，辛弃疾每天呼吸着清新空气，和自由的鸟儿相伴来去："明月别枝惊鹊，清风半夜鸣蝉，稻花香里说丰年，听取蛙声一片。"美好的田园生活抚慰着忧伤失落，笔端诗意流淌，大量不朽作品问世。但写着写着就从山水田园拐到了春秋家国上，月明星稀的晚上，那个"重拾旧山河"的梦一遍遍跳出来，勾引着他的魂。他说："平生塞北江南，归来华发苍颜，布被秋宵梦觉，眼前万里江山。"一辈子行走塞北江南，回来时头发花白，容颜苍老，秋夜梦醒之后，眼前浮现的依然是祖国的万里江山。

世间最悲剧莫过于"美人迟暮，英雄落魄"。迷人的田园挡不住急流勇进的冲动，文字里的辛弃疾渐渐变成了"愤青"！

4

短暂起用再度闲居

公元1187年，左丞相王淮向宋孝宗建议说辛弃疾这样有才干的人不应该闲置。于是宋孝宗给辛弃疾安排了一个"宫观主管"的名号，让他去管理武夷山冲祐观一个产业。这是个虚职，属于"储备干部"。就这样，辛弃疾在带湖一住就是10年，一直到公元1191年冬天，他才接到朝廷任命。这时宋孝宗已经当了太上皇，即位的太子赵惇即宋光宗任命辛弃疾为福建提点刑狱。

《宋史》记载，辛弃疾在福建的施政方针是"务为镇静"。当时福建频受海盗骚扰，为缓解大量军队、皇室族人和人多地少的经济矛盾，辛弃疾建了一个专项资金库，用于维护地方安定。在不到一年时间里就筹到了五十万贯钱。他还没来得及实施打造一万副铠甲，招募士兵加强军队建设的计划，谏官的弹劾又到了。

公元 1194 年，他再次被弹劾，罪名跟以前一样，"残酷贪饕，奸赃狼藉"。辛弃疾回到上饶瓢泉，开始动工修建瓢泉庄园，决意"便此地，结吾庐，待学渊明，更手种、门前五柳"。公元 1195 年春，瓢泉园林式庄园建成之际，他已经连续四次遭到弹劾，没有收入没有官职。不管愿不愿意，他只能过游山逛水、饮酒赋诗、闲云野鹤的村居生活。没办法，"君恩重，且教种芙蓉"！这期间，他写下了大量描写瓢泉四时风光、世情民俗和园林风物、遣兴抒怀的诗词。这样的生活一过又是 8 年，整整 18 年啊，这对于一个一心报国渴望杀敌的人来讲不啻为一种残酷折磨。

辛弃疾一生除了频繁调动就是被搁置闲居，反映了朝廷对他的极度不信任。这也许都是因为他能力太突出太能干。

5

奉令出任空遗恨

南归一晃整整 40 年！辛弃疾已不再是血气方刚的小伙子。他没想到自己在风烛残年，一直念念不忘的初心终于有了回应：金人铁骑一路南侵。公元 1203 年，主张北伐的韩侂胄起用主战派人士，64 岁的辛弃疾被任命为绍兴知府兼浙东安抚使、镇江知府等职。辛弃疾一点也不计较皇帝招之即来挥之即去的态度。他一赶到镇江就屯粮、屯兵、赶制军服……还派卧底去金军收集情报。他激情澎湃，干劲十足。终其一生心心念念的就是北伐抗金，一生被贬也都因为这个不改初心。眼见着就要实现重拾旧山河的梦想，晴天霹雳再次袭来。主和派看到辛弃疾忙得不亦乐乎，又搜肠刮肚地给辛弃疾扣帽子。可怜此次任期还不满 15 个月，又被以"贪财好色"之名弹劾，辛弃疾积郁成疾。

公元 1207 年秋，朝廷再次起用辛弃疾为枢密都承旨，令他速到临安赴任。病重卧床的辛弃疾再也没有机会当英雄了。同年 10 月，68 岁的辛弃疾大呼"杀贼"悲愤离世。

辛弃疾一生六次被弹劾，每次弹劾理由都离不开嗜杀、贪财、好色。这不排除保守派的陷害。热血阳刚和萎靡阴柔风马牛不相及，怎么可能是一条船上的呢？辛弃疾是词人，是豪杰，但不是圣人。他身上的缺点成了众人攻击的靶子。就说修建带湖庄园，虽然宋朝工资很高，但辛弃疾做官不过二十年，按照《宋史·职官志·俸禄制》粗略计算，即使不吃不喝攒二十年工资也盖不了这样一个大园子。况且辛弃疾闲居18年没有收入，哪来的金钱支持奢华生活？据邓广铭先生《辛稼轩年谱》：辛弃疾除原配夫人，还有六位侍妾，儿子九人，女儿二人以上，外加数位奴仆。但辛弃疾从不为钱犯愁，不仅盖大别墅，而且平时出游出手阔绰。再说他的嗜杀，辛弃疾一向对百姓仁慈，对官员苛刻，处理俘虏或罪犯的方式相当残酷。他杀义端、擒张安国，在处理茶商赖文政一案时，据说他把八百义军全部活埋。在福建任提点刑狱时，为了震慑海盗，上任第一天就把全部犯人杀掉……铁腕治理让他收获了恶名。这可能也是不容于人的一个方面吧。

纵观所有对辛弃疾的弹劾理由，全是"奸贪凶暴、虐害田里、用钱如泥沙、杀人如草芥、凭陵上司"；再比如"席卷福州，为之一空，好色、贪财、淫刑、聚敛"等等。虽然在这些事情上历史没有明确记载，但这并不妨碍他的爱国之名流传，并不影响他的政治才干和文学成就。虽没能在疆场上实现人生抱负、快意杀敌，但作为一代词坛领袖，辛弃疾"词坛飞将"的形象征服了一代又一代读者的心灵。他是一代精神大儒。每当国家、民族陷于危亡时刻，无数仁人志士便会从辛词中寻找前进的方向和进取的力量。"将军百战身名裂。向河梁，回首万里，故人长绝。易水萧萧西风冷，满座衣冠似雪。正壮士，悲歌未彻。"冲天豪壮与绝望交织，形成巨大的冲击力量："醉里挑灯看剑，梦回吹角连营。八百里分麾下炙，五十弦翻塞外声。沙场秋点兵。马作的卢飞快，弓如霹雳弦惊。了却君王天下事，赢得生前身后名。可怜白发生。"结尾一句"可怜白发生"不由令人惊栗震动，惊诧梦境与现实的残酷冰冷！

辛弃疾是一个真正的英雄。有能力有干劲儿却被生生闲置了年华，从碧血丹心到怅然若失，长期不得志让他变成了词英雄。做词人，也是那种开疆拓土的铁血词人！这种境界甩了权倾一时的奸相贾似道不知多少条街！

第二十一章

出来混，早晚要还的

1

挡不住的幸运

贾似道虽没学养，但混技了得。他最擅长斗鸡赌马玩蟋蟀，百姓叫他"贾虫"。这厮居然玩儿出了一本专业名著《促织经》，将蛐蛐的习性特点斗技攻术研究得头头是道儿。这样的"玩主"在朝廷中，会玩儿出什么花样呢？

贾似道修身养性的唯一方式就是吃喝嫖赌，为此还留了一个记号——左脸上一道黑不溜秋的刀疤就是找妓被别人用刀尖儿盖的戳儿。这是一个泾渭分明的界限，昭示着他前后半生的阴阳两极。之前他是流氓混混，之后他是皇家代言人，替皇帝行使大部分权力的一级特使。

此人虽无才无德，运势却是好得让人咬牙切齿。自从他的同父异母姐姐被宋理宗赵昀宠爱，一顶顶乌纱就从空中接连落下，砸得他笑傲江湖！他从小小的仓库保管员摇身变成了宰相。背景兜底，机运垂青，贵人相助，贾似道这三点全占。

南宋后期人才库中优秀人物屈指可数，文武双全的只有一个李庭芝。但他出道间太短，人微言轻，再有才也只能沦为摆设。满朝元老虽乏善可新，可这些老家伙们都是一辈子在官场摸爬滚打的官油子，谁肯服一个乳臭未干没后台没来历的毛头小子呢？文天祥倒是一身正气，两袖清风，算个顶天立地的硬汉。可是他走背运，刚中状元，爹就死了。在以孝治国的时代，孝行代表着人脉关系、人格品质甚至政治前途。按说文天祥回家守孝和贾似道没什么关系，可世事总爱牵丝挂缕。文天祥一走，丢了正在上升的官运，贾似道可是来了千载难逢的好机会。老老少少再也挑不出一个机灵人儿，就这样矬子里面拔大个儿，贾似道在朝中站稳了脚跟儿。不久，德高望重能征善战的老将孟珙又病入膏肓。难为老人家了，考虑到朝廷皆是只会写锦绣文章纸上谈兵的书生之辈，孟珙豁出去了，就与南宋赌一把！他留下了一封纠结的遗书。公元 1249 年，抗蒙名将、京湖安抚制置大使兼夔路策应大使、知江陵府孟珙去世。他给朝廷的遗书里写了两个名字：一让贾似道代替自己的职务；二让自己的手下幕僚、主管机宜文字的李庭芝在贾似道手下做事。南宋太缺人了，贾似道这家伙不知是哪颗"流氓幸运星"转世，刚接替文天祥，又接替孟珙，摇身一晃荡，成了京湖地区的最高军政长官。他前头的天是明朗的天，南宋则是太阳下山再也不回来。

2

与忽必烈私下交易

1259 年，元宪宗蒙哥率部兵分三路大举攻宋，结果出师不利在四川中箭而死。其弟忽必烈报仇心切，急欲攻下鄂州，遂发起猛烈进攻。惊慌失措的宋理宗病急乱投医，命令贾似道以右丞相兼枢密使身份，屯兵汉阳以增援鄂州，后又移防黄州。国家遭难个人腾达，对军事一窍不通的贾似道就是在这样的情况下得到了军事将领的重要职务。这厮本就是个不学无术之徒，惜命怕死一见到敌兵的刀枪就如同老鼠见到猫，吓都吓傻了，还谈什么指挥？贾似道才不会主动去喂刀枪，还要留着好身板儿享受极乐人生呢。他见忽必烈军队骁勇善战，自己这一百来斤就是拼个稀巴烂也不能取胜。这家伙一点职业道德都不讲，把皇帝热辣辣的信任当泡儿踩，背着皇帝擅自做主，把个军营搞得灯火辉煌、彻夜不熄，让人觉得他好像在夜夜运筹帷幄似的。哪里呀，他正忙着给忽必烈发停战信呢。战局的事儿他没怎么上火，这会儿为信的措辞为了难。干脆也别咬文嚼字了，自己肚里本来就没墨水，就算会写忽必烈也未必看得懂。算了，直接说吧："亲，别打了，咱们两方要睦邻友好。利益至上，和谈吧！好处大大地有，我宋愿对您老人家称臣纳币，把长江以北都割给您，若您还有其他条件咱再商量。"忽必烈接到信时，蒙古军中正大肆流行瘟疫，加上战线拉得过长，粮草供应不上，蒙古大汉们一身武艺都成了摆设。这节骨眼儿上，忽必烈又接到夫人察必密报："国内正乱，群龙无首，速归做大王。"忽必烈对自己此次出战信心十足，但没料到现实一波三折，先是哥哥战死，接着祸起萧墙。如果自己在内地位不稳，又谈何扩张？想到这里，忽必烈归心似箭。他觉得贾似道"北兵若旋师，愿割江为界，且岁奉银、绢各二十万"的条件很有诚意，就顺水推舟地答应后匆忙撤军。这使鄂、潭两地相继解围，南宋算是暂时进入了安全期。贾似道阴谋得逞。蒙古兵撤了，贾似道"凯旋"而归。他向皇帝隐瞒了向蒙古乞降议和的真相，吹嘘自己如何英武神勇，将蒙古人赶回了老巢。天真的宋理宗"以其有再造功，以少傅、右丞相召他入朝"。贾似道靠着舌头这个"神器"，愣是将南宋国政抓到了手里，这就是"鄂州大捷"的真相。

3

盲目为国家敛财

为给国库创造效益，公元 1261 年，贾似道立法打击富豪囤积粮食。两年后，又强行推行"公田制"，具体就是根据地主官阶高低规定拥有土地亩数，超过规定上限的三分之一，由国家收购成为公田。政府把这些公田租给佃户，收的租子用作军费。这个政策看起来对国家非常有利，实际上它直接导致了南宋灭亡。

此法是改掉了富人的优越感，革掉了富人的特权。但从富人手里"抢"钱应"抢"得阳光合理，"抢"得他心服口服。可贾似道不调查不分析，也不管会引起什么后果。他对形势的估计完全是瞎子跳舞——盲目乐观，像悍匪一样眼睛只盯着利益，有地的整，没地的也整，结果没地的人纷纷被逼自杀。这样弄下来，国家财政是增加了，但民风和民心大大被破坏，埋下了仇恨的种子。

在权贵们身上盲目割肉等于饮鸩止渴，那些千年的老毒瘤还不得喷你一身毒气？

12 年后，蒙古军再次南下，这些受了剥削的地主们敲锣打鼓，欢天喜地，对杀过来的蒙古军队列队欢迎，一口一个"亲哥哥亲大爷"地叫着，争相给人家做向导。地主们目标很明确，希望这些蒙古人替他们报仇。历史没有虚构，可是惊人雷同。千年后，相同的一幕再次上演。当八国联军的铁蹄踏开中国大门，京城的百姓领着洋鬼子们攻进北京城，无数百姓像看戏一样看着他们祸祸圆明园。

拿地主权贵开刀，应该。可贾似道不懂法则，违背常理，不循序渐进，稳中求妥，而是一上来就抢大刀。这种激进做派毫无悬念地失去了士绅的"民"心。不理性的打击必然招来不理性的报复，与日后贾似道的结局自有呼应。

4

将度宗玩弄于股掌

公元 1264 年，南宋江山随着宋理宗赵昀的纵欲而亡过渡到了度宗赵禥手里。度宗的母亲怀他时曾吃过大量堕胎药，导致赵禥大脑受损，头部发育迟缓，属先天轻度智障。世袭制并不因为皇子的智力问题而剥夺继承权！普天下的百姓，管你学富五车还是腹有珠玑，从此都要受一个傻子的统领摆布！度宗整天满脸挂着哈喇子，变着花样儿吃喝玩乐。一副走路还需扶墙的身子骨决定了其做人方向：无主见，无智谋，无大志。这样的主子简直让贾似道欣喜若狂！虽然年过花甲且有病的太皇太后谢道清垂帘听政，但政事皆由贾似道掌握。

贾似道为了永久掌控傻皇帝，疯狂研究兵法，然后扯出一宗弥天大谎。他指使手下吕文德向皇帝谎报军情，称蒙古兵要进攻湖北。他则躲在家里以养病为由，静候好戏。度宗不调查不怀疑，很配合地吓得面无人色，连下几道奏章让贾似道进宫商议敌人进犯的对策。贾似道乐得一蹦三尺，小试牛刀，就把皇帝小儿哄得涕泪横流了。这个漏洞百出的小把戏为他轻松赚取了魏国公的位置。有了更大的官衔后，贾似道更恶了。

某人死后带着心爱的玉腰带进了坟墓，贾似道就因为喜欢人家那条腰带，便掘墓挖坟，将玉带攫为己有；有一日，小妾的哥哥在他家花园窥视，正好被贾似道碰见，他下令把舅哥捆起来扔到火中烧死；爱妾李氏夸两位青年男子"美哉，二少年"！贾似道便把李氏头颅砍下，装在盒子里让众姬妾观看。在魏国公的位置上待长了，贾似道觉得魏国公也没啥意思，整日朝九晚五，没完没了地议事，厌烦情绪与日俱增。他干脆整天混迹于酒楼妓馆，泛舟于西湖彻夜宴游。这样玩了两三年，朝中议论纷纷。贾似道便拿出了从前当地痞时的那些歪门邪道、下三烂的手段来要挟恐吓皇帝。他故伎重演，传话给度宗说："我为国家鞠躬尽瘁，身体超负荷工作，已处于严重的亚健康状态，我要辞职。"度宗这个配角当得忒称职，他最害怕的就是贾似道撂挑子不干。面对威胁，皇帝每天派人到贾府苦苦挽留，变着花样赏赐宝物珍玩。跑腿的生怕一个疏忽让贾似道跑到哪里隐居起来，到时自己可脑袋不保！于是干脆抢了狗的工作，在贾府门外看家护院。贾似道视而不见，继续要挟。度宗可上了火，开出了史无前例的特大优惠：赐豪宅一座、宝物若干，可以不坐班，三天出一次勤就可以。后来又改五天一早朝，最后干脆变成了十天一露面。这下贾似道可把自己弄成了"腕儿"，每次早朝一步三晃，姗姗来迟。议完事后，皇帝还必须毕恭毕敬地站起来目送，直到他走出大殿才敢重新坐下。

当软肋被人家悉数掌握，通天权力也脱不了被摆布的命运！度宗就这样处处制造机会，让贾似道轻轻一跃就骑到了脖子上。

5

命断郑虎臣之手

时间到了公元 1274 年，元世祖忽必烈下诏再次进攻南宋。第二年，贾似道率 13 万兵迎战，他又使出了从前那一招儿：议和。被拒绝后，不得已硬着头皮在丁家洲与元军恶战，被打得抱头鼠窜。贾似道与宋军主帅孙虎臣逃到扬州。大敌当前，逃兵是会扰乱军心的。朝中新任知枢密院事兼参知政事陈宜中奏请谢太后杀贾似道以谢天下。老太太极力替贾似道开脱。她说："贾似道勤劳三朝，安忍以一朝之罪，失待大臣之礼。"虽没有处理，但要做个样子，老太太降了贾似道的职，贬往广东。

一个叫郑虎臣的会稽县尉曾受过贾似道的迫害，如今"贾虫"犯了错，老天开眼，报仇的机会来了！郑虎臣主动要求押贾似道去贬所。路上，郑虎臣多次暗示贾似道自杀。贾似道说："太皇太后许我不死，有诏即死。"郑虎臣变着法儿地折磨他。从来都是养尊处优，连皇帝都被自己玩得滴溜溜转的"贾虫"，哪里受过这等鸟气？求生的力量是有限的，在时时刻刻的折磨中，贾似道终于不堪忍受，吞下大量冰片。这小子命硬没死成。郑虎臣失控了，仰天大叫："吾为天下杀似道，虽死何憾！"不顾一切地将贾似道拖到厕所，抓起头发疯狂往地上猛摔，愣是把贾似道摔死了。

出来混，早晚要还的。恶事做多了，神鬼随时恭候。这是天道规律，更是人心所向。

其实贾似道也做过好事。他在解决财政困难、楮币贬值等方面有不少建树。在出任沿江、京湖、两淮等地区的军政长官时，还组织当地士兵和百姓屯田营田，开垦荒地，解决了当地的粮饷和筑城等费用。南宋面临蒙古军威胁时，贾似道带人巩固边防、建城筑寨，并拿出自己的俸禄，将孟珙所创建的公安书院"葺而新之"。虽然有成绩，但贾似道骨子里的卑鄙奸诈的成分太多了。这样的人，就算做再多的好事也没人说他好，因为品性在那里放着。它破坏的是社会秩序，使人心向背。

第二十二章

打击假币那些事儿

1

人人都恨钱

　　钱永远是世间的宠儿。自古以来，没有人不爱钱。可是钱在北宋却让人恨意难消。最恨它的人是小偷。

　　小偷在下手之前首先要算一道数学题：那些叮叮当当的铜钱 10 钱一两，160 钱一斤，不管是一串、一吊还是一贯都是 1000 文，1000 文的重量是 6.25 斤。喝酒壮胆，冒死一偷，怎么也不能只偷 1000 文吧？偷太多麻烦，需要找一个结实的袋子，装进去了也并非万事大吉，要十倍的小心翼翼。你甭管扛着背着抱着，密密麻麻的"钢镚儿"挤在一起肯定要弄一出"金属交响曲"。钱一响那不是不打自招么？

　　小偷不好当，商人也不好当。就算你有通天本事，在外面赚了一座金山也带不走。钱币太沉了，那些做大生意的人挣了钱根本没法儿往家带，谁敢青天白日长途运钱？到处都是小偷草寇劫道的，抢了钱再被取命不白玩了吗？钱带不回来，家乡就永远是穷样子。那些发了财的商人只好在当地将钱挥霍掉，带一身肥膘和一身见识回家，真金白银只带够路上花的就行了。

　　杜牧曾豪气万丈地吹牛："腰缠十万贯，骑鹤下扬州！"根本不可能，十万贯可是整整 62.5 万斤，带这么重的行头还骑鹤，不喝酒谁敢这么喷？

　　诗人只会吹牛，南宋大将张俊可是个实打实的"实干家"。他因救过赵构的命而成了皇帝心腹，凭此方便条件，从此一心一意敛财。敛得钱多了，家里的几个屋子就放不下了。叮当乱响的钱放哪儿都不保险。虽然也恨钱重不方便，但张俊脑子转得比谁都快。为了防盗，他叫工匠把银子打造成巨大的银球，每一千两银子一个银球，起名叫"没奈何"，意思是小偷也奈何不得。你说，碰上这么个又贪又聪明的昏官，皇帝是不是也会没奈何？

小偷恨钱，商人恨钱，富翁也恨钱，就连百姓都开始觉得不方便。串个门儿走个亲戚，一高兴想撒几个钱，却发现因为太沉，身上根本没带钱。一来太消耗体力，二来目标太大。钱因为自身的笨重落后而被嫌弃，从人见人爱变成了人见人恨。

南宋随着商业的迅猛发展，铜钱的需求量比以往大大增加，可是市场上的铜钱却日益减少。这是怎么回事呢？原来富人们有玩铜器艺术品的爱好，于是大量铜钱都被销毁做成小把件来取悦富人。那些大户人家又有储存铜钱的习惯，还有些不法商人偷偷将铜钱运到金和海外。当时，官府许多铸钱的场地被毁，这让富裕的南宋一度闹起了钱荒。老这样也不是个办法，资金没法儿周转，货币不流通，严重影响经济发展。"大神"们绞尽脑汁，一鼓作气地把曾经在北宋小范围流行的交子推到了市场上。

最初交子只是一种存款凭证。不便携带巨款的商人把现金交付给铺户，铺户把存款数额填写在纸卷上交还存款人，并收取保管费。这种临时填写存款金额的楮纸券就是交子。随着经济的高速发展，交子的使用越来越广泛，许多商人联合成立发行、兑换交子的交子铺。由于铺户恪守信用，随到随取，交子越来越受欢迎。为了避免铸币搬运的麻烦，人们干脆直接用交子来支付货款。于是有人便开始印刷有统一面额和格式的交子向市场发行。渐渐交子具备了信用货币的特性，慢慢演变成真正的纸币。

交子是中国最早发行的纸币，我们由此成为世界上最早使用纸币的国家，比美国、法国等西方国家要早七百年。这么先进的货币形式，自然要在防伪上慎之又慎。

2

防伪甚于防敌

除了交子，还有钱引、会子、关子等各类纸币。

钱引和会子最初也不是真正纸币。钱引是政府发给盐商的提货单；会子是为换发交子而发行的期票。后来，它们都摇身一变成了纸币，由国家正式印刷并强制流通。

这些纸钞均采用了高超的防伪技术。从造纸开始到印钞每一个环节都由专职人员严密监控，如发现造假者，严刑峻法伺候。

纸币的防伪标识分三种：纸、图案、花押。

印钞纸张系专用，由抄纸院专门负责，严禁外流。这种叫"抄纸"的纸是用楮树皮做主材加工而成。所以宋朝文人多把纸币称作"楮币"，有些犯酸文人又称纸币为"楮先生"。

第二个防伪手段是图案。纸币采用单面套色印刷，长方形，四周有花纹，中间是一段文件或一幅历史画面。面值有五百文、一贯、十贯、百贯不等，大都印在中上部位。

最后一个防伪手段是花押。花押如同醉汉写出来的那种像字又不是字的草书。不同纸币花押的位置不同，有的印在纸币四角，有的印在纸币中心。

除了在防伪标识上下功夫，南宋政府还有更加严密的防假钞措施：把印钞工圈养起来，实施监控，防止他们为假币服务。并立下严酷法律对付印制假钞和使用假钞的人，如有举报必有重赏。再就是定期换发：一套纸币只发行一段时间，时间一到另印新币，百姓手中的旧币实行兑换制。南宋有本《楮币谱》，详细记载了各时期纸币换发时间和每套纸币的图案，如绍兴三十一年，第 69 套纸币停用，第 70 套纸币开始流通，新币图案是王祥卧冰；隆兴元年，第 70 套纸币停止使用，第 71 套纸币开始流通，新币图案是天马西来；乾道元年，第 71 套纸币停止使用，第 72 套纸币开始流通，新币图案是卜式上书。

即便用了这么多手段严打假币，还是没能抵挡住人心之贪。

3

假币大案

《宋史》记载：南宋初年，四川出了个多达五十人的假币团伙，他们分工明确，各司其职，每天都猫在一个黑屋子通宵达旦、夜以继日地印假钞票。结果导致市场上假币泛滥，严重干扰了百姓的正常生活。朝廷下死命令要将这伙人绳之以法。官府加大人力物力，采取举报有奖报料给钱等各种方式，终于得知了印钞团伙的行踪。捕吏们突然袭击，从位于幽深小巷的黑窝点搜出30万张假钞，最高面值竟然达到千贯。人赃俱在，事实清楚。经过官府审理，这伙人俱被判处死刑。

陆游的《老学庵笔记》里面记载了一件假钞案：有个叫胡子远的知县，家底相当深厚，拥有千亩地、百间房。光是搞出租这一项就日进斗金。因为胡子远太忙，只好把管账的事儿交给老爹。老头儿年纪大了，难免出错。有一回胡子远去盘账，居然发现了5000贯假钞。

《朱熹文集》第19卷记载：公元1182年，台州知州唐仲友对假钞犯蒋辉威逼利诱，让他雕刻了新币印版，并让秘书伪造了花押和印章，然后印出2600张假币，每张面额均为一贯。

《鹤林玉露》甲集第4卷记载：公元1230年前后，原红袄军起义领袖李全弄来新币印版，动员自己军队狂印假钞，并持假钞在临近省份购买粮食和军器，造成江南物价飞涨。

有趣的是，这四件假钞案的主犯都没有挨刀。假币团伙靠着过硬的技术救了自己。行刑那天，宣抚使张浚看着那一副副健硕身材、一张张年轻面孔、一颗颗智慧脑袋，忽然于心不忍，爱才之心油然而生。既然他们造假币如此出神入化，证明这些人都是人精，这样的人死了太可惜。于是张浚收回成命，死刑犯摇身一变，成了官府印钞厂的高级技工；胡子远案则是他善良的老爹劝儿子息事宁人，理由是若认真追究起来，怕人家以后日子更没法过；唐仲友是宰相王淮的女婿，官府杀不了他；李全则是因为手握重兵，朝廷力不从心。

第二十三章

位卑未敢忘忧国

1

第一名暗藏风险

还是孩童时，陆游就经历了"靖康之难"。饥饿奔跑，绝望泪眼……"儿时万死避胡兵"的苦难遭遇，在陆游幼小的心灵上留下了惨痛记忆。

"愤青"父亲经常在家里谈论天下局势，张口闭口总想把金人"砸成肉酱"。耳濡目染，少年陆游的志向定格在"上马击狂胡，下马草军书"。

要报国必须先当官，这是时人公认的有效途径。陆游按照这个老路来规划人生，从政之路却并不顺利。

南宋此时的一把手是宋高宗，他一切唯秦桧是从。有皇帝做后盾，秦桧放开手脚独掌朝纲，将与自己臭味相投之辈全部网罗门下。"由是中外大权尽归于桧，非桧亲党及昏庸谀佞者，则不得仕宦。忠正之士，多避山林间。"秦桧掌权，与陆游有什么关系呢？

公元 1153 年，29 岁的陆游赴临安应试进士，才华横溢的文章感动了主考官陈之茂。此人完全无视秦桧的淫威，冒着巨大风险将陆游判为第一名，这让秦桧大为光火！陆游再有想象力也想不到，就在这次考试中，与他一起出现在考生名单上的还有一个"声名赫赫"的人物：那就是秦桧刚刚九个月大的孙子秦埙。难道一个小毛孩儿会影响考试吗？是的，这小毛孩儿不但影响着大考走势，还影响着排名座次。早在考试之前，秦桧就刻意挑选了一大批亲信做考试官：御史中丞魏师逊、礼部侍郎权兼直学士院汤思退、右正言郑仲熊、吏部郎中权太常、少卿沈虚中、监察御史董德元、张士襄等。这些人对秦桧的意图心领神会，串通作弊，准备录取秦埙为状元。这让爱好吉尼斯世界纪录的人倒吸一口凉气，虽说那上面奇闻怪事层出不穷，但把零岁考生录为科考第一名这么荒唐的事还真是前无古人！正因为太具颠覆性、太坑爹，遭到很多正义之士诟病。主考官陈之茂大着胆子将小毛孩儿录为第二。秦桧能不上火吗？他欲降罪主考官，身边人相劝：为一个小屁孩儿透支成人利益本来就邪乎，如果因此砸了自己仕途得不偿失。秦桧想想也不亏：虽然孙子没中状元，但侄子秦焞、秦焴、姻亲沈兴杰、朋党周黄都得到了进士头衔。

陆游虽拔得头筹，更大的考验还在等着他！

2

失意成串

公元 1154 年，陆游参加礼部考试，正直的主考官再次将陆游排在秦埙之前。这次秦桧可没有了好脾气，直接将主考官降职，陆游除名。可叹才华出众的陆游，初入社会，就被权力砸得找不着北。一个爱国青年的豪情壮志、报国情怀、安天下的大梦就这样破碎了。陆游既失去了考试资格，又求进无门，成了一枚落魄待业男。如果说才华是一枚苦果，这枚苦果让陆游第一次懂得了痛。这痛感太长，一直延续到秦桧死去才得以重见天日。朝廷不管怎样黑暗，终归还是需要大量人才来维持运转的。公元 1158 年，秦桧死了三年后，高宗终于恢复记忆，想起了陆游。在没有干预和阻挠的情况下，安排他到福宁州宁德县做主簿小官。

公元 1161 年，金主完颜亮率领六十万大军准备一举灭宋。也算幸运，金人内讧，完颜亮被杀，金只得向南宋讲和。宋高宗再也不想被战争折磨，第二年就把皇位让给了太子赵眘，就是后来的宋孝宗。

陆游时刻关注着形势，自感距京城天遥地远，职微言轻，这样下去，恐怕一辈子也没有报国机会。听说继位的宋孝宗敢想敢干，于是包裹一卷来到了京城。刚即位的孝宗踌躇满志：宋金对峙，不自强只能挨打，他决定北伐中原。

公元 1162 年，宋孝宗起用主战派张浚为枢密使，出兵北伐，收复中原。孝宗召见陆游，陆游提出了许多政治军事主张。为了能参与到收复中原的事业中来，他主动接近张浚。当时南宋各将领之间矛盾重重，宋军的战斗力也相当薄弱。张浚属于那种嘴上说得慷慨激昂做起来稀松平常，空有抱负、能力欠缺的主儿。他不听陆游反复考虑成熟的主张和建议，贸然出征与金兵交战，结果被彪悍骁勇的敌人打得落荒而逃。开局不利，宋孝宗一下失去了斗志，主和派重新抬头，公元 1164 年，宋金签订了"隆兴和议"。南宋的财力再次以合理合法的方式向金转移。

张浚被罢官后，有人造谣说张浚北伐是陆游鼓动的结果。刚开始是一个人说，说的人多了，大家就都信了。陆游的爱国情结惨遭屠戮，没人听他解释，公元 1166 年，朝廷以"鼓唱是非，力说张浚用兵"的罪名将陆游削职还乡。第一次参与战争却以这样的方式离开，真心爱国留下的却是坏名声。陆游痛苦万分地离开了伤心地。

3

躲在家乡疗伤

回到家乡，一待就是三年多。这三年，陆游靠写诗打发生活。田园风光抚慰着失落的心："莫笑农家腊酒浑，丰年留客足鸡豚。山重水复疑无路，柳暗花明又一村。箫鼓追随春社近，衣冠简朴古风存。从今若许闲乘月，拄杖无时夜叩门。"虽然美好，虽然闲适，陆游的心怎么可能毫无牵挂地融入田园？中原沦陷，南方岌岌可危，那颗亢奋的爱国之心从来就没有平静过："慷慨心犹壮，蹉跎鬓已秋。百年殊鼎鼎，万事祇悠悠。不悟鱼千里，终归貉一丘。夜阑闻急雨，起坐涕交流。"有心杀贼，无力回天。脱了官衣，陆游主战的心愿更加强烈。没人听就说给自己听，他把全部的情感倾注于笔端，在幻想中等待！

公元 1170 年，陆游接到朝廷要他到夔州任通判的通知。驻守川陕交界南郑一带的王炎是主战派的领袖人物，身担四川宣抚使重任，在政治军事上都很有才能。西北的军权、财权和人力都集中在他手中。封疆大吏王炎很想干出一番事业。听说陆游有才干，又是主战派，便把他聘为助手。陆游很庆幸，自己终于成了一名军人，多年的报国愿望就要实现！他毫无保留地提出大量守城阻攻的要点和计划，数次向王炎"陈进取之策，以为经略中原必自长安始，取长安必自陇右始"。南宋西北边境南郑周围有定军山、孤云山、两角山及大散关下的鬼迷店、广元道上的飞石铺等，全为地形险要之处。陆游克服了难以想象的困难，一次次在南郑和前线之间侦察敌情，观测地形，然后形成数据，为将来举兵北伐做充足准备。就在陆游日日练武，准备跟随王炎痛击金兵时，朝中投降派听说王炎的计划后拼命阻挠。最终王炎被召回朝廷，幕府也被解散。陆游的良言上策转头成空，慷慨激昂的杀敌梦只持续了短短八个月。

这八个月，陆游与理想触手可及。他身穿戎装，骑战马，驰骋在西北边防前线！如今王炎离去，孤身一人的陆游再次体味到了前途渺茫、报国无门的苦楚。万般无奈，他只好来到成都，当了老朋友范成大的原议官。理想的长期落空，爱国情怀的无处落脚，陆游又恢复了诗酒相伴的日子。

陆游常常戴着旧帽子，提着破酒壶在山林间穿越暴走，时而高吟，时而长哭。"驿外断桥边，寂寞开无主，已是黄昏独自愁，更著风和雨。无意苦争春，一任群芳妒，零落成泥碾作尘，只有香如故。"谁懂得这种苍凉之痛！谁明白那种欲罢不能的殇？陆游知道自己变成了"颓废哥"，遂自号"放翁"。真能身心全一也好，而陆游不管在田园里待多久，心还是那颗忧国的心，就像水永远无法溶入油里一样。日日消沉日日醉，清醒时，陆游看着镜子里的自己，似乎看到了将来。如果就这样成为废人，平生理想就真的成过眼云烟了！他逼着自己振作起来，强打精神来到江西任常平提举。

4

希望与失望交替出现

时值江西发大水，陆游上奏朝廷请求开仓放粮赈济百姓，结果被给事中赵汝愚狠批一通，然后免职，让他去看守祠堂。就在陆游再度绝望时，传来了韩侂胄要北伐的消息。

韩侂胄是宋高宗的亲外甥，靠裙带关系进入官场。他果断地把陆游调进朝廷。在报国梦的激励下，陆游点灯熬夜，很快整理出一套详细的北伐策略和方案。当他满腔期待地来见韩侂胄，韩侂胄却指着一堆史料说："先不急着谈战争，老先生才华卓著，先把这些书整理一下吧。" 就因为自己执意抗金，冷水一盆接一盆，贬谪一次又一次，这些年陆游已经充分领教了。只是这次他完全没料到会是这么绝情的"重用"。自己就是冲着战场而来，如果不让参与，此行还有什么意义？那些将官整天在韩府进进出出，做着北伐的各种准备，可就是不让他，这个最渴望收复失地的爱国人士参与。绝望的陆游明白了，原来韩侂胄只是利用他的声望来巩固地位。看透后，陆游掉头而去。现实很快就应验了他的猜测：由于韩侂胄用人不当，北伐失败。南宋再次向金求和。这次金人可没有那么好脾气，他们对软弱油滑的南宋提出了苛刻要求：割地赔款，外加韩侂胄的人头。

南宋统治者太贪恋富贵，把自己卑微的生命看得太重了，即使这一切用屈辱来换也毫不犹豫。朝廷决绝地杀掉了韩侂胄。这个举动让陆游彻底绝望。看看那些贵族，哪有一个真正的硬骨头？实力派也好，得力干将也罢，除了醉眼迷离地享受"西湖歌舞"，净干些卸磨杀驴过河拆桥杀鸡取卵自己害自己的让对手兴奋的蠢事！这样的朝廷，焉有能力收复失地？算了吧，再豪迈，再激昂，都不过是酒后说说而已的场面话。算了吧，收拾收拾心情，去世吧！一个人临终前，会不再计较一直得不到的东西，可陆游仍念念不忘。他相信，念念不忘必有回响。只要一息尚存，就要将毕生信念推广出去。

陆游情感的落脚点一直徘徊在虚幻中，始终没有认清南宋的真面目——你再爱它，它也不买账。尽管它虚弱不堪、不尽人意、腐败堕落，对他也没有特别的恩惠，可他痴情而执着。活了一辈子，没能真正地为国家、为人民出力流汗做大事，每思及此，伤心欲绝。明知即将尘埃落定，陆游并不想用沉默掩埋过去。他把儿孙们叫到跟前，把内心的无限伤感和希望凝练成诗："死去元知万事空，但悲不见九州同。王师北定中原日，家祭无忘告乃翁。"

这是史上最动人的遗嘱，串起了陆游破碎动荡却从未消失的爱国情：当官为抗金，抗金频遭贬。这位老诗人一生经历了四任皇帝：高宗赵构、孝宗赵昚、光宗赵惇、宁宗赵扩，但却没有一位成全他的爱国！

无论从青年时期遵从母命与表妹唐婉离婚，还是在朝中力主抗金，陆游一生在重大事件上难于硬抗到底，最后总是在无奈的现实中屈从妥协。他是具有英雄情结的忧郁学者。在愤怒与哀怨中佳作迭出，但在金戈铁马的漫天风尘中，他只是忠实的旁观者。陆游一生都在信念里活着，在诗酒佳句中一遍遍幻想着收复失地，打退金兵。那场景成为心灵暖巢，滋润温暖着他。如果没有收复失地这个梦诱惑着，恐怕陆游也不会那么长寿，85 岁。同是忧国忧民的诗人，陆游的命运比文天祥好多了。

二

文天祥：
我自横刀向天笑

初入官场的遭遇

追求优越是人的本能，也是大多数人的目标和最终方向。把优越抛在脑后主动去受苦，时人说那是傻瓜，智者说那是英雄。

南宋将领文天祥在国家陷入动荡之际，把优越当耻辱，主动放弃官员身份和优渥生活，毅然走向战场，为驱逐敌寇而浴血战斗，直至献出生命。

公元1256年，21岁的文天祥赴京城临安参加科举考试，轻松通过初试。也许是因为长途跋涉劳累所致，殿试时，他只觉身子虚弱，头脑发胀，整个人昏昏沉沉。可是由皇帝亲自主持的殿试三年才能轮到一次，放弃就意味着再等三年。文天祥一咬牙进了考场。由于人多，他被挤出了一身汗，这反而使头脑清晰起来。文天祥看到御试的题目，稍加思索后，提笔蘸墨，一气呵成。考官阅卷时，被文章中精准的时弊分析、透彻的条理性深深折服，即写下"忠君爱国之情坚如铁石"的批语，将他录为第七名。

转天，宋理宗亲临集英殿阅卷。学子的文章纷纷在他眼前掠过，当读到文天祥的文章时，不由眼前一亮，被文中那股强烈的忠君爱国之情打动。当下喜不自胜，将他判为一甲第一名。文天祥成了宋理宗此次钦定进士中的状元。待密封的卷子打开，文天祥三个字出现在众人面前时，宋理宗高兴地说："天祥天祥，这是天降吉祥，是我北宋朝有瑞气的预兆。"此后，"宋瑞"就成了文天祥的字。

皇帝的赏识，让从小就崇拜英雄的文天祥树立了一生事国的理想。

谁想，文天祥的意气风发很快就湮没在动乱中：壮大崛起的蒙古不断南侵，把南宋王朝拖进了风雨飘摇、气息奄奄的境地中。宋理宗软弱无能，根本拿不出对付蒙古的有力方案。他干脆当甩手掌柜，将一切事务都扔给了贾似道。贾似道是靠着姐姐的裙带关系走向中枢的。他为人圆滑，处事方式和思维都带着一股痞气。由于理宗懒政，朝中人才匮乏，于是贾似道就成了宰相人选。文天祥刚刚步入官场仅仅四天就接到了老父病逝的消息，他只得回家奔丧。等再度回到朝廷，贾似道已经从宰相混到了元老级别。

贾似道虽是无赖出身，但也注重人才笼络。他觉得文天祥是个人才，好好培养一下日后定能为己所用，便推荐他任瑞州知州。文天祥受的是正统教育，士子那种忧国忧民的情怀让他不但爱说真话，还喜欢给朝廷提意见。而贾似道看重的是权力和利益，他招揽人才为的是壮大自己班底。文天祥自从当了知州，对朝廷诸多弊病大加鞭挞，尤其是针对宦官董宋臣和自己的推荐人贾似道，多次就他们的所作所为向皇帝直陈，提出许多对朝廷和百姓有利的新建议。这让贾似道突然醒悟：这小子不是一路人，到处惹事儿，是个麻烦。于是找机会怂恿皇帝将他贬走，皇帝什么都听他的，自然没意见。在贾似道当政期间，文天祥两次被罢官，三次被重新起用。

沉浮升降让文天祥领悟：自己官微职小，加上贾似道处处使绊，在朝廷中根本没什么发言权。虽历任签书宁海军节度判官厅公事、刑部郎官、江西提刑、尚书左司郎官、湖南提刑、知赣州等职，但无形的压制如影随形，随时都在恭候。他隐隐地期待发生一件大事，只有变故才能改变自己的状态。

机会很快来了。

2

旁观者

公元 1259 年，蒙古军向南宋发动入侵战争。9 月，忽必烈包围湖北鄂州。临安小朝廷乱成一团。深受皇帝宠爱的董宋臣胆小怕事，建议皇帝迁都四明暂避风险。这种时候需要的是同仇敌忾，怂恿皇帝当逃兵根本就是在分散军心民心。文天祥觉得这是个难得的表达心意的机会，他要将自己看到的、想到的都告诉皇帝，让他抓大局，不能在关键时刻误了大事。虽然明白自己人微言轻，也知道越权劝谏的严重后果，但大敌当前，国家生死存亡之际，个人安危不值一提。他上书向皇帝建言："如今蒙古入侵，我北宋军民应该一致对外，共同抵御外侮。如行迁都之举纯属小人误国，董宋臣妖言惑众，恶贯满盈，应当斩首。"愤慨的同时不忘指出出路：他建议走政治改革、扩充兵力、抗蒙救国之路。宋理宗对这番入情入理的建议并不感冒。冒着被处分的危险上书建言却遭遇如此冷处理，文天祥不禁失望透顶。

时任礼部尚书的江万载是个德高望重的贤臣。他向宋理宗建议，不如请皇后谢道清出朝议政，宋理宗这才打消迁都念头，派江万载协助贾似道督军出战蒙古军。贾似道不敢去冲锋陷阵，瞒着朝廷，与忽必烈秘密达成停战协议：擅自答应把长江以北的土地割给蒙古，并每年向蒙古进贡银、绢各 20 万。恰巧忽必烈接到妻子察必寄来的密信，让他回去处理内乱。忽必烈只得绝尘而去。贾似道轻而易举地就得到了敌兵撤退的局面。他在给皇帝的报告中大肆吹嘘自己如何浴血奋战、视死如归地带领士兵把蒙古兵击退，绝口不提他妥协投降和忽必烈达成的不耻交易。

忧国忧民被冷落，玩弄游戏却受宠。旁观者文天祥郁闷极了：南宋官场并非所想，错综复杂的人际关系，变幻莫测的突发事件，无处不在的谎言，不是公理和正义胜出的地方。文天祥隐隐感觉，未来肯定不会尽如人意，如果能把握住一两次机遇，能够真正做点事，哪怕只一件也就很满足了。

3

沉浸诗酒乡

公元 1260 年，25 岁的文天祥被任命为签书镇南军节度判官厅公事。刚刚经历创伤，文天祥有点心灰意冷，不愿赴任。这也难怪，一腔热诚换来兜头冷水，任谁都会闹点小情绪，于是他请求"祠禄"。"祠禄"是宋朝冗官制度的一种，即保留官员身份，照领公家工资，但不担任具体职务，也没有什么实际工作。说白了，就是个光拿钱不干活儿的闲职。得知文天祥上书请求"祠禄"，贾似道立刻在皇帝耳边吹风，所以文天祥的奏书一递上，皇帝马上批准他做建昌军仙都观的主管，让他闲得发慌才好。

文天祥是读书人。怀揣理想却整天无所事事，每天见到的都是些无欲无求的面孔，晨钟暮鼓，他却并不能安之若素。他终于受不了这种煎熬，3 年后辞职，后被贬瑞州。经历了这么多波折，文天祥的心智渐趋理性，对人情世事看开了许多。

谁的青春不碰壁？谁的履历不沧桑？不经历挫折就不能算成熟。文天祥到任瑞州后，决定重新来过。他一改过去的消极态度，重整精神，鼓足干劲，把被蒙古军疯狂蹂躏的破败之地很快变成了希望之城。他带领百姓将被毁的房屋、推倒的古迹全都修葺一新，又多方筹措资金建立"便民库"，方便穷苦百姓借贷。他还带领百姓开荒种田，平整土地，使瑞州到处充溢着希望。那些离乡流浪在外的百姓听说家乡来了一位爱民如子的好官，房子修好了，市场恢复了，还给穷人地种，纷纷携儿带女重回故乡。这让文天祥又找回了为国家服务的热情。就在他到瑞州任职的第二年，宋理宗病逝。贾似道拥立太子赵禥为帝，即宋度宗。贾似道性格狡诈，做事没有底线，赵禥的信任让他一手遮天，结营私党，任意胡为，一点点将南宋拖向深渊。

文天祥兢兢业业地工作着，他没想到距离下一次贬谪会如此之近。

1270 年，贾似道为了要挟宋度宗，借口生病辞职回乡，以达到操纵朝政的目的。软弱昏庸智力迟钝的宋度宗不辨真相，流着眼泪苦苦挽留。贾似道不为所动，直到皇帝答应他三天来上一次班才罢休。文天祥为皇帝起草诏书时，感慨万千，堂堂皇帝被权臣左右，如果贾似道这样的人大行其道，那天下岂不一片混乱？他没有像同僚那样明哲保身，而是主动撞向枪尖，直言不讳地劝皇帝："陛下要以国事为重，贾似道的行为是'惜其身，违皇心'。"

贾似道知道后对文天祥恨之入骨，一手操纵，将文天祥所有职务一撸到底，致使他年仅 37 岁就被迫退休。

文天祥神情落寞地踏上了归乡之旅。熟悉的味道，熟悉的乡音，让他的心感受到了丝丝温暖。"九万里悟道，终归诗酒田园。"如果能畅游林泉溪谷，终老故乡，也算是不错的选择吧！文天祥拿出积蓄在文山修建了一座山庄，从此饮酒作诗看云卷云舒，一篇篇优美的诗作从笔尖儿飞出，传递在家乡的每一寸土地。虽然身体在行走，精神很愉悦，但骨子里天生的报国意识从来就没有消失，虽然故乡的山水抚慰着身心，然而那凋落的秋叶，高悬的明月，还是时常触动诗人的心扉。沉醉故乡是快乐的，可蒙古人的铁蹄随时都会踏破这锦绣河山，深深的危机感无时无刻不勾起他的忧国之心。文天祥并不能像陶渊明那样挥挥衣袖不带走一片云彩，把官场远远地抛在背后，全身心地陶醉于"采菊东篱下，悠然见南山"的忘我境界。他身在故乡，心在朝廷，这种身心分离的日子让他很痛苦。无数次的酩酊大醉，他把自己葬进花天酒地中。

4

赣州父母官

公元 1273 年，文天祥接到了朝廷起用他为湖南提刑的通知。古时一日为官，身上的官印就永久烙下，无论怎样被打击被贬谪怎样绝望，只要朝廷一声令下，你就得整装待发，容不得你选择，也没得商量，唯有启程上任。第二年，文天祥被委任为赣州知州。赣州紧邻家乡，一切都那么亲切，这让文天祥的乡心乡情散发得更加纯粹而热烈。前次是被贾似道挤对避难于家乡，这次是得到起用重任在肩。他感到前所未有的放松，终于等到了施展才华的机会。他付出了全部的心力来建设赣州。在这个地方，他着实度过了一段快乐日子。

作为赣州的父母官，文天祥出台了一系列好政策，对罪犯实行人性化管理，深入民间了解百姓疾苦。天公也作美，这一年风调雨顺，秋收时谷丰米盛，出现了少有的安乐景象。虽然这时宋元战争不断，襄阳已为元军所破，国事飘摇。但战火并没有波及江西、湖南这些南方地区。赣州城内仍是一派祥和，仿佛世外桃源。文天祥借为母亲做寿的契机，把赣州城内外 71 岁到 96 岁的老人共 1390 人全部召集到一起，以提倡孝敬老人的风气为由，大操大办，举行了一场规模盛大的豪华宴会。饭后还给每人发一小红包，可谓"影响极坏"。但文天祥不在乎，他觉得花钱孝敬老人天经地义，认为人生在世享乐放纵都是理所当然。他的家庭生活很讲究，有一个妻子两个小妾，奴婢仆人一大堆。家里养着歌妓，每天听歌弹曲，喝酒闲聊，这样的日子舒心而惬意！这个阶段的文天祥放下所有心事，对属地精心治理，百姓过得从容富足，对他衷心拥戴。他也和后方大部分官员一样，过着莺歌燕舞的快活日子。

如果国家无外敌骚扰，文天祥可能也会满足于这样建设一方享受一方的生活。快乐从来都很短暂，他还没来得及将这份洒脱延长，一个来自朝廷的通知再一次中断了他的平静生活。文天祥的可贵之处在于牢固的责任意识和坚定的理想信念。虽然得到了优越生活，但当国家需要，他能够立刻从优越生活抽离，投向一个路口。

蒙古入侵，南宋危亡！文天祥毫无留恋地跨上战马，换戎装，开始了马前冲锋的铁血征途。

5

起兵勤王

公元 1274 年 7 月，宋度宗病死。贾似道经过密谋运作，把年仅四岁的赵㬎扶上继位，即宋恭帝。小皇帝的龙椅才坐了几个月，传来惊天消息：元丞相伯颜统领二十万蒙古铁骑，兵分两路进攻南宋。一系列坏消息接踵而至：淮西制置使夏贵不战而逃，鄂州失守，都统制程鹏飞投降。各地将官纷纷叛变，黄州、蕲州、江州、德安、六安等地相继失陷。南宋如同行将就木的老朽，轻轻一碰支离破碎，真正到了生死存亡的时刻。京城陷入混乱中，年幼的小皇帝茫然无知，武将纷纷叛逃。公元 1275 年，元军已经攻破长江天堑。宋理宗的妻子谢道清谢太后下了一道《哀痛诏》："今皇帝年幼，吾已年迈，民生疾苦，国家危难，希望全国文臣武将、仁人志士团结起来，共赴国难，朝廷将不吝赏赐。"官员平时吃国家用国家，如今国家有难，率兵勤王救京师那是本分。可朝廷诏书发出后，并没有出现踊跃报名参军的现象。养尊处优的朝廷官员们，别看平日里慷慨激昂大义凛然，真到了关键时刻，没有一个人挺身而出，全都在暗地里大眼瞪小眼地观望。皇家并没有难堪到底，文天祥看到国破家亡，内心潜伏多年的爱国热情一下被点燃。他一改往日颓废荒诞的生活，抛弃声色犬马，气势轩昂地站出来，和四面楚歌的王朝一起承受苦难。他毫不犹豫地捐出财产，利用自己赣州知州的号召力，贴告示，发传单，征募勇士，筹集粮饷。一系列举动得到了当地豪杰、退休官员陈继周父子和溪峒各族的支持。就这样，一支混杂着农民知识分子流民商贩，总数三万人的杂牌军成立了。

文天祥做好了殉国准备。他说："受君之恩，食国之禄，应该以死报国。"他上书朝廷要求开赴前线，遭到主和派阻挠，甚至还有人诬告文天祥的军队抢劫。气愤不已的文天祥上书辩解，获得了舆论普遍支持。在各方压力下，朝廷召文天祥领兵入京，保卫平江。文天祥为增援常州兵力，让尹玉、朱华、麻士龙三员大将各率一千人归张全调遣。但他高看了张全，当三位将领与蒙古军苦战时，张全先是坐视不管，后又弃兵外逃，导致战局全线失利。文天祥上书请求将张全问斩，遭到丞相陈宜中反对。蒙古骑兵攻破常州、平江后，临安危急。文天祥、张世杰忙着应战，丞相陈宜中、太皇太后却忙着策划投降书。张世杰失望之余愤而转战南方，以图东山再起。

没有了张世杰，文天祥就像一只孤鸟，声音更加微弱。这时蒙古军包围临安，左丞相留梦炎、右丞相陈宜中先后逃走，小朝廷乱成一团。太皇太后命文天祥为右丞相兼枢密使，收拾残局。可文天祥哪有这个能力？早在他领兵开往临安时，好朋友就劝他："这些人没经过训练，上前线等于送死，我看你还是慎重考虑。"文天祥也知道自己是以卵击石。他说："国家养育了我们这么多年，如今突遇外侵，如果没有人马响应怎么得了。我带队上前线，哪怕死在疆场，最起码也能鼓舞起天下忠义之士闻风响应。聚集的人多了，社稷就会有救。"朋友看着他的背影默默摇头。果如朋友所料，文天祥的队伍辗转了一年多，没打过一场像样的仗。

文天祥有壮士断腕的意志，也有决绝的献身精神，但凭热情和幻想去应对战争是不堪一击的。他的失败也和决策者谢太后、宰相陈宜中、留梦炎等的指挥失误脱不了干系。

公元 1276 年正月，谢太后向元军投递降表，文天祥被朝廷派往元营谈判。

这一脚迈出去，他的后半生就此支离破碎！

6

脱逃成功再起兵

文天祥一进蒙古大营即阐述自己的主战观点，被蒙古统帅伯颜扣留。在一个月黑风高的夜晚，文天祥趁元兵喝醉之机，率 12 人出逃踏上了逃亡之路。从扬州到高邮一路颠沛流离，饥寒交迫，加上元军一路追杀，最后只有 6 人到达高邮。但高邮方面收到李庭芝的文书，严防文天祥进城。文天祥只好向泰州前进。6 人共一叶扁舟，昼伏夜出，最后总算平安到达泰州。经过这次逃难，文天祥已经无惧生死。

安顿好后，文天祥听说益王、广王在永嘉建立了元帅府，号召各地勇士抗蒙，马上投奔二王。他在南剑州开督府，福建、广东、江西许多文臣武将、地方名士、勤王军旧部纷纷投奔，很快就组成了一支督府军。由于主和派阻挠，文天祥处处受制于朝廷，在汀州一战不幸战败。蒙古军一路势如破竹，陈宜中、张世杰紧急护送新立的小皇帝端宗和卫王登舟入海。南宋出现了最奇特的一幕：老臣带着年幼的小皇帝在海上东躲西藏，任意漂流。此时他们还不肯放权，不肯停止内斗。虽任命文天祥为通议大夫、右丞相、枢密使，看似军政大权集于一身，但实权全部操纵在陈、张二人手里。由于他们的排挤，文天祥被迫自请到江西设都督府聚兵。

元兵进逼汀州，在一无钱粮、二无支援的窘境下，文天祥奇迹般地起兵十万，打响了收复江西的战役。各方义军配合督府军，分别夺回会昌、雩都、兴国、分宁、武宁、建昌，抢回了赣南大片土地，收复了不少州县。胜利虽然令人兴奋，但督府军的劣势很快显现出来。这支军队同样没有经过训练也没有实战经验，靠一时的斗志和激情取得了小胜。文天祥军队异军突起的"中兴气象"迅速吸引了元军主力的注意，他们暂缓了对南宋流亡小朝廷的追击，转身重兵围剿文天祥。在元军再一次猛烈进攻下，文天祥的军队被打得晕头转向，很快被打散。

公元 1278 年，文天祥得知南宋行朝移驻崖山，便想率军前往与南宋行朝会合。张世杰坚决反对，文天祥只好退往潮阳县，在广东潮州、惠州一带继续抗元。后在五坡岭被一支偷袭的蒙古铁骑张弘范部攻击，不幸被俘。他吞下龙脑，自杀未遂。这时南宋流亡朝廷逃到广东东莞虎门虎头山。十一岁的端宗赵昰连惊带吓，很快病逝。张世杰、陆秀夫立八岁的卫王赵昺继位，又把行朝迁到新会县南面大海中。次年正月，元军准备向宋帝赵昺最后的据点崖山进攻。押解文天祥的船经过零丁洋时，元军统帅张弘范逼着文天祥写信，劝南宋最后的抵抗力量张世杰投降。44 岁的文天祥凛然执笔，以诗作答，写下了名垂千古的《过零丁洋》："辛苦遭逢起一经，干戈寥落四周星。山河破碎风飘絮，身世浮沉雨打萍。惶恐滩头说惶恐，零丁洋里叹零丁。人生自古谁无死，留取丹心照汗青。"张弘范被折服，连称"好诗！好诗！"，遂不再相逼。

公元 1279 年 2 月，宋军和蒙军在海上展开了生死之战。张世杰战败，陆秀夫背着年仅八岁的小皇帝赵昺跳海殉国。30 万宋军将士除了 2 万人被俘，余下全部战死。许多忠烈军民士子听闻国家战败，纷纷跳海，据说达十万之众。昏庸南宋竟有如此军民！真可惜了如此凛然气节和铁骨铮铮的精神！

崖山战败，南宋最后一支抗元力量被彻底摧毁，至此南宋灭亡。

家已无家，国亦不国，而文天祥初心未变。

他被押解至元朝大都现在的北京，途中多次自杀未遂。

此时元军在不断接触的过程中，一改过去残忍野蛮的杀戮方式，转而采取拉拢、攻心为上之策，以求百姓心服，达到和平统治的目的。

忽必烈迫切想把文天祥收至麾下。

7

宋人劝降团

广阔的草原给了忽必烈豪迈性格和豁达胸襟，使他对忠贞之士有着天然的敬意和亲近感。虽没有文采风华、满腹诗书，但多年征战生涯，尤其在和宋朝的交战过程中，充分领略了依靠人才的先进文化，深刻体会到"为政之要，惟在得人，国家兴旺离不开人才支撑"。《元史·世祖纪》记载："思大有为于天下，延藩府旧臣及四方文学之士，问以治道。"铁骑可以踏平城市，却不能让它繁荣富庶；皇威可以让无数人恐惧，却不能让他们忠心臣服。忽必烈和群臣有一个经典对话："南北宰相孰贤？"群臣皆曰："北人莫如耶律楚材，南人莫如文天祥。"这使忽必烈下决心要把文天祥收为己用。他放言将给文天祥高官显位，叮嘱兵马司安排上等伙食，优待文天祥。

元廷把文天祥安置在会同馆里，这是个专门接待投降官员的部门。他们把文天祥视为上宾，每天美酒佳肴，莺歌燕舞。这样迷惑了几天后，第一个来劝降的人出现了。他就是曾经的南宋状元，官至丞相的留梦炎。留梦炎在元军逼近临安时弃官而逃，之后叛国做了元朝的礼部尚书。文天祥一见到此人，心里的鄙视俱涌心头，禁不住破口大骂。第二个上场的是被元朝削去帝号，封为瀛国公的赵㬎，即曾经的南宋皇帝。赵㬎只是个九岁的孩子，不懂民族大义、国难家仇这些大主题，也根本不知道怎么劝降。元朝统治者只是利用他的皇帝身份来压文天祥使其屈服。文天祥见到赵㬎后感慨万千，痛哭不止，连声要求"圣驾请回"。

元廷一看旧日同僚和旧皇帝都不好用，便派本国权倾朝野的平章政事阿合马亲自劝降。飞扬跋扈的阿合马一见到文天祥便命令他下跪。文天祥高声质问："南朝宰相见北朝宰相怎能下跪？"阿合马面露讥讽："既然如此，你怎么会来到这里？"文天祥回答："南朝如果早用我做宰相，北人就到不了南方，南人也不会来北方了。"阿合马命人把文天祥关进兵马司衙门后，又派孛罗丞相来劝降。文天祥表示尽忠宋朝，只求速死。孛罗很不屑："你们丢掉君上赵㬎，另立二王赵昰和赵昺，算什么忠臣？"文天祥回答："社稷为重，君为轻。"表示自己绝不做投降派。元廷煞费苦心前后五次劝降都宣告失败。

8

利用亲情威胁

元廷不死心，干脆把文天祥的妻子女儿掳来，企图用亲情威胁他，他们让文天祥的女儿给他写信。文天祥未起兵时家境豪富：有三个妻子，三个儿子，六个女儿。被囚的无数夜晚，妻子、儿女、高堂老母在脑海中交替出现。"堂上太夫人，鬓发今犹玄。""家山时入梦，妻子亦关情。""床前两小女，各在天一涯。所愧为人父，风物长年悲。"因为战争，文天祥的夫人们有的被元兵俘虏，有的与儿子们一起失踪。当时 10 数口之家只剩下一个妻子和两个女儿。他收到女儿的信后痛断肝肠，但仍坚定地说："人谁无妻儿骨肉之情，但今日事已如此，于义当死，乃是命也。奈何！奈何！"又写道："痴儿莫问今生计，还种来生未了因。"一轮轮较量下来，所有诱降情形都被报告给忽必烈，这个不可一世的皇帝心里越发敬佩。他知道英雄是不会轻易变节的，他要啃啃这块硬骨头。

冷酷的一面终于显现，他们给文天祥戴上木枷，关在潮湿寒冷的土牢。土牢宽八尺，深三丈二尺，四面土墙上有一个很小的门，冬天阴冷，夏天闷热，且透风漏雨。牢房内臭秽不堪，狱卒得了上司口授，对文天祥非打即骂。身心的双重折磨使文天祥疾病缠身。元丞相孛罗威胁说："你要死偏不让你死，让你生不如死！"文天祥毫不示弱："我死都不怕，还怕坐牢？"炼狱中，文天祥以文为生，日夜忙碌，编辑诗集《指南后录》，又集杜诗二百首，并作题记。在与死亡相伴的日子，文天祥悟到了生命真谛：他觉得正是因为自己有精神追求，有信仰，也就是孟子所说的"吾善养吾浩然之气"，才在如此艰难的环境中活下来。这，就是天地间的正气，有了这种正气就可以战胜歪气、鬼气、邪气！文天祥提笔写下了气壮山河的《正气歌》。元军见软硬兼施都没有摧垮他，无可奈何。他们的诱降计划彻底错乱，忽冷忽热，喜怒无常。一会降旨封文天祥为宰相、枢密使等显职，一会儿又给他洗澡换衣，酒肉招待。在变幻莫测的诱惑面前，文天祥始终淡定如初。

投降元的宋臣王积翁等写信劝慰文天祥。文天祥回道："管仲不死，功名显于天下；天祥不死，遗臭于万年。"王积翁不敢再劝。

9

以身殉国

元廷本来想利用文天祥的声望达到统治南方的目的。如今他死活不降，高层失去了耐心，认为文天祥不死，早晚是祸。忽必烈深有感触，在漫长的劝降过程中，文天祥为南宋殉国的心从来都没有动摇过，无论什么条件，一直"铁石心肠"。忽必烈再爱才，在这样的坚硬面前也无缝可钻。这时元的一位御用和尚到处散布谣言说土星犯帝座，意思是有人要谋害皇上，马上有人暗示此人就是文天祥。忽必烈害怕了，在左右的鼓动下终于起了杀机。在最后时刻，这位心有不甘的元帝还想再做一次努力。

公元 1282 年 12 月初，元世祖忽必烈召见文天祥，很真诚地说："你在这里也待了很长时间了，如能改心易虑，以臣事宋朝的忠心事我，我即封你为当朝宰相。如果你觉得不合适，我还可以封你枢密。"文天祥回答："天祥是北宋状元宰相，宋朝灭亡，只求速死，不当久生。"忽必烈最后的一点耐心在文天祥铿锵有力的回答中灰飞烟灭，下令斩立决。

第二天，元朝兵马司监狱内外戒备森严，上万市民聚集在街道两旁，自发为文天祥送行。刑场上，文天祥问身边人哪边是南方？得知方向后深深跪拜，然后英勇就义，年仅四十七岁。他被囚四年，历经种种严酷考验，却始终坚持信念，宁死不悔。

他是有机会获得高官厚禄的，元廷那么看重他，只要点一下头，后半生就可以辉煌灿烂，但他义无反顾地抛弃元廷开出的优厚条件，从容走向死亡！

文天祥的从政之路并不顺利，南宋朝廷对他也并非恩重如山。他屡遭贬职，屡受打击，但他始终忠于信仰，忠于国家。在自己的国家和君主那么令人失望的情况下，依然无怨无悔地选择为国而死！

"平日袖手谈心性，临难一死报君王！"一介书生用柔弱肩膀扛起了国家大义之旗，诠释了气节二字的真谛。他的上司不得人心，所处的时代摧枯拉朽，官场黑暗腐败，他虽看不到时代的改弦更张，但那份无怨无悔的忠心、坚定不移的信念，那份铮铮傲骨的人格让后世叹息不已！生命消亡，精神不死！无论什么样的时代，都会有让人为之奋斗的理由！都有让人肃然起敬的大写的人！

    宋朝是个让人爱恨交加的朝代，重文抑武，富官穷民。宋朝年财政收入最高曾达到 16000 万贯。北宋中后期的一般年份也可达 8000—9000 万贯，即使是失去了半壁江山的南宋，财政收入也高达 10000 万贯。这么富有的朝代竟然两度倾覆，"靖康耻犹未雪"又添"崖山之恨"。

    北宋时，宋太祖收回军权，结束了藩镇割据局面却诞生了庞大的官僚机构和军队，导致北宋财政空虚。从此这种矛盾就再也未曾消失，致使北宋宁肯把精力都放在经济上，而无视军事防备。北宋除太祖、太宗，历任皇帝都没有经历过战争洗礼。新生代在和平环境中长大，头脑里没有危机意识，他们被经济、文化繁荣表象迷惑，把国防、军队建设当摆设。从领世界之先的火药发明并没有大规模用于武器制造以自卫，却仅仅被当成制作鞭炮的材料使用这事来看，高层的心思只有享受。为了享受，把重文抑武无限发挥，打压武将厚待文人到了非常地步。热血报国视而不见，投降求和却奉为上宾。宋代的言官、科考士子甚至伶人戏子都敢直面责骂皇帝，要在明清，恐怕还没张口脑袋就没了。

    宋朝宰相的官方收入至少是明朝的五倍以上。那些深得皇帝宠爱的文臣们挥金如土。皇族、外戚、功臣后代在"恩荫法"庇佑下，生下来就有级别和俸禄。奢靡背景下，文官们泯灭追求，成片堕落，抛弃了不害人、不犯法、不内疚、不惶恐这些基本底线，转而在欺凌弱小中寻找最大收益。

    两宋外交都奉行花钱买和平。在人主一片衰弱之时，王朝出现过许多独当一面的名将。每当战局的关键时刻，皇帝一声令下，再厉害的大将也只能偃旗息鼓，执行投降、绥靖政策。皇帝和文官相互倚重，不费吹灰之力地把花团锦簇的北宋王朝带向衰落！

不是所有繁华都代表进步，离开了正确的方向，脱轨只是早晚的事，而埋单的只能是百姓！北宋有范仲淹、王安石、司马光、苏轼……这些人决定了国家的政治氛围，也决定着国家的寿命。"靖康之变"掳走的不仅仅是皇族，还有当时全国最顶尖的精英，他们被掳相当于斩断了宋朝的文脉。文脉重建难于上青天，正因为如此，南宋才诞生了秦桧、贾似道、史弥远……他们陷害忠良，惑君误国。单单一个贾似道搞的"打算法"，就让南宋到了死亡边缘。如果不是"打算法"，四川猛将刘整不会降元，也不会有后来献计于忽必烈，成功策反襄阳大将吕文焕的桥段。这两个人不降元，南宋绝对可以再苟延残喘几年。其实南宋的军事实力并不弱，实是朝廷高层脑子太弱。

两宋给人的印象总是富足占上风。可再富足的王朝，如果穷尽百姓之力只为打造少数人的幸福指数，那它存在的时间就会大大缩减。这是代价，是规律，是天地之道！